COORDENADORA
WEI DAN

OS PAÍSES DE LÍNGUA PORTUGUESA E A CHINA NUM MUNDO GLOBALIZADO

OS PAÍSES DE LÍNGUA PORTUGUESA
E A CHINA NUM MUNDO GLOBALIZADO

COORDENADORA:

WEI DAN

EDITOR
EDIÇÕES ALMEDINA. SA
Av. Fernão Magalhães, n.º 584, 5.º Andar
3000-174 Coimbra
Tel.: 239 851 904
Fax: 239 851 901
www.almedina.net
editora@almedina.net

PRÉ-IMPRESSÃO | IMPRESSÃO | ACABAMENTO
G.C. – GRÁFICA DE COIMBRA, LDA.
Palheira – Assafarge
3001-453 Coimbra
producao@graficadecoimbra.pt

Julho, 2009

DEPÓSITO LEGAL
296923/09

Os dados e as opiniões inseridos na presente publicação
são da exclusiva responsabilidade do(s) seu(s) autor(es).

Toda a reprodução desta obra, por fotocópia ou outro qualquer
processo, sem prévia autorização escrita do Editor, é ilícita
e passível de procedimento judicial contra o infractor.

Biblioteca Nacional de Portugal – Catalogação na Publicação

Os países de língua portuguesa e a China
num mundo globalizado / coord. Wei Dan
ISBN 978-972-40-3922-0

I - WEI, Dan

CDU 339
     338
     327

OS PAÍSES DE LÍNGUA PORTUGUESA E A CHINA NUM MUNDO GLOBALIZADO

全球化世界中的葡語國家與中國

*Celebração Calorosa do 10.º Aniversário
da Região Administrativa Especial de Macau*

熱烈慶祝澳門特別行政區成立十周年

PUBLICAÇÃO PATROCINADA
PELA UNIVERSIDADE DE MACAU

澳門大學資助出版

何厚鏵 澳門特別行政區行政長官

Menção do Chefe do Executivo da Região Administrativa Especial de Macau, Sua Excelência Senhor Ho Hau Wah
"Com alegria e felicidade navegamos juntos."

白志健 中央人民政府駐澳門特別行政區聯絡辦公室主任

Menção do Director do Gabinete de Ligação do Governo Popular Central
na Região Administrativa Especial de Macau,
Sua Excelência Senhor Bai Zhijian
"Esta obra abre a rota para o intercâmbio entre a China e os Países
de Língua Portuguesa. Ela surge como uma chave de ouro."

致《全球化世界中的葡語國家與中國》

彙聚諸家觀點
增進相互瞭解

中華人民共和國外交部駐澳門特別行政區特派員

唐樹民

二零零九年七月

Menção do Comissário do Ministério dos Negócios Estrangeiros
da República Popular da China na Região Administrativa
Especial de Macau, Sua Excelência Senhor Lu Shumin
"Reúne pontos de vista de um leque de especialistas
e promove o conhecimento recíproco."

A coordenadora deste livro, Senhora Wei Dan e o antigo Presidente do Brasil Senhor Fernando Henrique Cardoso, no seu escritório no Brasil em 12 de Dezembro de 2006

MENSAGEM DA COORDENADORA

A publicação desta colectânea, *Os Países de Língua Portuguesa e a China num Mundo Globalizado,* deve-se ao grande apoio e à orientação do Ex-Presidente do Brasil Professor Fernando Henrique Cardoso. Em 12 de Dezembro de 2006, fui recebida cordialmente pelo Senhor Professor Fernando Henrique Cardoso no seu escritório no Brasil. Durante a entrevista dei a conhecer o meu desejo de coordenar uma obra teórica de carácter interdisciplinar, em edições bilingues, Português e Chinês, numa perspectiva política, diplomática, económica e jurídica, com o objectivo de impulsionar o intercâmbio entre a China e os países de Língua Portuguesa e melhor apoiar o papel de Macau como plataforma de serviço. A ideia obteve pronto acolhimento e apoio do Senhor Professor que sugeriu a participação do Ex-Ministro das Relações Exteriores do Brasil Professor Celso Lafer, com quem contactou oportunamente, tendo, na ocasião, recomendado ao ex-Presidente de Portugal Senhor Dr. Jorge Sampaio que contribuísse com um artigo para a obra. A contribuição do Senhor Professor Fernando Henrique Cardoso foi bastante valiosa, sem a qual a publicação desta obra não seria possível.

Tive a honra de conhecer pessoalmente o então Presidente Senhor Professor Fernando Henrique Cardoso num encontro durante a sua visita de Estado à China em Dezembro de 1995. Após o encontro decidi estudar a Língua Portuguesa e dedicar-me ao intercâmbio entre a China e o Brasil. Hoje, todos os progressos alcançados devem-se ao apoio e estímulo do Senhor Professor. Ele é e será para sempre o meu professor.

Ao Senhor Wan Yong Xiang, Vice-Presidente do Instituto de Negócios Estrangeiros do Povo Chinês, aproveito o ensejo para expressar os meus sinceros agradecimentos. Senhor Wan foi Embaixador da China no Brasil e Comissário do Ministério dos Negócios

Estrangeiros em Macau. Quando lhe enviei uma carta solicitando ao Embaixador Wan que escrevesse uma mensagem para esta obra, modestamente concordou, e sugeriu-me elaborar um artigo. Actualmente, apesar de não exercer o cargo de Embaixador e Comissário, ainda se preocupa com o desenvolvimento do intercâmbio entre a China e os Países de Língua Portuguesa. Como diplomata sénior, com grande espírito de devoção pelo trabalho e grande modéstia, é digno da minha homenagem e exemplo.

Dedicamos especial gratidão ao Chefe do Executivo da Região Administrativa Especial de Macau, Senhor Ho Hau Wah, ao Director do Gabinete de Ligação do Governo Popular Central, Senhor Bai Zhijian e ao Comissário do Ministério dos Negócios Estrangeiros da China em Macau, Senhor Lu Shumin que, sucessivamente, ofereceram as suas mensagens antes da compilação da presente obra, demonstrando a grande valorização e o forte apoio do Governo da Região Administrativa Especial de Macau e das autoridades chinesas em Macau na representação do Governo Central ao intercâmbio entre a China e os Países de Língua Portuguesa.

Palavras de grande agradecimento são igualmente devidas a todos os ilustres autores que deram os seus contributos de forma singela.

Agradecemos profundamente à Universidade de Macau e à Almedina pelo incomensurável apoio prestado na publicação da presente obra.

Macau, 8 de Julho de 2009

WEI DAN

編者的話

　　《全球化世界中的葡語國家與中國》一書的問世，首先要特別感謝的是巴西前總統費爾南多·卡多佐先生給與的巨大支持和指引。2006 年 12 月 12 日我在巴西卡多佐先生辦公室受到熱情接待。在會晤中，我談到為促進中國與葡語國家的交流及支持澳門更好地發揮平臺作用，想編輯一本包括政治、外交、經濟、法律等多角度、多領域、跨學科的理論著作，用葡萄牙語和中文雙語來出版。這個想法當即得到卡多佐先生的贊許和支持。他提出請巴西前外交部長塞爾索·拉費爾教授參與並立刻同對方進行了聯繫，同時他也建議葡萄牙前總統若澤·桑帕約先生也寫篇文章。此書的問世沒有卡多佐先生的大力支持是不可能的。

　　1995 年 12 月卡多佐總統訪問中國時，在一次活動中我有幸見到了總統，也正是由於這次會晤使我有了要學習葡語的想法並決心將來為中國與巴西的交流做些事情。今天，我所取得的一切進步都離不開卡多佐先生的支持與鼓勵，他是我終生難忘的良師。

在此，還要向中國人民外交學會副會長萬永祥先生表達衷心的感謝。他曾任中國駐巴西大使和外交部駐澳門特別行政區特派員。當我致信給萬大使希望他能在百忙中為此書題詞寫些祝語時，萬大使欣然接受而且非常謙虛，他說我還是寫篇文章更好些。今天，萬大使雖然已調離大使和特派員的崗位，但他仍然關心中國與葡語國家交流事業的發展，他作為資深的外交家，這種敬業和謙虛做人的精神，將值得我終生學習。

特別感謝澳門特別行政區行政長官何厚鏵先生、中央人民政府駐澳門聯絡辦公室主任白志健先生、外交部駐澳門特派員盧樹民先生。他們在本書出版前夕紛紛惠贈題字，體現了特區政府以及中央政府駐澳門領導對中國與葡語國家交流的高度重視和大力支持。

同樣感謝為此書無償供稿的尊敬的全體作者。

衷心感謝澳門大學和葡萄牙阿梅迪娜出版社為此書出版給與的大力支持。

魏丹

2009 年 7 月 8 日於澳門

PREFÁCIO I

Por ocasião do 10º aniversário da Região Administrativa Especial de Macau e da concretização em breve da 3ª Conferência Ministerial do Fórum para a Cooperação Económica e Comercial entre a China e os Países de Língua Portuguesa (Macau), a publicação da obra *Os Países de Língua Portuguesa e a China num Mundo Globalizado* tem um significado especial e merece ser realçada.

Em primeiro lugar, é importante agradecer a todos os autores dos manuscritos que compõem o conteúdo do livro. Alguns deles assumem ou assumiram num passado recente cargos políticos ou institucionais de destaque, outros são eruditos de prestígio internacional que utilizaram o seu precioso tempo para apresentarem contribuições de uma forma entusiástica e gratuita, com o objectivo de apoiar firmemente o intercâmbio e a cooperação em múltiplos níveis e sectores entre a China e os países de Língua Portuguesa. Esta obra, através das perspectivas política, diplomática, económica, jurídica e social, apresenta uma exposição brilhante sobre as vantagens estratégicas e a importância da referida cooperação, assim como destaca o papel especial de Macau num mundo em crescente globalização. São realçados igualmente os fundamentos teóricos para a consolidação e aprofundamento de uma cooperação pragmática inter-regional a vários níveis, e são definidos igualmente os princípios norteadores para a implementação desta estratégia.

Os países de Língua Portuguesa localizam-se em quatro continentes, possuem mais de 200 milhões de habitantes e cada um tem as suas próprias características e desempenha um papel único na respectiva região onde está inserido. Os próximos objectivos de intervenção para todos eles são o desenvolvimento das suas próprias vantagens, o reforço da cooperação multilateral e a promoção da cooperação de modo multidimensional e multissectorial. Na cooperação económica e comercial entre a China e os países lusófonos existem também algumas dificuldades e obstáculos, principalmente relacionados com a insuficiência de comunicação e conhecimento mútuo, assim como a existência de diferenças culturais e linguísticas, as quais no entanto oferecem vantagens competitivas a Macau que pode servir de elo de ligação entre estes locais e suas respectivas culturas. Macau encontra as suas origens históricas no mundo da Língua Portuguesa, e depois da transferência de soberania desfruta da vantagem política que se baseia no conceito de "um país, dois sistemas". Para além disso, o governo da Região Administrativa Especial consagra como uma das suas metas de desenvolvimento estratégico o estabelecimento de uma plataforma de serviços de cooperação económica e comercial entre a China e os países de Língua Portuguesa.

A Universidade de Macau (UM), sendo a principal instituição pública de ensino superior da RAEM, assume a sua grande responsabilidade e tem entre as suas missões, o apetrechamento da sociedade local com os necessários mecanismos de apoio teórico e académico para o seu desenvolvimento sustentado, a formação de recursos humanos em múltiplas áreas do conhecimento, e a colaboração sempre que solicitada nas diversas acções governamentais. Oferece cursos com língua veicular Portuguesa, especialmente nas áreas da Língua e do Direito, constituindo os cursos de Direito em Língua Chinesa e em Língua Portuguesa da Faculdade de Direito (manifestação clara do bilinguismo característico da RAEM, proclamado na sua Lei Básica com a proclamação da existência de duas línguas oficiais) uma característica ímpar da nossa instituição. A UM está pois capacitada e motivada para prestar serviços relativos à procura de recursos humanos qualificados e a todos os outros aspectos relacionados com a referida cooperação, para a qual pode contribuir de forma significativa.

Também convém referir especialmente que a coordenadora desta obra, Doutora Wei Dan, foi a primeira pessoa da República Popular da China a obter um doutoramento em Direito, em Língua Portuguesa, nomeadamente na Universidade de Coimbra, e o seu livro, *A China e a Organização Mundial do Comércio* foi a primeira mono-

Prefácio I

grafia na área jurídica em Português escrito por um cidadão de nacionalidade chinesa. Desde 2002, para além do ensino em Direito da UM em Chinês, Português e Inglês (a nível de Mestrado) e dos trabalhos de investigação académica, tem participado igualmente em actividades de intercâmbio entre a China e os países lusófonos. Por exemplo, em 2005 o Gabinete do Ministro da Indústria, Desenvolvimento e Comércio Exterior do Brasil em carta enviada ao Reitor da UM, solicitou a sua participação nas negociações técnicas de comércio bilateral entre o Ministro Brasileiro Luiz Fernando Furlan e o Ministro Chinês Bo Xilai; em 2006, o governo brasileiro solicitou ao governo de Macau que Wei Dan acompanhasse o Secretário Executivo Ivan Ramalho nas suas actividades no 2° Fórum para a Cooperação Económica e Comercial; em 2007, o Presidente do Grupo Parlamentar de Amizade Portugal – China, Deputado Vitalino Canas convidou Wei Dan para apresentar uma palestra num seminário organizado pela Assembleia da República. Nos últimos anos tem igualmente participado nos encontros da Associação das Universidades de Língua Portuguesa (AULP) em Cabo Verde, Brasil e Angola, na qualidade de representante da UM. A publicação desta obra, *Os Países de Língua Portuguesa e a China num Mundo Globalizado,* representa o êxito do trabalho realizado ao longo destes anos, e certamente que no futuro a Doutora Wei Dan com o seu empenho e dedicação continuará a impulsionar a relação entre a China e os países de Língua Portuguesa.

Macau, 31 de Maio de 2009

PROF. RUI MARTINS
Vice-Reitor (Investigação) da Universidade de Macau

序一

正值澳門特別行政區成立十周年、"中國——葡語國家經貿合作論壇(澳門)"第三屆部長級會議即將召開之際，《全球化世界中的葡語國家與中國》一書的出版，具有特殊的作用，其意義深遠。

首先，特別要感謝為此書供稿的全體作者。這些作者中有些是現任或前任著名的政要，有些是國際知名的學者。他們為了堅定地支持中國與葡語國家多層面和多領域的交流與合作，擠出自己寶貴的時間熱情地、無償地供稿。這本書從政治、外交、經濟、法律及社會學等多種角度精闢地論述了在愈加全球化的世界，中國與葡語國家合作的戰略優勢和重要性以及澳門的特殊作用。該書既突出了加強和深化多層次、跨區域務實合作的理論依據，也明確了實施這一戰略的指導原則。

葡語國家分佈在四大洲，總人口有 2 億多人。每個國家都具有各自的特色，都在所處的地區發揮著獨特的作用。發揮各自優勢、加強多邊合作和促進全方位和寬領域的合作成為大家未來的行動目標。在中國與葡語國家經貿合作方面，也有一些困難和障礙，這主要與溝通和相互瞭解不夠、文化和語言存在差異有關，而這些困難和障礙恰恰為澳門能夠成為連接這些地方和相關文化的橋樑提供了競爭優勢。澳門與葡語國家有著歷史的淵源，在主權回歸以後，享有基於"一國两制"概念的政治優勢。此外，特別行政區政府把建立"中國與葡語國家經貿合作的服務平臺"定為澳門戰略發展的一項目標。

澳門大學是澳門特別行政區一所主要的公立高等學府，承擔重要的責任與使命，為本地區的可持續發展提供必要的理論和學術的支持、培養多領域的人力資源、應需求配合政府的多項行動。澳門大學開設以葡文為授課語言的課程，特別是在語言和法律範疇，法學院的中文法律課程和葡文法律課程（清楚體現了《基本法》規定的澳門特別行政區兩種官方語言和雙語的特點），是我們大學獨一無二的特色。澳門大學有能力培養合格人才，為中國與葡語國家的合作提供全方位的服務並做出重要的貢獻，這也是我們的宗旨。

在此，還要特別值得一提的是本書的主編魏丹博士，她是中國第一位用葡萄牙語攻讀的法學博士，在葡萄牙科英布拉大學取得了博士學位。她的《中國與世界貿易組織》一書也是第一部由中國人用葡萄牙語寫成的法學專著。她 2002 年就職澳門大學以來，除了用中文、葡萄牙文、英文三種語言教學（碩士課程級別）與開展學術研究之外，還參加中國與葡語國家的交流活動。例如，2005 年，巴西工業、發展和貿易部部長辦公室致函給澳門大學校長，邀請魏丹博士參加巴西貿易部路易士·費爾南多·富爾蘭部長同中國商務部薄熙來部長關於兩國雙邊貿易的技術談判；2006 年，巴西政府向澳門特區政府提出，邀請魏丹陪同巴西商務部伊萬·拉馬略副部長參加在澳門召開的第二屆中國——葡語國家經貿論壇部長會議的活動；2007 年，葡萄牙議會葡中友好小組主席維達利諾·卡納斯議員邀請魏丹在葡萄牙共和國議會組織的研討會上演講。近年來，魏丹還作為澳門大學的代表，赴佛得角、巴西和安哥拉參加世界葡語大學協會召開的會議。《全球化世界中的葡語國家與中國》一書的問世代表著她這些年來工作的成果。毫無疑問，憑著魏丹博士的努力和全身心的投入，她一定能在將來繼續推動中國和葡語國家的關係。

澳門大學副校長（研究）

馬許願 教授

2009 年 5 月 31 日

PREFÁCIO II

Voar mais alto permite ver mais longe.

A colectânea "***Os Países de Língua Portuguesa e a China num Mundo globalizado***", coordenada pela Doutora Wei Dan, tenta justamente ver mais longe, ao congregar uma impressionante série de autores – da China e dos vários países de Língua Portuguesa – a tratarem, de forma multidisciplinar, um conjunto de tópicos de grande actualidade.

Discutir em Macau a relação entre a China e os países de língua portuguesa é uma questão relevante:

- para próprios países envolvidos,
- para a configuração do Mundo do Séc. XXI e
- para a definição do papel de Macau nessa intersecção.

Em termos *bilaterais*, a relação da China com cada um dos países de língua portuguesa é para cada um deles uma das relações mais importantes na actualidade. Para todos, sem excepção. A maior economia mundial com crescimento económico consistente, a China é um parceiro incontornável enquanto parceiro político, comercial e para investimentos, nos dois sentidos.

Em termos *globais*, se já ninguém duvida da importância da China na configuração da ordem mundial do Séc. XXI, vale a pena sublinhar que o conjunto dos países de língua portuguesa será também um dos elementos marcantes da nova paisagem política e económica mundial. É não só o 6º ou 7º idioma do Mundo, como também a comunidade mundial do português está mais equilibradamente distribuída em todos os continentes que outras comunidades linguísticas de equivalente dimensão. Inclui economias com grandes perspectivas – efectivas ou potenciais – de crescimento económico, tem voz nas instâncias multilaterais nos continentes europeu, americano e africano, está presente na Ásia e abarca um amplo leque de valências económicas que abrem possibilidades de intercâmbio profícuo para todos. Tomando por mero exemplo a energia, a China é forte compradora; e o mundo da língua portuguesa pode ser fornecedor: Angola tem petróleo, Brasil tem petróleo e biocombustiveis, Moçambique tem biocombustíveis e Portugal tem vento, rios, ondas e Sol – e a tecnologia para os captar. Combinando todos os componentes, é amplo o espaço para a cooperação entre a China e o conjunto dos países de língua portuguesa.

E Macau – que papel pode ter neste contexto?

É já quase banal a afirmação de que Macau tem um papel específico enquanto plataforma para a articulação entre a China e os PLP. É obviamente uma dimensão a desenvolver mais. Para isso, existem contudo desafios a que importa atentar. Foquemos três:

- Como perfilar Macau nessa posição, tendo em conta que outros locais na China – inclusive Pequim, Xangai ou Cantão – estão também despertos para a importância da relação com os países de língua portuguesa? Como uma vez foi dito por um responsável dum país africano membro da CPLP, "porquê ir procurar o mandarim, quando podemos falar com o Imperador?" A resposta passa pela consciência de que, em qualquer sociedade, há funções separadas para os vários patamares da autoridade. Macau não é Pequim; mas pode ser-lhe complementar. E julgo que há acordo de todos em que Macau poderá manter a sua posição-charneira se souber preservar vivo e autêntico o legado português, em termos linguísticos, em termos culturais em sentido amplo, em termos de ordem jurídica de matriz portuguesa ou enquanto centro de ensino em que o português continue a ser entendido como uma mais-valia. É esse o conceito da Declaração Conjunta e da Lei Básica, previsto para várias décadas. É esse também o sinal que, tanto sei, vem de Pequim e que Portugal também gostaria de reforçar.

- Como assegurar que a população de Macau, que na sua esmagadora maioria é étnica e culturalmente chinesa e que em grande parte chegou aqui já depois de 1981, tem suficiente sensibilidade para perceber que tem interesse em preservar o legado português? Apesar de Macau ser uma criação que resulta duma conjunção de vontades mantida durante 450 anos – caso único na História mundial – entre a China, Portugal e as gentes de Macau, o facto é que a maioria dos actuais 500 mil habitantes da RAEM chegou aqui depois de tudo isto. Como sociedade aberta e que tem que responder aos sinais democráticos, a preservação do legado português precisa portanto de ser também apreendida na óptica da população actual. Essa justificação assenta não só nos termos da Declaração Conjunta luso-chinesa, como – muito pragmaticamente – na consideração de que a presença vivaz dessa herança portuguesa é uma das fundamentações da natureza "Especial" da RAEM que todos concordam em preservar.

- Como operacionalizar então esse princípio da preservação do legado português, como o concretizar na prática? Sem pretender intrometer-me naquilo que corresponde a opções que só à própria RAEM cabem, penso que vale a pena deixar aqui apenas a menção de que essa é uma tarefa multidisciplinar que passa nomeadamente pela persistência do ensino do português como língua estrangeira, pela continuação da presença duma comunidade portuguesa pujante, pela preservação e renovação do património cultural, pela defesa da matriz portuguesa do Direito na RAEM ou pela efectivação dos fins para os quais foi criado o Fórum Macau, articulando a China com os países de língua portuguesa, na América do Sul, Europa, África e Ásia.

A colectânea "*Os Países de Língua Portuguesa e a China num Mundo globalizado*", coordenada pela Doutora Wei Dan, toca muitos deste pontos, pelo que me compraz muito especialmente o convite que me dirigiu para que escrevesse este prefácio. Desejo aos leitores do livro uma excelente e enriquecedora leitura.

Macau, Maio de 2009

Manuel Carvalho
Consul-Geral de Portugal em Macau e Hong-Kong

Relações entre a China
e os Países de Língua Portuguesa
no Contexto da Globalização Económica

WAN YONG XIANG

A globalização económica, progredindo constantemente em meio a controvérsias e passando por mementos altos e baixos, é hoje em dia uma característica básica do desenvolvimento mundial. Impulsionados pela globalização, a integração, o intercâmbio e a cooperação entre os diferentes países e regiões do mundo estão a conhecer uma intensidade sem precedente. O desenvolvimento das relações entre a China e os Países de Língua Portuguesa tem vindo a atrair mais atenção da comunidade internacional. A China é o maior país em desenvolvimento do mundo, enquanto os países de Língua Portuguesa situam-se em quatro continentes, cuja maioria é composta por países em desenvolvimento de diversos tipos. Motivada pela força vigorosa da globalização e pelas necessidades do próprio desenvolvimento nacional, a relação entre a China e os países de Língua Portuguesa nas áreas política, económica e cultural tem vindo a ser progressivamente aprofundada enquanto algumas naturezas da sua cooperação estão a ficar cada vez mais evidentes, entre elas a natureza estratégica, a natureza compreensiva, a natureza de benefício mútuo, a natureza abrangente e por última, a natureza demonstrativa.

1. A natureza estratégica da cooperação entre a China e os países de Língua Portuguesa

Devido aos factores tais como a distribuição geopolítica, a particularidade do desenvolvimento, a posição na estrutura internacional, etc., a cooperação entre a China e os países de Língua Portuguesa possui, até certo ponto, uma natureza estratégica, a saber: (1) Do ponto de vista histórico, a China e a esmagadora maioria dos países de Língua Portuguesa têm uma trajectória histórica comum ou semelhante. No momento actual, no decurso da evolução do sistema internacional, a China e os países de Língua Portuguesa não possuem fundamentais divergências e contenciosos estratégicos entre si, pelo contrário, ambas as partes são promotores activos e forças construtivas da democratização das relações internacionais e do multilateralismo, compartilhando numerosas aspirações e vozes comuns nos assuntos internacionais. (2) No contexto da globalização económica e da multipolização política, a cooperação entre a China e os países de Língua Portuguesa é uma miniatura da cooperação Sul-Sul, como também engloba a cooperação entre os grandes países emergentes em desenvolvimento e o diálogo Norte-Sul. Assim sendo, os métodos e níveis de lidar com os assuntos internacionais das partes são enriquecidos. (3) No campo multilateral, a China e os países de Língua Portuguesa têm mantido uma boa cooperação nas organizações internacionais importantes, nomeadamente, as Nações Unidas, e a Organização Mundial do Comércio, etc. A China e o Brasil têm efectuado concertações e coordenações estreitas nas plataformas importantes tais como BRICs, G20 e G5. No âmbito regional, os países de Língua Portuguesa constituem parceiros valiosos para a China no seu desenvolvimento das relações com algumas organizações regionais e sub-regionais, designadamente, a União Europeia, o Mercosul, Grupo Rio, ECOWAS (*Economic Community of West African States*) e SADC (*Southern African Development Community*), entre outras. (4) A cooperação entre a China e o Brasil – dois grandes emergentes – ocupa um lugar de destaque na cooperação entre a China e os países de Língua Portuguesa e confere uma conotação estratégica ao nível global para a cooperação das partes.

2. A natureza compreensiva da cooperação entre a China e os países de Língua Portuguesa

Os países de Língua Portuguesa distribuem-se na Europa, Ásia, África e América Latina, que abrangem uma área territorial de 10,74 milhões de quilómetros quadrados, com cerca de 237 milhões da população. O espaço da lusofonia é composto por diversos países com diferentes níveis de desenvolvimento, entre eles, se encontra país moderadamente desenvolvido, grande emergente e países subdesenvolvidos. Há país europeu com uma longa história, outro com menos de dez anos de história após a proclamação da independência, país com território vasto de cerca de 200 milhões de habitantes e também outros com menor dimensão, insulares, com poucos habitantes. Neste sentido, a cooperação entre a China e os países de Língua Portuguesa é uma miniatura de cooperação entre a China e diversos países e regiões. Do ponto de vista geopolítico, este tipo de cooperação abrange todos os continentes do mundo excepto a América do Norte e a Oceânia. Outrossim, o papel que o Brasil e Angola jogam nos foros internacionais e regionais têm vindo a conhecer uma tendência ascendente; Portugal desempenha um papel peculiar na União Europeia; geopoliticamente, Moçambique, Cabo Verde, entre outros, são também dotados com valores estratégicos nas respectivas regiões. De alguma forma, a cooperação entre a China e os Países de Língua Portuguesa pode abrir caminho para uma maior cooperação entre a China e as regiões onde se inserem os PALOP, gerando assim um efeito de radiação. Isso, na era da globalização, tem um significado especial.

3. A natureza de benefício mútuo da cooperação entre a China e os países de Língua Portuguesa

A China é um dos países que têm crescido mais rapidamente nos últimos anos, dispondo de recursos próprios naturais, humanos, tecnológicos e a capacidade industrial, além do maior mercado de consumo do mundo. Os países de Língua Portuguesa, quer pequenos quer grandes, possuem próprias vantagens de desenvolvimento. Portugal, sendo membro da União Europeia, é único país desenvolvido dos países de Língua Portuguesa. Ao nível mundial, o Brasil desfruta uma das maiores reservas de recursos naturais, tais como minérios de ferro, urânio, bauxita, entre outros. Angola e o Timor-leste abundam em petróleo e gás natural. Moçambique, Guiné-Bissau, entre outros países dos PALOP possuem ricos recursos de pesca. Embora a China e os países de Língua Portuguesa se encontrem em situações distintas e em estágios diferentes de desenvolvimento, todos enfrentam tarefas comuns de construir seus países e melhorar o bem-estar dos povos. As diversas vantagens destes países complementam-se mutuamente. A perspectiva da cooperação é muito ampla. Actualmente, à medida que todos os países do mundo concorrem entre si a fim de elevar os seus próprios poderios integrais, a questão de recursos e energias passa a ser elementos importantes desta competição. A utilização adequada das facilidades apresentadas pela globalização, a regulação racional de recursos e energias numa esfera maior e a concretização do benefício mútuo e do desenvolvimento comum são justamente a necessidade compartilhada da China e dos países de Língua Portuguesa.

Nos últimos anos, a cooperação económica e comercial entre a China e os países de Língua Portuguesa tem atingido resultados satisfatórios e se encontra no seu melhor momento histórico. Em 2008, o volume total de importação e exportação entre a China e os países de Língua Portuguesa atingiu US$ 77 biliões, representando um aumento de 66% relativamente ao ano anterior. A China é o maior parceiro comercial do Brasil na Ásia e o Brasil é o maior parceiro comercial da China na América Latina. Angola é o maior parceiro comercial da China na África. No contexto internacional cada vez mais diversificado, tanto a China como os países de Língua Portuguesa necessitam de estabelecer relações de cooperação mutuamente benéficas e complementares. Estes países nutrem uma aspiração forte de explorar as respectivas vantagens, compensar os pontos insuficientes e suprir necessidades recíprocas. Com fortes vontades e grandes potenciais, a China e os países de Língua Portuguesa têm muito a explorar no sentido de alargar ainda as esferas de cooperação e elevar o nível de cooperação.

4. A natureza abrangente da cooperação entre a China e os países de Língua Portuguesa

A cooperação entre a China e os países de Língua Portuguesa não se limita aos campos político, económico e comercial. Nos anos recentes, o intercâmbio cultural entre a China e os países de Língua

Portuguesa tem avançado substancialmente. Os intercâmbios entre as partes nas áreas de ciência e tecnologia, educação e cultura têm sido cada vez mais ricos e variados. A China e a maioria dos países de Língua Portuguesa já criaram comités mistos nas áreas da cultura, ciência e tecnologia, que realizam regularmente reuniões para definir planos sobre intercâmbios e cooperações. Na área de ciência e tecnologia, a cooperação entre a China e os países de Língua Portuguesa, especialmente o Brasil, tem evoluído progressivamente nas áreas espacial, de recursos renováveis e materiais novos, entre outras. Os projectos de satélites de recursos terrestres e de jatos regionais constituem um caso emblemático da cooperação Sul-Sul. O intercâmbio da sociedade civil é rico. Numerosas actividades de intercâmbio, exposições e representações têm contribuído significativamente para a compreensão do povo sobre outras culturas. Ao mesmo tempo, os contactos entre os povos tornaram-se mais intensos, resultando num grau sem precedente do conhecimento e a amizade entre os povos. Alguns países, tal como o Brasil, já têm o Status de Destino para Turistas Chineses. A cooperação diversificada, sem dúvida, tem criado um "ambiente de *software*" propício para as partes promoverem a cooperação pragmática nas esferas política, económica e comercial.

5. A natureza demonstrativa da cooperação entre a China e os países de Língua Portuguesa

A cooperação entre a China e os países de Língua Portuguesa tem sido um caso exemplar para o desenvolvimento de relações entre os diversos países no actual sistema de relações internacionais. Em primeiro lugar, a grande parte da cooperação entre a China e os países de Língua Portuguesa pertence basicamente à cooperação entre os países em desenvolvimento, incluindo não só a cooperação entre a China e o Brasil – dois grandes emergentes – que se reveste de um teor estratégico extremamente forte e sobressai cada vez mais ao âmbito bilateral, mas também a cooperação em pé de igualdade entre a China e alguns países menos desenvolvidos do mundo. Seja como for, todas essas cooperações são baseadas nos cinco princípios básicos de coexistência pacífica, procuram a igualdade, o benefício mútuo e vantagens compartilhadas para todas as partes envolvidas e salientam a importância de solidariedade entre os países em desenvolvimento para enfrentar juntamente desafios, constituindo assim, um bom exemplo da cooperação Sul-Sul sob as novas circunstâncias. Em segundo lugar, a cooperação entre a China e os países de Língua Portuguesa é também uma cooperação entre os países com diferentes sistemas sociais, diferentes situações nacionais e diferentes culturas. Apesar das diferenças e a diversificação de interesses, a China e os países de Língua Portuguesa conseguem, na maioria dos casos, aderem aos princípios de consulta amistosa e diálogo em pé de igualdade com vistas a procurar soluções construtivas para os problemas, e por consequência, promover activamente as relações com respeito recíproco e espírito de complementaridade mútua, procurando consensos enquanto mantendo as divergências. Isto é uma interpretação concreta da filosofia do Mundo Harmonioso, como também estabelece um modelo positivo para interacções benéficas entre os países no contexto da globalização.

Tendo como pano de fundo a globalização, a natureza estratégica, a sua abrangência global, a natureza de benefício mútuo, a sua amplitude e a natureza demonstrativa introduzem uma grande vitalidade no desenvolvimento do relacionamento entre a China e os países de Língua Portuguesa, fornecendo um espaço maior para que estes aproveitem melhor as oportunidades da globalização e enfrentem apropriadamente os desafios da globalização.

Importa referir que a Região Administrativa Especial de Macau da China tem um papel singular na cooperação entre a China e os países de Língua Portuguesa. Depois do seu retorno à China, Macau tem vindo a explorar as vantagens de "um País, dois sistemas", além de tirar proveito da sua ampla rede de ligação no comércio internacional e dos seus recursos humanos que assimilam e compreendem culturas orientais e ocidentais, e dessa forma, constitui uma ponte de ligação entre a China e os países de Língua Portuguesa. O Fórum para a Cooperação Económica e Comercial entre a China e os países de Língua Portuguesa (Macau) criou um mecanismo inovador para que Macau possa desempenhar melhor a sua função em intensificar os contactos entre a China e os países de Língua Portuguesa. À medida que o relacionamento de cooperação entre a China e os países de

Língua Portuguesa vem se aprofundando, acreditamos que o papel de plataforma de Macau será cada vez mais destacado.

Actualmente, a situação internacional está a passar pela mudança mais complexa e profunda após o fim da Guerra-fria. A paz, o desenvolvimento e a cooperação continuam a ser a corrente principal dos nossos tempos. Promover o desenvolvimento amplo e alcançar a prosperidade comum tornam-se consenso da comunidade internacional. A interdependência da sociedade humana é cada vez mais aprofundada. Ao mesmo tempo, também se verificam mais factores de incerteza e instabilidade que afectem a paz e o desenvolvimento. A globalização cria grandes oportunidades de desenvolvimento mas também coloca grandes desafios para todos os países e territórios. A cooperação amistosa entre a China e os países de Língua Portuguesa revela, de forma concreta, a ideia do "Mundo Harmonioso" defendida pela China, corresponde às próprias necessidades de desenvolvimento de cada país, vai ao encontro da tendência do desenvolvimento da sociedade humana, e é benéfica para a paz e a estabilidade do mundo inteiro. No contexto da globalização, ao acolherem grandes oportunidades da cooperação, é natural que as partes eventualmente encontrarão também alguns problemas e dificuldades. No entanto, estou convicto de que com o empenho conjugado de todos, o relacionamento entre a China e os países de Língua Portuguesa terá um futuro ainda mais brilhante.

(O autor foi Embaixador da RPC na República Federativa do Brasil e Comissário do Ministério dos Negócios Estrangeiros da RPC na RAEM)

Reflexões em Torno da Questão: Que Modelo Social para o Desenvolvimento?*

JORGE SAMPAIO

Encerrar este Seminário de Verão sobre uma questão tão aliciante quão complexa como é a do "Modelo social para o desenvolvimento" parece-me tarefa duplamente difícil, que só o meu voluntarismo conhecido ousaria enfrentar. Ou então, imprudência... O convite foi há tanto tempo e a Faculdade sempre tão amiga...

Dizia eu: difícil por um lado, porque, de quem fala no fim, se espera que faça a síntese e porventura supere a súmula das informações transmitidas.

Por outro, porque a matéria que escolheram para este seminário é *basicamente* controversa, embora de grande actualidade e enorme interesse.

Em suma, o que me pedem é uma *espécie de tarefa impossível,* mas dificilmente recusável para alguém, como eu, a quem estas matérias não deixam indiferente...

Foi pois com agrado que aceitei o desafio, embora como premissa conte com a vossa indulgência! Não sou um perito nestas matérias nem delas sequer um estudioso regular. Por isso, e na *qualidade de cidadão atento* ao que o rodeia e ao seu tempo, que vou abordar esta questão, a qual está claramente no centro das preocupações da maioria esmagadora das pessoas. Não pretendo trazer-vos nada de novo, *mas tão só colocar esta questão em perspectiva,* ten-

---

* Este artigo foi muito gentilmente cedido pelo antigo presidente da República Portuguesa, Dr. Jorge Sampaio, a quem a coordenadora deste livro se dirigiu num Seminário de Verão organizado pela Associação dos Estudos Europeus da Faculdade de Direito da Universidade de Coimbra, em 2007. A coordenadora do livro gostava, mais uma vez, de demonstrar o sincero agradecimento, pois constitui uma grande honra este texto poder fazer parte desta publicação.

tando perceber o que está em jogo no *"modelo social para o desenvolvimento"*, num questionamento que pretendo *aquém e/ou para além* dos aspectos técnicos ou especializados, que certamente foram aqui já abundantemente focados. E para estruturar as reflexões, que me proponho partilhar hoje convosco, sugiro-vos uma espécie de percurso onírico em torno de três sonhos sucessivos:

1.º A globalização – sonho ou pesadelo?
2.º Porque é que a Europa deixou de fazer sonhar os europeus?
3.º Porque é que o nosso modelo social continua a fazer sonhar ainda tantos milhões?

Vamos então ao primeiro.

1. *A globalização – sonho ou pesadelo?*

Não me vou naturalmente alongar sobre o que é a globalização, mote de infindáveis discursos e abundantes considerações. Mas gostaria de chamar a atenção para as *profundas transformações* que a globalização introduziu no plano da economia mundial e das condições de desenvolvimento dos povos no *plano nacional, regional e internacional.* De facto, a crescente globalização da economia traduziu-se na *integração de novas economias muito dinâmicas* que vieram *pôr em causa a posição de centralidade* que até então cabia exclusivamente à Europa e aos Estados Unidos.

Foi o que aconteceu com o Japão na década 60 e 70, com os chamados "tigres da Ásia" nos anos 70/80 e é o que sucede actualmente com a China, Índia, Brasil, etc., que deram *saltos significativos* na constituição de vastos sectores industriais competitivos à escala mundial (têxteis, electrónica, metalomecânica, etc.). Por outro lado, a forte redução nos custos de transporte (simbolizada na introdução do "*contentor*") *acentuou* a **competitividade** dos novos actores económicos que concorrem directamente com muitas economias europeias. Portanto, no contexto externo, a globalização traduziu-se por *uma crescente concorrência* num conjunto significativo de produtos e sectores, obrigando as economias europeias a alterarem as suas estruturas produtivas.

Estas reestruturações *implicam,* por um lado, aquilo que se poderia chamar, *"uma nova divisão internacional do trabalho"* e, por outro, uma *transferência de recursos* (em que aliás também poderíamos incluir os trabalhadores) de sectores moribundos ou pouco competitivos para sectores dinâmicos ou competitivos.

Daqui decorrem, pelo menos, *três* processos:

- *uma redistribuição* dos centros mundiais de produção que leva designadamente a uma reorganização do modelo industrial europeu (com o seu lote de deslocalizações e de reconversões);
- *uma redistribuição* mundial dos rendimentos e da riqueza;
- *uma situação de risco* crescente de "dumping social" no plano mundial.

Acresce que, como a globalização tem criado profundas desigualdades de oportunidades *entre* regiões e continentes, *a pressão migratória* continua a aumentar, alimentada designadamente pelos baixos custos dos transportes e as facilidades da comunicação universal.

Por isso, o Secretário-Geral das Nações Unidas, num artigo publicado na passada terça-feira, recordava que estávamos na *"era da mobilidade", uma etapa da globalização posterior à da liberalização dos fluxos de capitais e produtos,* caracterizada por um número sempre crescente de pessoas a atravessar as fronteiras em busca de oportunidades e de uma vida melhor. Voltando à minha interrogação inicial "A globalização – sonho ou pesadelo?" *rapidamente* nos damos conta que afinal não estamos perante alternativas exclusivas, mas perante realidades concorrentes. A globalização *vira* sonho mau para alguns, pela ANSIEDADE que provoca nos países mais avançados como os nossos, os da União Europeia, por exemplo porque *neles há a percepção* de que a concorrência de economias com salários baixos causa a deslocalização da produção e provoca a diminuição da procura dos trabalhadores menos qualificados que assim são empurrados para o desemprego.

A globalização é *sonho* a tornar-se *realidade* para outros, pelas oportunidades de desenvolvimento e redistribuição de riqueza que tem criado.

Basta pensarmos designadamente nas economias dos países ditos BRIC – na China, na Índia, no Brasil, na Rússia. Por último, a *globa-*

lização tem ainda sido *um pesadelo* para os milhões de pessoas que, apesar desta recomposição da economia internacional, continuam a perder terreno.

Não esqueçamos que há ainda 19% da população mundial a viver em situação de *pobreza absoluta,* e que, por exemplo, em África, o rendimento *per capita* tem recuado em relação aos países industrializados e, em alguns países, declinou mesmo em termos absolutos. Daqui apenas quero concluir que independente de ser um sonho ou um pesadelo, a globalização é, *não uma,* mas "a realidade do nosso tempo", cuja importância e impacto na história da humanidade não podem ser subestimados.

Realidade imparável *sim, mas não necessariamente indomável,* nem tão pouco ingovernável, embora a criação *do mundo único* que resulta da globalização – e único não significa nem unido nem unificado – *coloque um enorme desafio em termos de modelo de governação.* Estas dificuldades são particularmente visíveis na crise que a Europa atravessa, bem como os seus Estados, como vamos ver seguidamente.

O segundo ponto, como se lembram, é este:

2. Porque é que a Europa deixou de fazer sonhar os europeus?

Foi a construção europeia, iniciada nos escombros da guerra, que restituiu aos europeus a *capacidade* de sonhar *com a paz e a prosperidade* e que tornou real o sonho da reunificação da Europa, hoje quase completo.

Durante todos estes anos, a Europa alimentou sonhos, estendeu-os e alargou sempre mais o *clube dos sonhadores.* A dupla dinâmica do aprofundamento e do alargamento tem sido uma constante deste meio século de construção europeia.

Por isso, a União Europeia tem sido considerada uma história de sucesso, porventura o feito mais significativo do século XX. Mas a questão que hoje se coloca é:

- Perante as aceleradas transformações deste novo século e a realidade imparável da globalização, estará a Europa a reagir com a prontidão desejável?

- Com a indispensável visão?
- Com a estratégia aconselhável?

Inúmeros são os pareceres negativos, muitas as críticas, parcos os resultados.

Mas sobretudo *têm crescido o desalento*, o *cepticismo* e a *desconfiança*.

Pior ainda: a Europa *já não* faz sonhar, *já não* é inspiradora de sonhos de segurança, de bem-estar e prosperidade, nem sequer por vezes de paz, a qual começa a surgir mais como uma interrogação do que como uma certeza inabalável. A Agenda de Lisboa que foi adoptada em 2000 e revista em 2005, prossegue precisamente o objectivo de *tornar a economia europeia de novo competitiva* e de a adaptar à globalização.

Mas o debate sobre a *justiça social* tem andado desfasado, *a Europa social não tem conseguido afirmar-se.*

De facto, **não** encontrámos ainda os instrumentos adequados para efectuar as reformas necessárias e, não será, parece-me, cedendo à tentação de nos refugiarmos nos instrumentos caducos do proteccionismo que lá chegaremos. Ora, enquanto a Europa não re-encontrar *um modelo de justiça social* adequado, no contexto do tal mundo sem fronteiras que a globalização criou, *enquanto não der uma reposta satisfatória à questão de saber como re-equacionar "liberdade" e "justiça", sistema de economia liberal e sistema social solidário,* os europeus permanecerão mergulhados numa letargia que nenhum sonho virá colorir. Hoje, os europeus estão sobretudo preocupados com questões sociais e económicas – o emprego, os despedimentos e o desemprego, o poder de compra, a mobilidade social, o sistema de protecção social, a saúde e as pensões.

Hoje, os europeus *sentem-se ameaçados* porque já perceberam que o status quo é insustentável e que o sentido das mudanças ainda não é nem certo nem claro, mas obrigará a adaptações e *acarretará algumas perdas* – perdas de estatuto, de regalias, de privilégios, de segurança. E, a meu ver, *nem sequer será* com um Tratado – com um novo Tratado – que *esta crise de confiança* se vai resolver.

É a *dinâmica europeia que está em crise e a sua capacidade* em transformar os receios e as preocupações dos cidadãos *em problemas e estes* em medidas políticas que os solucionem e ultrapassem.

Por outras palavras, é o sonho europeu que se está a esboroar e com ele a capacidade da Europa em fazer sonhar os europeus. Para mim, é claro que terá de haver grandes alterações no modelo social europeu, *se quisermos enveredar por uma via de desenvolvimento que seja sustentável e durável.* Mas não se poderá, nunca, renunciar aos princípios da justiça e da coesão sociais.

Por isso, entendo que são necessários *programas europeus eficazes* de justiça social.

O que nos faz falta é uma Agenda Social que, em *ambição, estratégia e metas,* seja o equivalente ao que a Agenda de Lisboa é, ou pretende ser, para a economia europeia. Integrar mais e melhor a economia europeia permitirá torná-la *mais competitiva,* condição indispensável para o desenvolvimento.

Mas, por outro lado, é necessário apostar *em medidas sociais de acompanhamento, bem como numa partilha mais equitativa* dos rendimentos. A experiência mostra que os países que *investiram na reforma do seu modelo económico e social* tiveram sucesso – é o caso dos países nórdicos, por exemplo.

E embora quando se fale de "modelo social europeu" estejamos, de facto, a referirmo-nos a uma realidade plural que está longe de ser uniforme, *nada impede* que, por exemplo, os sucessos da "flexisegurança" à dinamarquesa não sejam transponíveis para outros casos, com os cuidados e ressalvas que as circunstâncias recomendarem. Como sabemos, neste modelo da flexisegurança dinamarquês basicamente combina-se uma maior flexibilidade nos despedimentos com o reforço dos mecanismos de apoio social aos desempregados. A ideia, como se diz, é associar num binómio virtuoso flexibilidade e segurança, ou seja, flexibilidade para as empresas, que podem contratar e despedir pessoas mais facilmente, e segurança para os trabalhadores que podem receber um salário e uma formação adequada entre dois contratos de trabalho.

No entanto, a "flexisegurança" suscita dúvidas por parte dos sindicatos que receiam uma precarização generalizadas das condições de trabalho.

Mas, se calhar, haverá que aprender *a dissociar "precarização e mobilidade",* dois conceitos com cargas simbólicas opostas, embora de conteúdo idêntico, Neste ponto, fico-me por aqui. De qualquer forma, parece-me que a *Europa teria,* no terreno social, um papel a desempenhar muito mais importante do que aquele que até agora tem sido chamada a desenvolver.

É precisa uma nova Europa social, *é urgente uma espécie de agenda comum de reforma dos nossos Estados providência,* aliada a uma maior coordenação das nossas políticas económicas. Como já referi acima, precisamos de um *Pacto Social,* tal como para o euro foi preciso um Pacto de Estabilidade e de Crescimento *se* quisermos que, por um lado, a Europa volte a encontrar uma economia competitividade e, por outro, evite os efeitos corrosivos do dumping social.

Para toda esta complexa questão, *não* disponho, claro, de nenhuma fórmula mágica a propor-vos.

Mas entendo que o célebre tríptico de Jacques Delors, e cito: "a competição que estimula, a cooperação que reforça e a solidariedade que une", continua a ser uma pista a explorar e a equação que poderá voltar a fazer sonhar os europeus!

Finalmente, o último ponto:

3. Porque é que o nosso modelo social continua a fazer sonhar tantos outros povos?

Jean Monnet gostava de resumir a finalidade da Europa lembrando que *"L' Europa est une contribution à un monde meilleur".* Nesta fórmula elíptica, perpassa toda a temática abordada neste seminário – "que modelo social para desenvolvimento?" Ou seja, no nosso mundo único, *que não está nem é unido nem unificado,* não se poderá garantir a justiça social na Europa sem contribuir ao mesmo tempo para a justiça no mundo. Por isso, na nossa era da mobilidade a Europa continua a sofrer uma tão grande pressão migratória, sendo o destino sonhado de tantos milhões de indivíduos.

Por isso também, a Europa tem desempenhado um papel tão decisivo *na sua progressiva afirmação como actor de política externa,* não só no âmbito da regulação da globalização, como também como primeiro parceiro mundial da ajuda ao desenvolvimento. Actor, porém, muitas vezes bastante subestimado e pouco valorizado. A meu ver, também neste âmbito da *política externa* está patente a preocupação de *conciliar "liberdade" e "justiça social",* na certeza de que o debate sobre a justiça social na Europa não é dissociável da questão mais vasta da justiça no mundo. Por isso, a intervenção da Europa no sentido de tornar *a globalização mais justa é fundamental,* bem como o seu papel na governação mundial, cujo principal desafio continua a ser o da adaptação das instituições de Bretton-Woods, do G8 e do Conselho de Segurança das Nações Unidas.

A meu ver, há que *assumir uma nova co-responsabilização pela solução dos problemas globais,* bem como uma *nova visão de co-desenvolvimento* sustentável à escala mundial.

Há que quebrar o mito neo-liberal segundo o qual a lógica dos mercados resolve tudo e esvazia o campo de actuação política. Há, por fim, que **quebrar o mito** de que a globalização é ingovernável e que anula a função de regulação dos poderes políticos. Como Joseph Stiglitz, *considero que outra globalização é possível, moldada segundo o princípio matricial da igualdade de oportunidades, da solidariedade, da justiça social e da universalidade dos direitos humanos. Por isso, os direitos económicos, sociais e culturais* adquirem a esta luz uma dimensão tão importante.

Nos países de economia emergente, que fazem sonhar tantos milhões, o grande desafio que se coloca é *justamente o da construção de sociedade integradas, justas e inclusivas.* A meu ver, isso passa pela construção de sistemas de protecção social inspirados nos parâmetros do modelo social europeu que fazem continuam a fazer sonhar outros milhões.

A C.P.L.P., Macau e a China: Notas sobre o Forum para a Cooperação Econômica e Comercial entre a China e os Países de Língua Portuguesa

CELSO LAFER

– I –

A queda do muro de Berlim e o fim da Guerra Fria flexibilizaram o funcionamento do sistema internacional e abriram novas oportunidades de concertação entre os países. É neste contexto que se institucionalizou em Lisboa a Comunidade dos Países de Língua Portuguesa, cujos Estatutos e Declaração Constitutiva datam de 1996. Um dos antecedentes da C.P.L.P. foi a reunião em 1989, no Brasil, em São Luís do Maranhão, na qual se criou o Instituto Internacional da Língua Portuguesa.

A língua portuguesa foi, portanto, um fator que impulsionou a criação da C.P.L.P. mas este fator se deu num contexto internacional distinto do que levou à criação do <u>Commonwealth</u> ou da <u>Francophonie</u>. Estas instituições se estruturaram na moldura do processo de descolonização e na vigência da bipolaridade. Procuraram criar vínculos entre os seus integrantes, que foram ex-colônias européias, e as antigas metrópoles, Grã-Bretanha e França, tendo como lastro o legado cultural das línguas inglesa e francesa. Já a C.P.L.P. é uma organização fruto da pós-descolonização. Surgiu no âmbito do pós-Guerra Fria que assinalou o fim das prévias e definidas polaridades. Foi nesta linha que na reunião constitutiva da C.P.L.P. em Lisboa, em 17 de julho de 1996, em nome do Brasil o Presidente Fernando Henrique Cardoso disse: "...a Comunidade responderá adequadamente ao impulso próprio das relações internacionais contemporâneas, de que os países respondem a coalizões ordenadas não mais ao longo da clivagem Norte e Sul ou Leste e Oeste, mas sim de interesses prontamente identificáveis pelo cidadão". Neste mesmo discurso afirmou: "Queremos construir uma Comunidade em sentido pleno, inspirada no valor da igualdade, afastada de articulações hegemônicas, dedicada a um trabalho harmonioso de cooperação – uma Comunidade que, em suas deliberações, honre nosso espírito democrático". (Discurso do Presidente Fernando Henrique Cardoso por ocasião da sessão de abertura da Reunião de Cúpula da Comunidade dos Países de Língua Portuguesa, Lisboa, 17 de julho de 1996, in Carlos Henrique Cardim e João Batista Cruz, org. C.P.L.P.: Oportunidades e Perspectivas, Brasília, IPRI, 2002, p. 400)

A criação da C.P.L.P. resulta desta visão. Foi impulsionada por um Portugal democrático, pós-colonialista, já inserido na União Européia, e por um Brasil redemocratizado, desejosos ambos de encontrar, na década de 1990, novos espaços institucionalizados de articulação diplomática. Esta aspiração encontrou ressonância nos demais membros originais da C.P.L.P. – Angola, Cabo Verde, Guiné-Bissau, Moçambique, São Tomé e Príncipe que detectaram, com base na reciprocidade de interesses, novas possibilidades de cooperação, importantes para, no mundo pós-Guerra Fria, atender as suas necessidades internas e aos processos de suas respectivas consolidações nacionais.

Daí a lógica dos objetivos gerais da C.P.L.P. prevista no artigo 3.º do seu Estatuto:

"(a) a concertação político-diplomática entre os seus membros em matéria de relações internacionais, nomeadamente para o reforço da sua presença nos fóruns internacionais;

(b) a cooperação, particularmente nos domínios econômico, social, cultural, jurídico e técnico-científico;

(c) a materialização dos projetos de promoção e difusão da língua portuguesa".

– II –

O fator lingüístico, o idioma português, previsto como um dos três objetivos da Comunidade, é o fator identificador da C.P.L.P., que está na sua origem e que dá lastro próprio aos outros dois. O fator lingüístico tem, no entanto, a sua modulação, pois se em Portugal e no Brasil o português é tanto idioma oficial quanto língua nacional, nos demais países que integram a C.P.L.P. o português como idioma oficial é língua de comunicação, convive com outras línguas. É por este motivo que a Declaração Constitutiva da C.P.L.P. afirma o imperativo igualitário de "Consolidar a realidade cultural nacional e plurinacional que confere identidade própria aos Países de Língua Portuguesa". É nesta moldura pluralista que se reafirma que a língua portuguesa é um vínculo histórico e um Patrimônio comum; um meio de difusão da criação cultural entre os povos que falam português e de projeção internacional de valores culturais; um fundamento de uma atuação conjunta e um instrumento de comunicação.

No trato da modulação do fator lingüístico observa Fernando Mourão que, ao lado da língua como base de entendimento que ensejou a criação da C.P.L.P., existe o dado da língua como fator de inserção na sociedade pós-industrial. O português é, neste sentido, uma língua de cultura que, com seu vocabulário e tradição literária, dá acesso ao mundo da modernidade (Fernando Augusto Albuquerque Mourão, Avaliação Crítica da C.P.L.P. – O Projeto, seus Mecanismos e Viabilidade Política, in C.P.L.P.: Oportunidades e Perspectivas, Carlos Henrique Cardim e João Batista Cruz, org., cit. p. 52). Ela é, assim, recorrendo a Fernando Pessoa, uma língua universal, pois tem o poder de "responder na íntegra a todas as formas de expressão possíveis" (Fernando Pessoa, A Língua Portuguesa, org. de Luisa Medeiros, São Paulo, Cia. das Letras, 1999, p. 149).

Foi a isso que aludiu o Presidente Fernando Henrique Cardoso no seu já mencionado discurso de 17 de julho de 1996, quando disse: "E nossa língua não tem nada a temer nas comparações: não pretende ser superior ou inferior, porque sabemos que o português é uma língua que permite a expressão de todos os sentimentos e todas as formas capazes de elevar o espírito humano às alturas mais elevadas",

48   A C.P.L.P., Macau e a China: Notas sobre o Forum para a Cooperação...

acrescentando a seguir: "O português é a terceira língua mais falada no mundo ocidental. São duzentos milhões de falantes espalhados pelos cinco continentes – portanto, dando à nossa língua uma boa base humana e geográfica para a sua projeção". (Discurso do Presidente Fernando Henrique Cardoso por ocasião da sessão de abertura da Reunião de Cúpula da Comunidade dos Países de Língua Portuguesa, Lisboa, 17 de julho de 1996, in op. cit. p. 402)

Em matéria de projeção cabe lembrar que o português, como língua de cultura que oferece acesso à modernidade, tem também uma dimensão no campo econômico. Com efeito, um dos dados da interação entre os países no plano internacional, hoje, é o mercado. Neste as trocas se fazem por meio de línguas (cf. Enilde Faulstich, C.P.L.P.: um lugar de múltiplas falas, in C.P.L.P. – Comunidade dos Países de Língua Portuguesa, José Flávio Sombra Saraiva, org., Brasília: IBRI, 2001, pp. 106-107), sobretudo se se levar em conta a crescente regulamentação da disciplina jurídica do comércio internacional que a OMC – a Organização Mundial do Comércio – vem impulsionando com vocação universal.

Neste contexto o português tem o seu papel. Macau, para começar a aproximação com o tema central deste artigo, está atento a isso. Assim, como informado à OMC, os requisitos de etiquetagem de produtos alimentícios, farmacêuticos e médicos devem conter, para proteger consumidores e prevenir concorrência desleal ou práticas fraudulentas, um rótulo descritivo do produto em português, chinês ou inglês (World Trade Organization, Trade Policy Review Macau, China – report by the Secretariat, WT/TPR/S/82-19, February, 2001, p. 31). Também o site de Macau (http://www.gov.mo) contém abundante informação divulgada em língua portuguesa que tem, assim, uma função de língua de comunicação.

É neste contexto de comunicação que se coloca o papel da ponte de ligação do bilingüismo em chinês e português no campo específico da cooperação entre os atores econômicos da China e os Países de Língua Portuguesa. Isto passa pela validade da tradução, sem transitar por uma terceira língua que usualmente é o inglês. Cabe, neste sentido, lembrar que o reforço do portal de Macau em língua portuguesa e de sua função no Forum de Cooperação Econômica e Comercial entre a China e os Países de Língua Portuguesa – que adiante será discutido – tem o respaldo do conhecimento que deriva do fato de que o portal em língua portuguesa da Rádio Internacional da China é o maior portal em língua portuguesa que não pertence a membros da C.P.L.P., como registra Yu Huijuan (O Papel da tradução chinês/português na Cooperação Econômica e Comercial entre a China e os Países de Língua Portuguesa, <u>Boletim Trimestral</u> nº 3, ano de 2006, Secretariado Permanente do Forum para a Cooperação Econômica e Comercial entre a China e os Países de Língua Portuguesa (Macau), pp. 11-13).

– III –

Fernando Mourão, nas suas análises, realça a importância de uma base material de entendimento, necessário para impulsionar a vontade política que levou à criação da C.P.L.P. Pondera que, além da interação econômica *inter-se* entre seus membros, a C.P.L.P. pode proporcionar novos e complementares nichos de oportunidades (cf. Fernando Augusto Albuquerque Mourão, Avaliação crítica da C.P.L.P. – O Projeto, seus Mecanismos e Viabilidade Política, in <u>C.P.L.P.: Oportunidades e Perspectivas</u>, Carlos Henrique Cardim e João Batista Cruz, org., cit. pp. 47-51).

Uma indicação da base material da C.P.L.P. pode ser vislumbrada nos dois quadros que se seguem. No primeiro estão indicados os dados macroeconômicos dos países da C.P.L.P., neles incluídos os referentes a Timor-Leste que, depois de alcançar, em 2002, sua independência, para a qual contribuiu o respaldo diplomático da C.P.L.P., ingressou neste mesmo ano como membro da organização (cf. Celso Lafer, <u>Mudam-se os Tempos – Diplomacia Brasileira 2001-2002</u>, Brasília, IPRI-FUNAG, 2002, pp. 109-114; Palavras do Ministro de Estado das Relações Exteriores prof. Celso Lafer, in <u>C.P.L.P.: Oportunidades e Perspectivas</u>, Carlos Henrique Cardim e João Batista Cruz, org., cit. pp. 17-20). No segundo estão sumariados os dados das relações comerciais do Brasil com os países da C.P.L.P.

50   A C.P.L.P., Macau e a China: Notas sobre o Forum para a Cooperação...

Dados Macroeconômicos dos Países de Língua Portuguesa

Dados de 2005	População total, em milhões	PIB (constantes 2000 US$),em milhões	PIB per capita (constantes 2000 US$)
Angola	15,9	14.197	891
Brasil	186,4	670.450	3.597
Cabo Verde	0,5	675	1.331
Guiné-Bissau	1,6	213	135
Moçambique	19,8	5.773	292
Portugal	10,6	108.845	10.311
São Tomé e Príncipe	0,2	56	356
Timor-Leste	1,0	330	338
TOTAL	**236,0**	**800.539**	**3.392**
TOTAL sem Brasil	**49,6**	**130.089**	**2.623**

Fonte: Banco Mundial

Relações Comerciais do Brasil com Países de Língua Portuguesa

	Exportações destinadas ao Brasil			Importações provenientes do Brasil			em US$ milhões, Saldo Comercial com o Brasil		
	2003	2004	2005	2003	2004	2005	2003	2004	2005
Angola	8	4	4	259	392	448	-251	-388	-444
Cabo Verde	0,02	0,02	0,03	9,8	18,4	21,9	-9,8	-18,3	-21,9
Guiné-Bissau	0	0	0	0,3	0,3	0,4	-0,3	-0,3	-0,4
Moçambique	1,9	0,1	0,1	8,4	15,2	18,2	-6,5	-15,1	-18,1
Portugal	146	193	223	752	1.060	1.153	-606	-867	-930
São Tomé e Príncipe	0,13	0,4	0,5	0,3	0,3	0,4	-0,2	0,1	0,1
Timor-Leste	0	0	0	0,1	0,04	0,1	-0,1	-0,04	-0,1
Total	156	198	228	1.030	1.486	1.642	-874	-1.289	-1.414

Fonte: Braziltradenet

No âmbito desta base material e de suas visões políticas os países da C.P.L.P. trabalham, em geometria variável, as perspectivas de seu interesse. José Flávio Sombra Saraiva aponta, por exemplo, como a C.P.L.P. tem sido um dado relevante da política africana do Brasil (José Flávio Sombra, C.P.L.P.: Plataforma para uma frutífera concertação político-diplomática, in <u>C.P.L.P. Comunidade dos Países de Língua Portuguesa</u>, José Flávio Sombra Saraiva, org., cit. pp. 74-76).

– IV –

É no contexto de novos e complementares nichos de oportunidades mencionados por Fernando Mourão, como apontei, e da geometria variável dos interesses, como também observei, que se insere, tendo como foco Macau, o Forum para a Cooperação Econômica e Comercial entre a China e os países de língua portuguesa, cuja primeira reunião ocorreu em outubro de 2003.

Na análise do Forum cabe lembrar que, em 20 de dezembro de 1999, Macau, que era um território administrado por Portugal, se tornou uma região administrativa especial da República Popular da China. De maneira semelhante ao que se deu com Hong Kong e com base na transição negociada em Portugal, a China adotou como princípio diretivo do processo de reunificação do país a fórmula de "um país, dois sistemas". Destarte, durante 50 anos, o sistema capitalista e a forma de vida de Macau permanecerão inalterados. Esta solução institucional confere a Macau um apreciável grau de autonomia em matéria executiva, legislativa e jurídica, exceção feita aos temas de defesa e de relações exteriores.

O *status* não soberano de Macau não afasta a possibilidade de suas autoridades conduzirem, de acordo com lei básica que rege suas atividades como região administrativa especial da República Popular da China, relações com outros países e organizações no campo econômico, do comércio, das finanças, da navegação, do turismo, da cultura, da ciência, da tecnologia e dos esportes. Isto inclui a competência jurídica para celebrar acordos com estados estrangeiros e organizações internacionais. Neste sentido, como afirma o governo de Macau, China, no seu informe de 2001 à OMC, por ocasião da análise de suas políticas comerciais, a região tem plena personalidade jurídica internacional no campo do comércio e da economia internacional (World Trade Organization, Trade Policy Review Macau, China, report by the Government, WT/TPR/G/82, 19 February, 2001, p. 6). É por essa razão que Macau, China é um membro pleno da OMC – que não se confunde com a condição da China, como membro da OMC – pois a OMC, na esteira do GATT, admite como membros plenos territórios aduaneiros, desde que possuam autonomia na condução das suas relações comerciais externas e em outros assuntos contemplados no conjunto dos acordos negociados na Rodada Uruguai, que levaram ao Acordo de Marrakesh que instituiu a OMC. Foi nesta moldura jurídica que Macau, como território aduaneiro autônomo, administrado por Portugal e membro da OMC, passou a ser, sem solução de continuidade, Macau, China, região administrativa especial da República Popular da China. O mesmo ocorreu com Hong Kong na transição da administração inglesa para a da região administrativa especial da República Popular da China.

É interessante observar que, desde o início da presença de Portugal em Macau, no século XVI, esta região se desenvolveu e teve como função intermediar o comércio entre a China e o Japão e entre a China e o Ocidente. Esta função, que transformou uma aldeia de pescadores num florescente porto de lucrativo comércio, foi sancionada por Pequim (cf. A. H. de Oliveira Marques, História de Portugal, vol. II Do Renascimento às Revoluções Liberais, 13ª ed., Lisboa, Ed. Presença, 1998, p. 206; Charles R. Boxer, O império marítimo português – 1415-1825, São Paulo, Cia. das Letras, 2002, pp. 78-79; 341). É compreensível, portanto, tendo em vista esta herança histórica, que a China contemporânea tenha identificado um papel próprio para Macau como parte da sua abrangente estratégia de inserção econômico-comercial no mundo. É neste contexto que se insere o Forum para a Cooperação Econômica e Comercial entre a China e os países que integram a C.P.L.P. (cf. Xu Yamin, Macau e o Seu Importante Papel Intermediário no Comércio Internacional, Boletim Trimestral n.º 2 (setembro de 2005), Secretariado Permanente do Forum para a Cooperação Econômica e Comercial entre a China e os Países de Língua Portuguesa (Macau), pp. 6-9)

As atividades econômicas de Macau têm como eixo os serviços com ênfase no turismo e no jogo. O território de Macau tem, no entanto, uma localização geográfica que oferece oportunidades adicionais no campo econômico. Refiro-me ao seu potencial como *hub* e porta de entrada para o Grande Delta das Pérolas. O Grande Delta das Pérolas, na República Popular da China, engloba Fujian, Jiangxi, Hunan, Guangdong, Guangxi, Hainan, Sichuan, Guizhou e Yunnan e as regiões administrativas especiais de Hong Kong e Macau. Representa um quinto do território nacional chinês e um terço da população e do produto interno bruto da China. Daí a hipótese desenhada pelas autoridades da República Popular da China de conferir a Macau uma função de plataforma de serviços para acelerar o desenvolvimento desta região. Esta hipótese já estava contemplada no relatório de Macau sobre as suas políticas comerciais apresentado à OMC em 2001 (WTO, Trade Policy Review, Macau, China, Report by the Government, WT/TRP/82/19, February 2001, p. 6) e tinha como lastro o relacionamento econômico de Hong Kong e Macau com a província de Guangdong. Consolidou-se em 2003 como uma política pública (cf. http://www.gov.mo – texto sobre Grande Delta do Rio das Pérolas (9+2) e Delta do Rio das Pérolas).

Foi neste contexto que se realizou, nos dias 12 a 14 de outubro de 2003, em Macau, Conferência Ministerial entre a China e os países da C.P.L.P. que criou o Forum para Cooperação Econômica e Comercial. Desta Conferência participaram autoridades de Angola, Cabo Verde, Guiné-Bissau, Moçambique, Portugal, Timor-Leste, China e Brasil. A autoridade brasileira que representou o Brasil nesta Conferência que criou o Forum foi o Ministro do Desenvolvimento e Comércio Exterior do governo Lula, Luiz Fernando Furlan.

O Forum tem um secretariado permanente sediado em Macau, concebido como um mecanismo de acompanhamento de suas atividades e responsável pelo apoio logístico e financeiro, necessários para a concretização de iniciativas e projetos. O objetivo do Forum é identificar novas áreas e novos meios para a cooperação econômica e comercial entre a China e os países da C.P.L.P., valendo-se do papel de plataforma que Macau pode representar neste processo. A diretriz básica é a de dinamizar a cooperação econômica e o fomento do comércio bilateral entre a China e os países da C.P.L.P. Neste contexto o Forum e o potencial de atuação de Macau como plataforma de serviços e porta de entrada para o Grande Delta das Pérolas representa uma janela adicional de oportunidades para o relacionamento bilateral dos países da C.P.L.P. com a China. Daí, aliás, a amplitude da visão com a qual foram concebidas as atividades do Forum que contemplam, além do comércio, o investimento, a cooperação no domínio agrícola e das pescas, a engenharia e a construção de infra-estruturas, os recursos naturais e os recursos humanos.

Em síntese, o Forum, no âmbito de suas atividades, é um *locus* de articulação para a geometria variável dos interesses recíprocos da China com os países da C.P.L.P. tendo Macau, à luz de sua especificidade, como plataforma facilitadora de uma ampla cooperação que contém como um dos seus elementos a utilização do português como língua de comunicação.

Macau como plataforma inclui, por exemplo, como já foi mencionado, as oportunidades para a interação no desenvolvimento do Grande Delta do Rio das Pérolas (9+2). É também um componente da ativa política econômica da China em relação à África, que passa pelos membros africanos da C.P.L.P., notadamente Angola e Moçambique.

O Forum é parte e complemento da parceria China/Brasil que tem um significado histórico, inclusive de escopo mais amplo, pois são dois países de escala continental que, além dos "interesses específicos" da relação *inter-se*, têm um "interesse geral" na dinâmica de funcionamento do sistema internacional (cf. Edmundo Sussumo Fujita, O Brasil e a China – uma parceria estratégica modelar, Política Externa, vol. 11, nº 4, março-abril-maio 2003, pp. 59-70; Celso Lafer, Mudam-se os Tempos – Diplomacia Brasileira 2001-2002, vol. 2, Brasília, IPRI-FUNAG, 2002, pp. 87-89). Integram, por exemplo, na OMC, o G-20 que vem tendo um papel relevante nas negociações da Rodada Doha.

Do ponto de vista da base material que reforça a viabilidade política do Forum, sem dúvida tem grande significado o peso e a densidade econômica do relacionamento China/Brasil, como se pode ver no quadro abaixo:

Relações Comerciais da China com o Brasil, em US$ milhões FOB								
Exportações destinadas ao Brasil			Importações provenientes do Brasil			Saldo Comercial com o Brasil		
2004	2005	2006	2004	2005	2006	2004	2005	2006
3.710	5.354	7.989	5.440	6.835	8.400	(1.730)	(1.481)	(411)

Fonte: Ministério do Desenvolvimento, Indústria e Comércio Exterior

O Forum, como programado, realizou a sua segunda reunião ministerial em outubro de 2006. Nela o Brasil foi representado pelo Secretário Executivo do Ministério do Desenvolvimento, Indústria e Comércio Exterior, Ivan Ramalho. Registro que no governo Lula, – dando seqüência ao que já era usual no governo Fernando Henrique Cardoso, – o MDIC vem tendo, sob a liderança do Ministro Furlan, que compareceu à reunião que criou o Forum, um relevante papel na promoção comercial e econômica do Brasil no plano externo.

Na reunião de outubro de 2006, o Ministro do Comércio da China, Bo Xi Lai, registrou que o comércio entre a China e os países da C.P.L.P. atingiu US$23.2 bilhões, tendo duplicado nos últimos dois anos e que os investimentos, nos dois sentidos, atingiram US$500 milhões. Apontou, igualmente, que a meta do Forum era a de duplicar, nos próximos três anos, o valor das transações e dos investimentos entre os membros do Forum (cf. Macau – IV Série nº 5, dezembro, 2006, pp. 46-90).

Concluindo, o reforço e estreitamento de relações dessa natureza criam janelas de oportunidade para o conjunto das nações envolvidas. Do ponto de vista do Brasil é um espaço adicional para, na sua relação com a China, articular não apenas possibilidades mas também administrar as tensões e conflitos que são inevitáveis, tendo em vista a densidade e a escala de um intercâmbio econômico-comercial crescente.

Relações Económicas entre a China e os Países de Língua Portuguesa

Papel de Macau como uma Plataforma de Serviços

LEE PENG HONG[*]

PREFÁCIO

A convite da Doutora Wei Dan, Editora-Chefe da colectânea intitulada "Os Países de Língua Portuguesa e a China num Mundo Globalizado", contribuo com a presente tese como um dos trabalhos escritos, a qual foi elaborada com base na minha apresentação em powerpoint (em inglês) em Maio de 2008, num seminário na *John F. Kennedy School of Government* da Universidade de Harvard. Em 2006, publiquei o livro intitulado "Estratégia para o Desenvolvimento da Plataforma de Macau – Estudo sobre o papel de Macau como Plataforma de Serviços para a Cooperação Económica entre a China e os Países de Língua Portuguesa" com foco na análise das vantagens comparativas de Macau para a promoção do desenvolvimento económico e comercial da China e dos Países de Língua Portuguesa. Em 2008, fui convidado pela referida *John F. Kennedy School of Government* da Universidade de Harvard na qualidade de Visiting Fellow (Investigador Convidado), aprofundando os meus estudos sobre o desenvolvimento económico de Macau e as relações económicas e comerciais entre China e os Países de Língua Portuguesa. A minha tese a seguir apresenta, basicamente, o papel de Macau como Plataforma para a Cooperação Económica entre a China e os Países Lusófonos.

---

[*] Presidente do Instituto de Promoção do Comércio e do Investimento de Macau; Doutor da Universidade de Tsinghua; *Visiting Fellow* da John F. Kennedy School of Government, Universidade de Harvard.

A tese salienta, em primeiro lugar, que a cooperação económica inter-regional tem vindo a constituir, gradualmente, um elemento importante no processo do desenvolvimento da globalização, ao passo da dinamização do comércio externo e do investimento na China, que oferece valiosas oportunidades para o desenvolvimento comercial externo da Região de Macau, sob o enquadramento "Um País, dois Sistemas". Através de uma análise geral da situação actual, das características e dos problemas existentes na cooperação económica entre a China e os Países de Língua Portuguesa, a tese aponta, em resumo, as grandes potencialidades económicas e os desafios a enfrentar na cooperação e no desenvolvimento mútuo entre as duas partes. De acordo com a metodologia SWOT, a presente tese explora, sistematicamente, as múltiplas vantagens de Macau, nomeadamente culturas históricas, localização, regime político, ambiente de negócios, acesso a informações e rede de contactos internacionais, assim como os factores positivos da China Continental, incluindo o "Acordo de Estreitamento das Relações Económicas e Comerciais entre o Continente Chinês e Macau" (CEPA) e a Cooperação da Região do Grande-Delta do Rio das Pérolas, assinalando, portanto, a construção de Macau como Plataforma de Serviços de Cooperação Económica entre a China e os Países Lusófonos e a avaliação global dessa estratégia. Mais ainda, a integração e a inovação dos citados recursos vantajosos permitem ultrapassar as limitações existentes, melhorando e consolidando o sistema de suporte à referida Plataforma de Serviços de Cooperação Económica.

É necessário salientar que, após o referido seminário na Universidade de Harvard, fomos testemunhas de mudanças drásticas nas economias mundial e local. A crise financeira internacional conduziu ao abrandamento económico por todo o lado, com impactos inevitáveis na economia de Macau. O Governo da Região Administrativa Especial de Macau, por sua vez, tem tomado várias medidas em prol do crescimento económico estável, de modo a ajudar as empresas a atravessar a fase difícil. As "Linhas Gerais do Plano de Reforma e Desenvolvimento na Região do Delta do Rio das Pérolas", que foram divulgadas pelo Governo Central da China no início deste ano, integram os elementos do estreitamento da parceria entre Guangdong, Hong Kong e Macau, consagrando, da melhor forma, a importância de uma cooperação regional aprofundada. O autor espera realizar, no futuro próximo, os estudos mais aperfeiçoados sobre os temas em causa.

ECONOMIC RELATIONS BETWEEN CHINA
AND PORTUGUESE-SPEAKING COUNTRIES
AND THE ROLE OF MACAO AS A SERVICE PLATFORM [*]

1. Background and introduction

With the interaction and co-existence of economic globalization and regional economic co-operation, as well as the development of information and communication technologies, regional economic co-operation has surpassed the natural links formed by "neighboring countries", heading expansion in cross-regional blocs.

Since China's accession to the WTO, the national economy has been exposed to ever increasing shock waves from outside in the course of its integration with the global marketplace, whereas regional economic co-operation, to some extent, provides a haven from the eventual risks of globalization, helping, at the same time, to reduce disputes with the main economic blocs in the process of China's peaceful rise. Therefore, active involvement in cross-regional economic co-operation will be a strategic solution, by which China can adapt to the advancement of economic globalization.

Mainland China and Portuguese-speaking countries are not only gifted with complementary natural resources, the position of the various countries and their sphere of influence that extends to various regional economic co-operation organizations, are also a source of immeasurable political and economic potential in the context of cross-regional economic co-operation between them and China. The two sides are expected to set up an international co-operation framework perceived as multi-lateral and beneficial for all involved.

As for Macau, it is endowed with advantage in language, culture, business environment, access to information and services to name a few, thus placing it in the perfect position to become a platform for economic interchanges between China and the Portuguese-speaking

---

[*] This chapter is based on a powerpoint presentation at the seminar on May 8, 2008, delivered by the author, as a Visiting Fellow at John F. Kennedy School of Government, Harvard University.

countries (PSC). On the other hand, under the principle of "One Country, Two Systems", being a Special Administrative Region, Macau exercises a high degree of autonomy and independent economic policies.

As for the significance and contributions of the research on economic relations between China and Portuguese-speaking countries and the role of Macau, they can be summarized as follows. From the theoretical perspective, the cross-regional economic cooperation between China and PSC contributes to deep understanding of theories on cross-regional economic cooperation and globalization. Moreover, the research helps to define an economic development strategy for Macau, as a small and open economy and also a service platform in the region, to be adapted to the principle of "One Country, Two Systems". From the practical perspective, the research serves as reference for scholars, policy makers and business leaders who have interest in economic cooperation between China and PSC, and Macau's economic development.

2. Rise of China and cross-regional economic cooperation between China and PSC

Since the open-door policy and economic reform in 1978, China has been among the fastest growing economies in the world. With a high annual growth rate for the last three decades, China has been fully engaged in the global integration. She entered into the World Trade Organization in 2001 and now is one of the major players in international economy.

In an era of economic globalization, cross-regional economic cooperation becomes a rising trend. Deepening the interaction and integration with other regions has already been an essential part of national development strategies of developing countries. In addition to the engagement in the global integration, cross-regional economic cooperation is consistent with the developing countries' strategy. There have been many successful cases among Asian, African and Latin American countries.

One of the forms of cross-regional economic cooperation is signing the cross-regional trade agreements (RTA). Until December of 2006, 12% of the RTAs notified to the WTO and in force were cross-regional, while cross regional agreements accounted for 43% of the total agreements signed and under negotiation, and this figure increased to 52% for those at a proposal stage.

Cross-Regional RTAs, as percentage of total RTAs as of December 2006		
	Cross-Regional	Intra Regional
In Force	12%	88%
Signed/Under Negotiation	43%	57%
Proposed	52%	48%

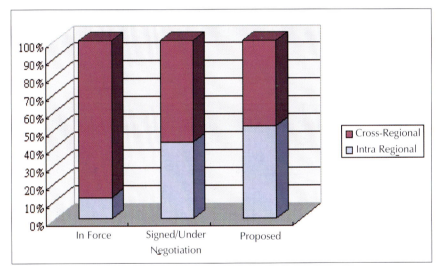

Source: *Roberto V. Fiorentino, Luis Verdeja and Christelle Toqueboeuf,* "The Changing Landscape of Regional Trade Agreements: 2006 Update", Dicussion Paper No 12, The World Trade Organisation Publication, Geneva 2007, p.10 (Available to download at http://www.wto.org/english/res_e/booksp_e/discussion_papers12a_e.pdf).

Portuguese-speaking countries comprise a population of over 200 million people in 4 continents; they are Angola, Brazil, Cape Verde, East Timor, Guinea Bissau, Mozambique, Portugal and Sao Tome and Principe.

Except Sao Tome and Principe, China has established diplomatic relations with all other PSC. The bilateral relationship between China and Guinea Bissau has become relatively stable since the restoration of diplomatic relations on 23rd April 1998. The bilateral relationships between China and Angola and between China and Mozambique have enjoyed smooth development, after the establishment of diplomatic relations respectively on 12th January 1983 and 25th June 1976. China and Brazil established diplomatic relations on 15th August 1974 and Strategic Partnership in 1993. China and Portugal established diplomatic relations on 2nd February 1979 and Bilateral Comprehensive Strategic Partnership on December 2005. As for East Timor, the two sides have in depth bilateral relations since East Timor gained independence.[1]

We use the following charts to compare the national conditions of these countries and the trade between China and PSC.

---

[1] Sources: Ministry of Foreign Affairs of the People's Republic of China, http://www.fmprc.gov.cn.

Comparison between China and PSC (2006)

Country/ Region	Area sq.Km	Population Thousands ①	GDP (Million USD)②	GDP per capita USD	Capital
China	9,600,000	1,311,798	2,668,071	2,034	Beijing
Macao, China③	28.6	463	14,285	28,857	-
Angola	1,246,700	16,391	44,033	2,686	Luanda
Brazil	8,547,400	188,694	1,067,962	5,660	Braslia
Cape Verde	4,033	518	1,144	2,208	Praia
Guinea-Bissau	36,125	1,633	304	186	Bissau
Mozambique	799,380	20,144	7,608	378	Maputo
Portugal	92,090	10,590	192,572	18,184	Lisboa
São Tomé e Principe	1,001	160	123	769	São Tomé
Timor-Leste	15,000	1,029	356	346	DiLi

Sources: (1), (2), (3) World Development Indicators database, World Bank, 1 July 2007. http://siteresources.worldbank.org/DATASTATISTICS/Resources/GDP.pdf; http://siteresources.worldbank.org/DATASTATISTICS/Resources/POP.pdf; statistics and Census Service (DSEC) Macao SAR http://www.dsec.gov.mo/c_index.html. Other countries and regions' official websites. DATA REFLECTS 2006 INFORMATION

Exports From China to PSC (Million USD)

Portuguese-Speaking Countries (PSC)	2000	2001	2002	2003	2004	2005	2006	2007
Angola	33.7	45.8	61.3	145.8	193.5	372.8	894.2	1231.3
Brazil	1223.6	1351.1	1466.4	2144.8	3674.9	4827.6	7380.0	11372.0
Cape Verde	5.2	2.2	1.8	2.6	2.8	5.2	10.1	14.7
Guinea-Bissau	4.7	8.3	4.5	12.4	6.0	5.8	5.7	7.3
Mozambique	24.7	22.0	25.9	45.0	75.2	91.5	128.0	160.2
Portugal	260.8	260.6	301.0	406.4	588.4	912.0	1359.7	1826.3
São Tomé e Principe	1.2	1.3	0.2	0.2	0.2	0.6	1.2	1.8
Timor-Leste	-	-	-	1.1	1.7	1.3	5.8	9.5
Total PSC	1553.9	1691.3	1861.1	2758.2	4542.6	6216.6	9784.6	14630.6
Total China Exports	249211.6	266154.6	325565.0	438370.8	593368.6	761999.1	969072.8	1218014.5
Percentage of PSC to total China Exports	0.62%	0.6%	0.57%	0.63%	0.77%	0.82%	1.01%	1.12%

Sources: China Customs: *Customs Statistics*, Historical Data; National Bureau of Statistics of China: *China Statistics Years Book*, Historical Data; Ministry of Commerce of the People's Republic of China http://www.mofcom.gov.cn

Imports from China to PSC (Million USD)

Portuguese-speaking Countries (PSC)	2000	2001	2002	2003	2004	2005	2006	2007
Angola	1842.7	721.8	1087.1	2205.9	4717.3	6581.8	10933.3	12888.7
Brazil	1621.4	2347.3	3003.1	5843.8	8684.1	9989.7	12920.0	18333.0
Cape Verde	0	0	0	0	0	0	0	0
Guinea-Bissau	0.2	0	0	0	0	-	-	0.2
Mozambique	8.8	11.2	22.6	26.7	44.3	73.5	79.8	123.9
Portugal	46.9	71.5	82.7	194.6	280.9	323.9	353.8	384.5
São Tomé e Principe	0	0	0	0	1.3	-	-	0
Timor-Leste	-	-	-	0	0	-	11.0	-
Total PSC	3520.0	3151.8	4195.4	8271.1	13728.0	16969.0	24297.9	31730.3
Total China Imports	225096.6	243613.5	295203.1	412836.5	561423.0	660118.5	791613.6	955818.5
Percentage of PSC to Total China Import	1.56%	1.30%	1.42%	2.00%	2.45%	2.57%	3.07%	3.32%

Sources: China Customs: *Customs Statistics*, Historical Data;National Bureau of Statistics of China: *China Statistics Years Book*, Historical Data ; Ministry of Commerce of the People's Republic of China http://www.mofcom.gov.cn

Comparison of Trade Growth (Million USD)

	2000	2001	2002	2003	2004	2005	2006	2007
Total PSC trade	5073.9	4843.1	6056.5	11029.2	18270.6	23185.6	34082.5	46360.9
Growth rate	102.6%	-4.5%	25.1%	82.1%	65.7%	26.9%	47.0%	36.0%
Total China Trade	474308.2	509768.1	620768.1	851207.3	1154791.6	1422117.6	1760686.5	2173833.0
Growth rate	31.5%	7.5%	21.8%	37.1%	35.7%	23.1%	23.8%	23.5%

Sources: China Customs: *Customs Statistics*, Historical Data; National Bureau of Statistics of China: *China Statistics Years Book*, Historical Data; Ministry of Commerce of the People's Republic of China http://www.mofcom.gov.cn

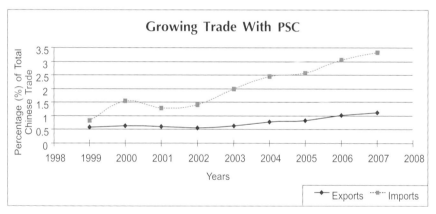

Sources: China Customs: *Customs Statistics*, Historical Data; National Bureau of Statistics of China: *China Statistics Years Book*, Historical Data; Ministry of Commerce of the People's Republic of China http://www.mofcom.gov.cn

There are several striking characteristics of economic cooperation between China and Portuguese-speaking countries. In a word, their cooperation is still not in significant value but with high growth and great potential.

When analyzing the bilateral trade structure, it can be observed that China exports to PSC mainly manufactured products (namely, consumer products, electronics, textile and garments, machinery and equipment, etc.) and the exportations of PSC to China are principally primary products (such as petroleum, soy bean, timber, minerals, cork, etc.).

With respect to investment, Portugal and Brazil are the most attractive Portuguese-speaking countries for Chinese investors. The governments have helped business organizations of both sides strengthen cooperation in investment circles through organizing delegations visits and providing commercial information. China has also conducted upper level technological cooperation with Portugal and Brazil, in areas such as telecommunications, aviation, space flight, hydraulic power generation, new materials, bioengineering, etc. China has also provided technological assistance to Portuguese-speaking countries in Africa in infrastructure projects, medium level industrial tech transfer, etc. In addition, China has also cooperated closely with some PSC in exploring natural resources.

China and PSC are highly complementary in economies. Their factors' endorsement and complementarity can be illustrated by the chart below.

Complementarity of Economic Cooperation between China and PSC

Countries / Attributes	China	Portugal [associated with EU]	Other Portuguese-speaking Countries
Labor	Abundant	Not abundant	Not abundant*
Capital	Relative abundance and expansive	Abundant	Lacking*
Technology	Abundance of applied technology; Lack of high technology	Abundance of high technology	Lacking*
Natural Resources	Reducing	Lacking	Relative abundance
Market	Extensive	Extensive	Certain Scale and Expansive

*With the exception of Brazil, as it is the biggest Portuguese speaking country with a population of over 180mil, the labor market is relatively abundant. Brazil hosts events in various areas and has cooperation agreements with China in various industries such as satellite, aircraft and bio-fuel / alternative energies, etc.
Sources: The Study Group: Development Hand in Hand-Triangular cooperation between China's Mainland, Macao and Portuguese-speaking countries, October 2003, Intertrade, page: 27.

In developing cross-regional cooperation, the economic motivation is by no means the only concern. The closer relationship between China and PSC, which is in conformity with mutual benefits, can be analyzed in a bigger picture with geo-political consideration. Portugal is a member of European Union. At the 10th EU-China Summit in Beijing, 28th November 2007, the leaders recognized the Portugal's role, as a comprehensive strategic partner of China, in enhancing EU-China relations. Brazil is a regional power in Latin America and also a member of the biggest regional bloc in Latin America MERCO-SUR, in this sense, the bilateral cooperation between China and Brazil will multiply the opportunities of interaction between China and other members of MERCOSUR and countries in Latin America. Angola, Cape Verde, Guinea Bissau, Mozambique, Sao Tome and Principe are all located in Africa, in the south-south framework, the Chinese government gives high importance to the friendly relations with African countries.

3. Macau's role as a service platform

3.1 *Macau briefing*

Macau has transformed from a territory under Portuguese administration to a Special Administrative Region of the People's Republic of China. During the Portuguese discovery times, Macau served as an important bridge between the West and the East, in particular, the XVI-XVII century was Macau's golden era as a trading port. In Portuguese maritime empire, existed several very important sea routes linked to Macau, namely, Lisbon-Goa(India)-Macau, Macau-Manila (South Asia)-Acapulco(Mexico), Lisbon-Macau-Nagasaki (Japan), Macau-Aayutthaya, Mergui, Parrani(South Asia).

Macau also acted as a bastion of Christianity during Ming and Qing Dynasties. The first "University" in the Far East, College of St. Paul was founded in 1594 in Macau. Successive generations of foreign missionaries spent their lives in Macau, for example, Matteo Ricci (1522-1610), Michale Ruggieri (1543-1607), Johann Adam Schall von Bell (1591-1666), Ferdinand Verbiest (1623-1688). Macao has been an important gateway through which western civilization entered China. Also Macao is living testimony to the assimilation and continued co-existence of eastern and western cultures. In 2005, the historical Center of Macau was recognized by UNESCO as World Cultural Heritage.

In 1987, the government of the People's Republic of China and the government of Republic of Portugal signed the Sino-Portuguese Joint Declaration on the Question of Macau and deposited it at the United Nations. On 20th December 1999, China resumed the exercise of sovereignty over Macau. Under the Principle of "One County, Two Systems" and the Basic Law, the Central Government is responsible for the Defense and Foreign Affairs; Macao Special Administrative Region (MSAR) exercises a high degree of autonomy. The socialist system and its policies shall not be practiced in Macao, and the previous capitalist system and way of life shall remain unchanged for 50 years; MSAR enjoys executive, legislative and independent judicial powers, including that of final adjudication, in dealing with the administrative affairs of the region, including the formulation of economic policies. Chinese and Portuguese are official languages of MSAR. Using the name "Macao, China", the SAR can participate in relevant International Organizations and International Trade Agreements (such as the WTO).

Macau is a small and open economy. With an area of 28.6 sq km and 531,400 citizens, Macau adopts a low and simple taxation system (3-12% corporate; 7-12% personal income; with no Value Added Tax). It is a free port with no restriction on capital movement. In the year of 2006, the exports of goods and services stood at 103% of GDP. Since the hand-over, Macau has enjoyed a high speed economic boom driven by tourism-gaming growth, maintaining on average double digit growth over the years, especially in 2007(with GDP growth rate of 27%). After the liberalization of Gaming industry in 2002, giant US-based companies (Venetian, Wynn and MGM) have established their presence in Macau. There were 27 million tourist-arrivals in Macau in 2007. At the same time, there is a continued investment and development of hospitality and integrated resort projects. Now, Macau has become No.1 of profitability in global gambling destinations by gaming revenue. For a small economy like

Macau, there is a considerable "reserve" (Foreign Exchange Fund + Land Fund + Accumulated Finance Surplus = USD$21 Billion, or more than 7 years of Govt. expenditure).

Thanks to the sustained growth of the tourism & gaming industry, service industries such as retailing, business support / professional service, offshore trading, air transportation, and the creative industry have been developing substantially, of which the development of convention & exhibition industry has strategic economic importance.

Along with the economic growth, Macau faces challenges for farther development in the future. At the moment, hard ware and soft ware framework is not catching up with high speed economic growth. The local small and medium enterprises are under the pressure of foreign direct investment brought by the multi-national companies. Due to gaming activities and foreign pressure and influence on local politics, it can be observed some socio-political impacts. Currently, Macau depends too much on a single source of revenue (>70% of Govt. Revenue from Gaming Industry) and there is a great need to diversify Macau's economy and to give importance to her role of a Service Platform (Convention and Exhibition, Creative Industries, Air Transportation, Professional Services, Off-Shore Trading etc.).

3.2 *Macau's role in SWOT analysis*

To explore the Macau's potential as a good service platform between China and PSC, a SWOT Analysis can be conducted as follows:

Strengths:
- Institutional Advantages, "One Country, Two Systems"
- Historical and Cultural Advantages
- Strategic Location
- Pro-Business Environment
- International Network and Information

Weaknesses:
- Small Economy, Lack of Resources, Limited Market
- Highly Dependent on Single Sector

Opportunities:

- Cooperation with Mainland China: CEPA, "9+2", Guangdong -Hong Kong-Macao Cooperation
- Cooperation with Portuguese Speaking Countries and European Union

Threats and Challenges:

- Internationalization of Mainland's Economy (WTO)
- Mainland in Regional Economic Cooperation
- Direct Linkages Across Taiwan Strait
- Potential Regional Competition in Gaming and Hospitality Industry

To sum up, there are plenty of advantages for Macau to be a platform for economic cooperation between China and PSC, namely, (1) linguistical, cultural and historical linkages, (2) legal system and institutions, (3) political and economic networks, (4) access to China's market and (5) strong political support from Beijing.

As for the last two points, it should be noted that Macau signed with Mainland China a FTA-like agreement, in conformity with WTO rules, called Closer Economic Partnership Agreement (CEPA) in 2003. The CEPA went into effect on 1st January 2004. It covers mainly three areas: trade in goods (Zero-tariff for "Made in Macao" items for export to Mainland China), trade in services (38 service sectors with preferential treatment for Mainland market) and trade and investment facilitation (8 areas, simplified trade & investment procedures). In 2003 and 2006, Macau held successfully two ministerial conferences in the framework of economic cooperation Forum between China and PSC. The Forum's Permanent Secretariat is based in Macau.

Based on the previous analysis, we firmly believe that Macau's role as service platform between China and PSC is an excellent strategy for diversification of Macau economy, on the one hand, it will help Chinese and Portuguese-speaking countries' small and medium enterprises in getting business support and professional services, on the other hand, it will serve as a bridge for China and PSC's enterprises to strengthen understanding and to explore mutually the business opportunities, through offshore trading, air-transportation, creative industry, convention and exhibition and tourism-gaming. With the characteristics and comparative advantages of its economy, Macao shows huge competitiveness in developing these new service industries with high value-added and favorable growth potential. Among these emerging sectors, the convention & exhibition sector is of special significance to Macao's economy, given its contribution to growth in other related service industries such as hotel, catering, transportation and logistics, thus cementing Macao's role as a business service platform by establishing itself as a meeting point for entrepreneurs from around the world.

Economic diversification and the regional business service platform are mutually dependent factors for Macao's sustainable growth. On the one hand, the regional business service platform facilitates the economic diversification process, while at the same time Macao's role as a business service platform attracts more companies to operate in the city, contributing to an optimized business environment.

À Qualidade do Sujeito de Direito Internacional da Região Administrativa Especial de Macau
Fundamentos, Características e Práticas

ZENG LINGLIANG [*]

Resumo: A qualidade do sujeito da Região Administrativa Especial de Macau (RAEM) é uma realidade objectivamente existente, com bases firmes nos direitos internacional e nacional que alcançou o reconhecimento amplo da comunidade internacional. Sendo naturalmente reflectida nas concepções legais nucleares de "um país, dois sistemas", a "região administrativa especial", "com alto grau de autonomia" e "relações externas", a qualidade do sujeito da RAEM é delegada pela autoridade máxima da China e pelo seu Governo Popular Central e portanto é uma competência derivada e distinta da qualidade do sujeito da China. A confirmação da qualidade do sujeito da RAEM corresponderá à actual tendência para desenvolver sujeitos múltiplos de direito internacional, tendo enriquecido, como as práticas provam, a inerência e plenitude da qualidade do sujeito da China, sem nenhum prejuízo desta.

Termos chaves: a qualidade do sujeito de Macau, relações externas de Macau, Declaração Conjunta Luso-Chinesa, Lei Básica de Macau

---

[*] É Director e Catedrático da Faculdade de Direito da Universidade de Macau, sendo concorrentemente nomeado pela Universidade de Wuhan como Professor Distinto – "Estudioso Yangtze".

O presente artigo foi originalmente entregue por convite à Conferência Anual da Sociedade Chinesa de Estudos de Direito Internacional 2009 (realizada em Xangai nos dias 20 e 21 de Junho de 2009).

Agradecimento especial à Dra. Wang Lina, estudante do curso de doutoramento da Universidade de Macau, pela recolha de parte dos dados e informações do presente texto, e à Dra. Tan Yan pela tradução do texto da língua chinesa para a língua portuguesa.

I. Introdução

No que respeita à qualidade do sujeito de direito internacional da RAEM,[1] trata-se de uma questão teórica e prática inevitável que a China e as suas regiões administrativas especiais enfrentam na implementação do direito internacional. Questão essa, porém, que não tem sido resolvida pela academia mundial do direito internacional, ou pelo menos ainda não no círculo de estudos do direito internacional da China, apesar do facto de Macau ter retornado para a soberania chinesa, há 10 anos atrás. Até hoje, descobre-se, na maioria dos livros didácticos do direito internacional, quer estrangeiros quer chineses, ou publicados noutras línguas, que o indispensável capítulo de "Sujeitos do direito internacional" segue sempre uma fórmula fixa: países → grupos beligerantes → grupos insurgentes → organizações internacionais → nações em luta pela independência. Refere-se, às vezes, com base nesta fórmula, a pessoas individuais, mas, em geral, não se toca na componente ou regiões administrativas de um país, sem fazer referência particular a Macau. Aliás, são principalmente relacionados com a Região Administrativa Especial de Hong Kong as discussões ocasionais sobre esta questão no círculo de estudos do direito internacional na China.[2]

Talvez existam justificações diversas para o longo silêncio, a não abordagem e a negligência quanto à questão da qualidade do sujeito

---

[1] A exposição e os pontos de vista fundamentais do presente artigo são aplicáveis igualmente à Região Administrativa Especial de Hong Kong.

[2] Refira-se a "A Qualidade do Sujeito de Direito Internacional da China sob "Um País, Dois Sistemas" da autoria de Ni Xuewei, sendo fonte a página electrónica do "LunWenTianXia" (Mundo de Teses): http://www.lunwentianxia.com/product.free.666 4677.1/, visitada no dia 4 de Abril de 2009; "Significados de 'Um País, Dois Sistemas' em Direito Internacioanl" de Ni Xuewei, *Jornal da Faculdade de Educação Contínua da Universidade de Ciências Políticas e de Direito do Sudoeste da China*, n.º 1, 1999; "À Posição Jurídica Internacional de Hong Kong" de autor desconhecido, publicado na Rede Jurídica da China: www.chinafalv.com; "Análise da Posição do Sujeito de Direito Internacional da 'Região Administrativa Especial de Hong Kong'" de Wang Peng e Song Yang, Boletim, *Jornal da Universidade de Tecnologia de Guizhou* (página de Ciências Sociais), volume 8, n º 2, 2006; "As Teorias e Práticas sobre a Posição do Sujeito de Direito Internacional de Hong Kong e a Sua Competência de Celebrar Acordos" de Ge Yongpin, *Estudos de Direito Comparado*, n º 5, 2007.

de direito internacional da RAEM. Macau é, numa perspectiva objectiva, um pequeno território com uma pequena população, cujas relações externas são relativamente limitadas em termos de amplitude e profundidade, sendo por isso por vezes ignorado facilmente. Subjectivamente, esta questão tem um elevado grau de sensibilidade política, fazendo com que muitos estudiosos em direito internacional (maioritariamente chineses) adoptem uma atitude de afastamento, limitando-se a discussões curriculares adequadas.

É obviamente lamentável esta situação, pois demonstra um defeito existente na propagação, ensino e investigação do direito internacional contemporâneo que não deve ser descuidado, isto é, a falta de um reflexo da realidade da comunidade internacional oportuno, suficiente e completo e especialmente a falta da abordagem à influência profunda que o único "um país, dois sistemas" inventado pela China em ascensão pacífica poderá ter em relação ao direito internacional.

A divergência de opiniões é visível nos recém-publicados artigos sobre a qualidade de sujeito de direito internacional das regiões administrativas especiais (que, apesar de especificamente terem Hong Kong em vista, são aplicáveis a Macau em geral). Os negativistas sustentam que não muda a qualidade do sujeito singular da China no direito internacional mesmo que se tenha implementado o princípio "um país, dois sistemas" em Hong Kong e Macau após os seus retornos à pátria, ou mesmo que se possa realizar no futuro a unificação entre os dois lados do Estreito de Taiwan. Não concordam os afirmativistas, que defendem que as duas regiões administrativas especiais gozam da qualidade de sujeito de direito internacional implicitamente conferida pela Lei Básica nas suas disposições relativas ao "alto grau de autonomia" e ao determinado poder de relações externas independentes, o que será igualmente aplicável a Taiwan depois da possível unificação entre os dois lados do Estreito. Contudo, entre os afirmativistas, cada um também tem a própria opinião e explicação em termos da base, natureza e características da qualidade de sujeito de direito internacional.

Analisam-se adiante e, em primeiro lugar, os principais pontos de vista do negativismo, com tentativas de adopção dos princípios básicos do direito internacional moderno e particularmente das teorias e práticas gerais dos sujeitos de direito internacional moderno, no sentido de expor que as teorias e práticas em que o negativismo se baseia são ultrapassadas e incompletas, até dispondo, às vezes, de desordens conceptuais e de lógica. Seguidamente, desenvolve-se uma discussão enfática acerca dos fundamentos da qualidade do sujeito de direito internacional de Macau, das perspectivas dos direitos internacional e nacional, e através da comparação com outros tipos de sujeitos de direito internacional, demonstram o carácter implícito, necessidade de autorização e limitação do sujeito de direito internacional de Macau. Depois demonstra-se a realidade, conforme os exercícios abundantes de relações externas de Macau e o amplo reconhecimento global, de que Macau se qualifica como sujeito de direito internacional. Finalmente, tenta-se traçar, como conclusão do presente artigo, um entendimento resumido dos fundamentos teóricos, argumentos legais e reconhecimento internacional da qualidade do sujeito de direito internacional de Macau.

II. O que não concorda o negativismo

Os negativistas defendem que a China só pode ter um sujeito de direito internacional e que a RAEM não possui essa qualidade pelos seguintes argumentos principais:

1. A China é um país com um sistema único, em que apenas uma entidade dispõe da qualidade de sujeito de direito internacional, entidade essa que é a própria China;
2. A China possui soberania que é inseparável, portanto Macau apenas goza do poder autónomo sem posse da soberania;
3. Sem poder diplomático, Macau não pode representar a China em direito internacional, por isso, não possui a personalidade internacional independente, não é uma "personalidade internacional" definida pelo direito internacional e também não dispõe da qualidade de sujeito de direito internacional.[3]

---

[3] Veja a anotação anterior, n.º 2, Ni Xuewei.

Na opinião do autor, o negativismo acima descrito é pouco sustentável, ou pelo menos, digno da ponderação, porque não são convincentes os seus fundamentos e conclusões deduzidas e também porque estes não estão em conformidade com as práticas de Hong Kong e Macau da última dezena de anos após o retorno à China.

Antes de tudo, não se pode confundir a qualidade de sujeito de direito internacional com o tipo e os elementos de um país, embora haja vínculos estreitos entre si. A qualidade de sujeito de direito internacional indica, em geral, que certa entidade possui, nos relacionamentos externos, a capacidade de gozar dos direitos e cumprir os deveres de forma independente. O tipo de país é uma classificação feita de acordo com a estrutura dos poderes que um país estabelece conforme a sua Constituição, nomeadamente país de um sistema único e país de um sistema composto. O último pode ainda ser dividido em quatro formas, a saber federação, confederação, Estados politicamente constituídos e união pessoal. Os elementos de um país constituem, na noção de direito internacional, os componentes básicos que uma entidade intitulada como país tem de possuir, geralmente, referindo-se aos residentes estabelecidos, o território definido, certas organizações do poder político e a soberania.

Deste modo se conclui que a qualidade de sujeito de direito internacional se refere às capacidades de autoridade e exercício duma entidade com o exterior, enquanto que a classificação de um país se refere à noção da estrutura estatal relativa à disposição interna dos seus poderes. País é o sujeito inerente de direito internacional mais básico e completo, que faz parte das inquestionáveis teorias e realidade do direito internacional existentes. Contudo, a qualidade de sujeito não tem a ver directamente com que tipo um país específico se relaciona, ou seja, a escolha de estrutura e forma de governação, sendo assunto interno de cada país, não afectará em nada a sua qualidade de sujeito de direito internacional. É igualmente um assunto interno, o país deve decidir se a sua qualidade de sujeito é representada pelo país inteiro ou respectivamente pelas suas duas ou mais de duas entidades. Nos países com sistema composto, caso o sistema seja federativo, por exemplo, a qualidade de sujeito de direito internacional é em geral representada unificadamente pela federação, apesar do facto de que os componentes da federação dispõem internamente da maioria absoluta dos poderes; caso o sistema seja confederativo, a confederação própria não constitui um sujeito de direito internacional, sendo, aliás, os seus componentes que gozam dessa qualidade.

Os países com um sistema singular são normalmente sujeitos de direito internacional no âmbito do direito internacional, porque os seus poderes são maioritariamente concentrados nos governos centrais que quase monopolizam, em particular, os poderes de relacionamento externo. Mas não podemos concluir afirmativamente que um país com sistema singular não possa ter mais de um sujeito de direito internacional ou não tenha tal possibilidade. Paralelamente, não podemos afirmar arbitrariamente que os países sejam sujeitos únicos em direito internacional moderno e contemporâneo. Não podemos deste modo afirmar porque as comunidades nacional e internacional constantemente sofrem alterações, e por conseguinte inevitavelmente criam-se novos regimes jurídicos adequados a esses dois tipos de comunidades. Já que um país pode aplicar dois sistemas diferentes sob uma soberania, porque é que não poderá ter dois sujeitos de direito internacional diferentes?!

Do mesmo modo, considerando que os elementos constitutivos de um país são os padrões fundamentais para julgar se uma entidade constitui um país, é obviamente confundir alhos com bugalhos o uso desses padrões como condições prévias sobre a qualidade de sujeito de direito internacional. Naturalmente, no que toca ao direito internacional tradicional, como os países são os únicos sujeitos de direito internacional, parece razoável equiparar os elementos de um país com a qualidade de sujeito de direito internacional. Hoje em dia, para além dos países, algumas entidades tais como organizações internacionais e nações em luta pela independência também são publicamente reconhecidas como sujeitos de direito internacional. Portanto os elementos de um país não podem absolutamente ser iguais à qualidade de sujeito de direito internacional.

Por outro lado, no âmbito do direito internacional moderno e especialmente contemporâneo, a soberania não se pode considerar como um requisito indispensável da qualidade de sujeito de direito internacional. Em termos do direito internacional tradicional, os países são os únicos sujeitos de direito internacional e a soberania constitui um dos elementos estaduais, motivo pelo qual apenas os possuidores da soberania gozam da qualidade de sujeito de direito internacional. À medida que se desenvolve o direito internacional moderno, as entidades sem soberania, incluindo as organizações internacionais intergovernamentais e as nações em luta pela independência, vêm tendo certas capacidades de autoridade e exercício no sentido de prosseguir independentemente as suas relações externas, podendo, por exemplo, estabelecer acordos, enviar e receber delegados externos e missões diplomáticas, assistir a processos judiciais e procedimentos de resolução de conflitos na qualidade de demandante, demandado ou terceiro, etc. Por conseguinte, há um crescimento notável no número dos sujeitos de direito internacional moderno, e ao mesmo tempo, apresenta-se, em termos de tipo, o carácter de diversidade, deixando de se limitar aos Estados soberanos.

Além disso, não se pode equiparar os poderes diplomáticos de um país com a qualidade de sujeito de direito internacional. Os poderes diplomáticos de um país, seja num sistema singular ou num sistema composto, são normalmente exercidos pelo seu governo central ou federal em nome de todo o país; e as regiões administrativas de um país não têm poderes diplomáticos por mais alto que o grau de autonomia delas seja, não podendo mesmo representar o país no exterior em qualquer caso, porque tanto os poderes diplomáticos como a soberania territorial são integrais e indivisíveis. Mas os poderes diplomáticos de um país não afastam tal possibilidade: o país autoriza as suas regiões administrativas especiais, conforme o seu contexto nacional, através legislação específica, para gozarem de poderes da promoção independente de relações externas nos domínios e âmbitos definidos ou em certas condições determinadas. Se as regiões administrativas especiais tiverem que na prática exercer plena e efectivamente esses poderes de relacionamento externo conferidos pelas leis do país, devem correspondente e necessariamente possuir a qualidade de sujeito de direito internacional. Portanto é visível que as relações diplomáticas acontecem entre os países e correspondentemente os poderes diplomáticos só podem ser exercidos pelos países; as relações externas podem acontecer não só entre os países mas também entre as entidades sem soberania e os países ou entre as próprias entidades sem soberania, e assim sendo, os países não são os únicos detentores dos poderes de relacionamento externo. A actual União Europeia é exactamente um exemplo típico: ela goza de amplos poderes de relacionamento externo através dos seus três pilares (Comunidade

Europeia, política externa e de segurança comum, e cooperação policial e judiciária em matéria penal), poderes esses que não são, porém, em caso algum, poderes diplomáticos em sentido jurídico estreito. Estes pertencem aos Estados-membros da União Europeia.

Afinal, não se pode contrastar a qualidade do sujeito de direito internacional da RAEM com a da China. A China, como um Estado soberano, goza indubitavelmente da completa qualidade do sujeito de direito internacional; e na comunidade internacional apenas o Governo Popular Central é o único representante da China com plenos poderes. Mas a sua soberania, qualidade completa do sujeito de direito internacional e os caracteres exclusivo e plenipotenciário do seu Governo Popular Central não necessariamente excluem a possibilidade de que as suas estabelecidas regiões administrativas especiais possam gozar da qualidade de sujeito de direito internacional em certas condições e âmbitos; ou seja, não existe nenhum conflito inevitável entre a China e as suas regiões administrativas especiais em termos da qualidade de sujeito de direito internacional. Se não fosse assim, seriam inexplicáveis as centenas de tratados multilaterais cujas partes contratantes incluem a China e Macau; seriam inexplicáveis os muitos acordos bilaterais que a RAEM da RPC assinou sozinha com outros países e territórios; também seria inexplicável a adesão da China e de Macau a várias organizações internacionais. Como as práticas comprovam, o desenvolvimento amplo e efectivo das actividades das relações externas de Macau, em nome próprio deste e nos âmbitos autorizados pelo Governo Central, não afecta em nada a integridade soberana da China nem a inerência ou plenitude da sua qualidade do sujeito de direito internacional, até porque tem vindo a enriquecer consideravelmente os sentidos próprios e extensivos das suprareferidas inerência e plenitude.

III. A Qualidade do Sujeito de Direito Internacional de Macau e as Suas Características

A qualidade do sujeito de direito internacional de Macau não só é sustentável pelas teorias do direito internacional mas também tem firmes bases jurídicas, a saber a Declaração Conjunta do Governo da República Portuguesa e do Governo da República Popular da China

Sobre a Questão De Macau (de ora em diante designada por Declaração Conjunta Luso-Chinesa), a Constituição República Popular da China (daqui em diante designada por Constituição Chinesa) e a Lei Básica da Região Administrativa Especial de Macau da República Popular da China (a seguir designada por Lei Básica de Macau). É verdade que não se define explicitamente a qualidade do sujeito de direito internacional de Macau em qualquer das mencionadas legislações, facto esse não se pode, porém, tornar num fundamento para negar a referida qualidade. Na realidade, a esmagadora maioria dos países do mundo, incluindo a China, não têm tal definição por escrito, mas as suas qualidades de sujeito de direito internacional nunca foram colocadas em dúvida. Paralelamente, não se encontra tal definição nos estatutos de muitas organizações internacionais, o que mesmo não influencia o facto de que estas organizações constituem uma espécie de sujeito de direito internacional derivada. É rara a clara menção e definição em tratados à qualidade de sujeito de direito internacional dos grupos beligerantes e insurgentes e das nações em luta pela independência, mas isso também não impede as entidades sem soberania de deterem uma posição específica de sujeito de direito internacional nos âmbitos e condições especialmente definidos.

1. *Os fundamentos da qualidade do sujeito de direito internacional de Macau nos tratados e no direito internacional*

Na perspectiva do direito internacional, a Declaração Conjunta Luso-Chinesa constitui um fundamento pactual para justificar a qualidade do sujeito de direito internacional de Macau. Nesse documento legal de marco miliário a China promete serenamente ao mundo: a contar da data em que a China voltar a assumir o exercício da soberania sobre Macau, «A Região Administrativa Especial de Macau ficará directamente subordinada ao Governo Popular Central da República Popular da China e gozará de um alto grau de autonomia, excepto nas relações externas e na defesa, que são da competência do Governo Popular Central. À Região Administrativa Especial de Macau serão atribuídos poderes executivo, legislativo e judicial independente incluindo o de julgamento em última instância».[4] Eis a

---

[4] Veja a Declaração Conjunta Luso-Chinesa, número 1, alínea (2).

política básica da China sobre Macau, sendo também o princípio fundamental e primordial. Daqui se pode inferir que «o alto grau de autonomia» de que Macau goza, excepto nas relações externas e na defesa, compreende os «poderes executivo, legislativo e judicial independente incluindo o de julgamento em última instância», referindo--se não só aos assuntos internos de Macau mas também aos seus respectivos assuntos inerentes às relações externas. Com efeito, a declaração sobre essa política básica ou esse princípio fundamental e primordial significa indirectamente que o governo central da China atribui a qualidade de sujeito de direito internacional a Macau.

Além disso, a Declaração Conjunta Luso-Chinesa claramente atribui a Macau, em algumas disposições, poderes para desenvolver relações externas em certas áreas concretas no sentido de ainda dar uma série de autorizações directas e implícitas a favor da qualidade do sujeito de direito internacional de Macau, por exemplo, «com a denominação <Macau, China> a Região Administrativa Especial de Macau poderá manter e desenvolver, por si própria, relações económicas e culturais e nesse âmbito celebrar acordos com os países, regiões e organizações internacionais interessados»;[5] «poderá, com a denominação de <Macau, China>, manter e desenvolver por si própria relações, celebrar e executar acordos com os países, regiões e organizações internacionais ou regionais interessadas nos domínios apropriados, designadamente os da economia, comércio, finanças, transportes marítimos, comunicações, turismo, cultura, ciência, tecnologia e desporto»; «Representantes do Governo da Região Administrativa Especial de Macau..., nas organizações e conferências internacionais nos domínios apropriados, limitadas aos Estados e relacionadas com a Região Administrativa Especial de Macau, ..., podendo ainda nelas exprimir pareceres com a denominação de <Macau, China>»; «A Região Administrativa Especial de Macau poderá participar, com a denominação de <Macau, China>, nas organizações e conferências internacionais não limitadas aos Estados»; «Conforme as circunstâncias e segundo as necessidades da Região Administrativa Especial de Macau, o Governo Popular Central adoptará medidas para que a

---

[5] Veja a Declaração Conjunta Luso-Chinesa, número 1, alínea (7).

Região Administrativa Especial de Macau possa continuar a manter, de forma apropriada, o seu estatuto nas organizações internacionais em que é parte a República Popular da China e Macau também participa numa forma ou noutra. Quanto às organizações internacionais em que a República Popular da China não é parte, mas nas quais Macau participa numa forma ou noutra, o Governo Popular Central facilitará, conforme as circunstâncias e segundo as necessidades, a continuada participação da Região Administrativa Especial de Macau, de forma apropriada, nessas organizações»;[6] «O Governo Popular Central apoiará ou autorizará o Governo da Região Administrativa Especial de Macau a negociar e celebrar acordos de abolição de vistos com os Estados e regiões interessados»;[7]«A Região Administrativa Especial de Macau … continuará a participar nas organizações internacionais e nos acordos comerciais internacionais interessados, tais como o Acordo Geral sobre Tarifas e Comércio e os acordos sobre o comércio internacional de têxteis».[8]

2. *A base legal nacional que constitui fundamento essencial da qualidade do sujeito de direito internacional de Macau*

Sendo a premissa legal nacional que constitui fundamento essencial para afirmar a qualidade do sujeito de direito internacional de Macau, a Constituição Chinesa em vigor estipula no seu artigo 31.º que «o Estado pode estabelecer, quando necessário, regiões administrativas especiais. Os sistemas a aplicar nessas regiões são definidos em leis da Assembleia Popular Nacional segundo a situação concreta». Estas disposições atribuem claramente à Assembleia Popular Nacional o poder de estabelecer regiões administrativas especiais por meio da legislação particular, sendo definidos os vários sistemas a aplicar nessas regiões segundo «a situação concreta». Os "vários sistemas" indicados acima não se limitam aos níveis político, económico e social das regiões administrativas especiais, também abrangem o domínio das respectivas relações externas. Como se sabe, é mediante

---

[6] Veja a Declaração Conjunta Luso-Chinesa, Anexo I, Parte VIII.
[7] Veja a Declaração Conjunta Luso-Chinesa, Anexo I, Parte IX.
[8] Veja a Declaração Conjunta Luso-Chinesa, Anexo I, Parte X.

84 À Qualidade do Sujeito de Direito Internacional da Região Administrativa...

a Lei Básica de Macau, emanada pela Assembleia Popular Nacional, que foram estabelecidos a RAEM e os seus sistemas particulares vigentes, que compreendem poderes de relacionamento externo independente. Portanto, na perspectiva do direito nacional, conclui-se que o artigo 31.º da Constituição Chinesa constitui a suprema autorização legal da qualidade de sujeito de direito internacional a Macau.

3. O fundamento legal nacional mais directo da qualidade do sujeito de direito internacional de Macau: a Lei Básica de Macau

Poderá-se deduzir que as disposições da Lei Básica de Macau dão a entender que Macau tem a qualidade de sujeito de direito?

Primeiro, ao salientar que Macau é «parte inalienável» da China, a Lei Básica de Macau torna claro que a Região Administrativa Especial pode «exercer um alto grau de autonomia e gozar de poderes executivo, legislativo e judicial independente, incluindo o de julgamento em última instância».[9]

Segundo, a Lei Básica define ainda e expressamente a propriedade da RAEM e a divisão de faculdades entre o Governo Popular Central e a RAEM no âmbito das relações externas, como Macau é «uma região administrativa local que goza de um alto grau de autonomia e fica directamente subordinada ao Governo Popular Central»; «O Governo Popular Central é responsável pelos assuntos das relações externas relativos à Região Administrativa Especial»; «O Governo Popular Central autoriza a Região Administrativa Especial a tratar, por si própria e nos termos desta Lei, dos assuntos externos concernentes».[10]

A seguir, ao definir as competências do Chefe do Executivo da Região Administrativa Especial, a Lei Básica de Macau define por escrito que compete a este «tratar, em nome do Governo da Região Administrativa Especial, dos assuntos externos ...».[11]

---

[9] Veja a Lei Básica de Macau, Artigos 1.º e 2.º.
[10] Veja a Lei Básica de Macau, Artigos 12.º e 13.º.
[11] Veja a Lei Básica de Macau, Artigo 50.º, Número 13).

Depois, quando definir as competências do Governo da RAEM, A Lei Básica de Macau ainda estabelece a de «tratar dos assuntos externos, quando autorizado pelo Governo Popular Central, nos termos previstos nesta Lei».[12]

Além disso, a Lei Básica de Macau atribui a Macau, em termos explícitos, poderes de relacionamento externo numa séria de domínios especiais, por exemplo, «Com o apoio e a autorização do Governo Popular Central, a Região Administrativa Especial...pode desenvolver as diligências adequadas à obtenção de assistência jurídica com outros países, em regime de reciprocidade».[13] De mais a mais, sendo um território aduaneiro separado, a RAEM pode «participar, usando a denominação de <Macau, China>, em organizações internacionais e em acordos comerciais internacionais interessados, tais como o Acordo Geral sobre Tarifas e Comércio e os acordos sobre o comércio internacional de têxteis, incluindo os arranjos de comércio preferencial».[14]

Por último, a Lei Básica de Macau define em conjunto os poderes de relacionamento externo da RAEM no Capítulo VII,[15] entre os quais se destacam os seguintes: (1) O poder da participação em negociações diplomáticas, isto é, membros de delegações governamentais da China podem participar em negociações diplomáticas conduzidas pelo Governo Popular Central que estejam directamente relacionadas com a RAEM; (2) O poder da celebração de acordos, isto é, pode, com a denominação de «Macau, China», por si própria, celebrar e executar acordos com os países e regiões ou organizações internacionais interessadas nos domínios apropriados, designadamente nos da economia, comércio, finanças, transportes marítimos, comunicações, turismo, cultura, ciência, tecnologia e desporto; (3) O poder da participação nas organizações e conferências internacionais, isto é, podem participar, como membros de delegações governamentais da China, nas organizações e conferências internacionais limitadas aos Estados e

---

[12] Veja a Lei Básica de Macau, Artigo 64.º, Número 3).
[13] Veja a Lei Básica de Macau, Artigo 94.º.
[14] Veja a Lei Básica de Macau, Artigo 112.º.
[15] Veja a Lei Básica de Macau, Artigos 135.º a 142.º.

relacionadas com a RAEM, podendo ainda nelas emitir pareceres com a denominação de «Macau, China»; também podem participar, com a denominação de «Macau, China», nas organizações e conferências internacionais não limitadas aos Estados; (4) O poder separado da emissão de passaportes e documentos de viagem, quer dizer, com a autorização do Governo Central, pode emitir passaportes da Região Administrativa Especial de Macau da República Popular da China aos cidadãos chineses titulares do Bilhete de Identidade de Residente Permanente da RAEM e outros documentos de viagem da Região Administrativa Especial de Macau da República Popular da China às outras pessoas que residam legalmente na RAEM; (5) O poder independente do controlo de imigração, quer dizer, pode concretizar um sistema particular de controlo de imigração sobre a entrada, estadia e saída de indivíduos de países e regiões estrangeiros; e com o apoio e a autorização do Governo Central pode celebrar acordos de abolição de vistos com os Estados e regiões interessados.

4. Características da qualidade do sujeito de direito internacional de Macau

A qualidade do sujeito de direito internacional duma região administrativa especial de facto não pode ser equiparada com a da China porque aquela é autorizada pelo Governo Central, aliás, limitada, enquanto esta é inerente e plena.

A autorização é atributo essencial da qualidade do sujeito internacional de Macau. Sem autorização do Governo Central directa ou indirecta, Macau não poderá gozar dessa qualidade. Com base na política primordial de "um país, dois sistemas" implementada em Macau, esta autorização depende da definição de Macau como uma "região administrativa especial" em vez de uma região administrativa normal, residindo as bases legais nas aludidas Declaração Conjunta Luso-Chinesa, Constituição Chinesa e Lei Básica de Macau.

A autorização da qualidade do sujeito de direito internacional de Macau é, de certo modo, semelhante com aquela de organizações internacionais, como ambas são concretizadas por meio de autorização explícita ou implícita em leis competentes. A autorização da qualidade de sujeito de direito internacional de organizações internacionais depende dos seus estatutos ou documentos básicos, no caso de Macau baseia-se nos três acima mencionados instrumentos legais internacional e nacionais. Contudo, entre ambas, há uma diferença fundamental: a autorização das organizações internacionais tem por base no acordo ou na coordenação de vontades dos seus membros, e a autorização de Macau, por seu turno, foi concedida pelas autoridades supremas da China – a Assembleia Popular Nacional e o Governo Popular Central, a qual reflecte a vontade de todo o povo chinês incluindo compatriotas de Macau.

A limitação dos poderes é característica concreta da qualidade do sujeito de direito internacional de Macau. Em comparação com a inerência e a plenitude da qualidade do sujeito de direito internacional da China, a limitação de Macau define-se na derivação de poderes e na determinação específica do domínio das relações externas, sendo esses dois aspectos complementares e estreitamente interligados. Como essa qualidade limitada é modelada através de um acto jurídico da entidade matriz, Macau, constituindo um órgão derivado especial da pátria, é inevitável e hierarquicamente subordinado em termos das capacidades de autoridade e exercício internacionais. Igualmente a qualidade do sujeito de direito internacional de Macau, autorizada pelos supremos órgãos de poder e administrativo, tem de limitar-se apenas aos "assuntos externos concernentes a Macau", excluindo os "assuntos diplomáticos pertinentes a Macau" e os "assuntos externos e diplomáticos chineses não relacionados a Macau" por estes fazerem parte das competências do Governo Central.

IV. A Concretização e o Reconhecimento Internacional da Qualidade do Sujeito de Direito Internacional de Macau

Tendo sólidas bases teóricas e fundamentos de direito internacional e de direito nacional, a qualidade do sujeito de direito internacional de Macau é testemunhada por uma grande quantidade de factos que ilustram dois aspectos: a concretização activa e ampla das relações externas da RAEM nos últimos dez anos e o reconhecimento abrangente de outros países e territórios bem como organizações internacionais.

1. Assuntos das relações externas activos e proveitosos

(i) Práticas de celebração de acordos

Até 30 de Setembro de 2008, calcula-se em 259 o número dos tratados multilaterais aplicáveis na RAEM,[16] sendo 37 respeitantes a relações externas e defesa, em que é parte a China, representada pelo seu Governo Popular Central com aplicação a Macau. Dos 29 tratados constitutivos de organizações internacionais a maioria tem o Governo Popular Central da China como seu representante e é igualmente aplicável a Macau. Os demais 193 tratados envolvem diversas áreas e serviços (veja o seguinte Mapa I), nos quais é parte a China com

Mapa I: Tratados Multilaterais Aplicáveis na RAEM

Total	Áreas e Serviços	Número
259	Aviação Civil	15
	Actividades Aduaneiras	11
	Droga	4
	Economia e Finanças	7
	Educação, Ciência, Tecnologia, Cultura e Desporto	6
	Ambiente e Conservação	11
	Relações Externas e Defesa	37
	Saúde	3
	Direitos Humanos	20
	Propriedade Intelectual	4
	Crime Internacional	10
	Comércio Internacional	2
	Trabalho	36
	Direito Marítimo	32
	Direito Internacional Privado	10
	Trânsito Rodoviário	2
	Telecomunicações e Correios	4
	Tratados Constitutivos de Organizações Internacionais	29

---

[16] Dados foram tirados da página electrónica do Portal do Governo da Região Administrativa Especial de Macau: http://www.gov.mo/egi/Portal/s/treaty/rights-of-child/Aplicaveis_RAEM.pdf, visitada no dia 12 de Abril de 2009.

Zeng Lingliang 89

declaração de que são aplicáveis a RAEM, ou são partes tanto a China como a RAEM, ou apenas a RAEM participa com a denominação de «Macau, China».

Foram celebrados, até 21 de Novembro de 2008, 60 tratados bilaterais entre a Região Administrativa Especial de Macau com outros países ou territórios e sete entre o Governo da China e os países interessados que são aplicáveis a Macau no domínio de relações diplomáticas e consulares (detalhes no seguinte Mapa II).[17]

Mapa II: Tratados Bilaterais Concluídos para a RAEM

Total	Áreas e Serviços	Número
67	Cooperação Jurídica e Judiciária	5
	Comércio e Cooperação Técnica	9
	Promoção e Protecção de Investimentos	2
	Relações Diplomáticas e Consulares	8
	Serviços de Transporte Aéreo	27
	Tributação	1
	Dispensa de Vistos	15

(ii) Societariado de organizações internacionais inter-governamentais

A maioria esmagadora das organizações internacionais inter-governamentais limita o societariado aos Estados soberanos ou aos seus membros, não estando abertas a entidades sem soberania ou a regiões administrativas de países. Até hoje a RAEM vem mantendo o estatuto independente em 13 organizações internacionais governamentais, das quais em seis a RAEM serve como membro pleno, numa como membro territorial, em quatro como membro associado e, em duas como membro, de ligação (detalhes no seguinte Mapa III).

---

[17] Veja a página electrónica da Imprensa Oficial: http://pt.io.gov.mo/Legis/International/2.aspx, visitada no dia 12 de Abril de 2009.

90 À Qualidade do Sujeito de Direito Internacional da Região Administrativa...

Mapa III: A Lista das Organizações Internacionais Inter-Governamentais em que a RAEM Goza de Estatuto Independente[18]

Organização Internacionais	Estatuto da RAEM	Ano de Adesão
Organização Mundial do Comércio (WTO)	Membro	1991
Organização das Nações Unidas para a Educação, a Ciência e a Cultura (UNESCO)	Membro associado	1995
Organização Marítima Internacional (IMO)	Membro de ligação	1990
Organização Mundial do Turismo (WTO)	Membro de ligação	1981
Organização Meteorológica Mundial (WMO)	Membro territorial	1996
Comité Regional da Organização Mundial de Saúde (WHO) no Pacífico Oeste	Membro	1993
Organização Aduaneira Internacional (WCO)	Membro	1993
Telecomunidade da Ásia Pacífico (APT)	Membro associado	1993
Centro de Desenvolvimento Ásia-Pacífico (APDC)	Membro associado	1993
Comissão Económica e Social para a Ásia Pacífico (ESCAP)	Membro associado	1991
Bureau Internacional de Têxteis e Vestuário	Membro	1984
Comissão de Tufões	Membro	1992
Grupo Ásia Pacífico contra o Branqueamento de Capitais (APG)*	Membro	2001

* Nota: O APG é identificado como uma organização não governamental nas negociações do Grupo de Ligação Conjunto Luso-Chinês.

(iii) Participação e organização de conferências internacionais inter-governamentais

Segundo as estatísticas incompletas do Comissariado do Ministério dos Negócios Estrangeiros da China na Região Administrativa Especial de Macau até ao fim de Janeiro de 2009, a RAEM tem assistido um total de 141 conferências internacionais governamentais por se

---

[18] Veja a página electrónica do Comissariado do Ministério dos Negócios Estrangeiros da República Popular da China na Região Administrativa Especial de Macau: http://www.fmcoprc.gov.mo/eng/gjzzhy/t189359.htm, visitada no dia 12 de Abril de 2009.

juntar a delegações chinesas, enviado as próprias delegações com a denominação de «Macau, China» a 244 conferências internacionais de natureza oficial e anfitrião de 9 conferências internacionais de natureza oficial e de grande escala. Além disso, graças à orientação, apoio e assistência do Comissariado, o Centro Histórico de Macau foi inscrito com sucesso na Lista do Património Mundial; foram sedeadas em Macau a Comissão Económica e Social das Nações Unidas para a Ásia Pacífico e a Comissão de Tufões da Organização Meteorológica Mundial; a Associação Geral das Mulheres de Macau ganhou a posição consultiva no Conselho Económico e Social das Nações Unidas (ECOSOC); a Companhia de Telecomunicações de Macau aderiu-se ao Sector de Normalização da União Internacional das Telecomunicações; e a Companhia China Unicom (Macau) Limitada adquiriu o código internacional de pontos de sinalização.[19]

(iv) Implementação das resoluções de organizações internacionais

De acordo com as directrizes do Governo Popular Central, o Chefe do Executivo orientou, conforme disposições legais relativas, promulgar e implementar grande número de resoluções do Conselho de Segurança das Nações Unidas. Segundo a informação publicada pela Imprensa Oficial, desde 6 de Agosto de 1990, o Governo de Macau promulgou um total de 70 resoluções do Conselho de Segurança, sendo 52 publicadas por meio dos Avisos do Chefe do Executivo após o retorno de Macau.[20] Essas resoluções constituem actos obrigatórios adoptados pelo Conselho de Segurança de acordo com as disposições dos Capítulo VII da Carta das Nações Unidas, sendo vinculativas a todos os países do mundo.

---

[19] Veja a página electrónica do Comissariado do Ministério dos Negócios Estrangeiros da República Popular da China na Região Administrativa Especial de Macau: http://www.fmcoprc.gov.mo/eng/gjzzhy/t241613.htm, visitada no dia 12 de Abril de 2009.

[20] Contudo, segundo as estatísticas do Comissariado do Ministério dos Negócios Estrangeiros da China em Macau, o Governo da RAEM já promulgou e implementou, até hoje, um total de 68 resoluções do Conselho de Segurança conforme instrução do Governo Central. Veja a página electrónica da Imprensa Oficial: http://pt.io.gov.mo/Legis/International/4.aspx e a do Comissariado: http://www.fmcoprc.gov.mo/eng/gjzzhy/t241613.htm, ambas visitadas no dia 12 de Abril de 2009.

2. Reconhecimento amplo de outros países e regiões bem como organizações internacionais

Tem sido desde há muito tempo uma questão controvertida na teoria do direito internacional se um sujeito de direito internacional deve alcançar reconhecimento internacional ou não. Estabeleceram--se, então, duas doutrinas representativas, aliás, opostas: a doutrina de "Constituição" e a de "Proclamação". A primeira, a doutrina de "Constituição", defende que uma nova entidade (um país em particular) tem de obter reconhecimento de outros sujeitos de direito internacional já existentes, para constituição da sua qualidade de sujeito de direito internacional. A doutrina de "Proclamação" porém defende que uma nova entidade (um país em particular) pode-se qualificar como sujeito de direito internacional desde que preencha os requisitos de um sujeito de direito internacional, sem necessidade de obter reconhecimento de outros sujeitos de direito internacional e, ainda que este reconhecimento é apenas um mero acto proclamatório que demonstra a vontade de estabelecer relações diplomáticas ou desenvolver relações externas com a entidade reconhecida. Hoje em dia, a maioria dos estudiosos do direito internacional inclina-se para a doutrina de "Proclamação" e impõe igualmente a necessidade e importância do reconhecimento internacional ao novo sujeito de direito internacional, porque sem o devido reconhecimento internacional o novo sujeito de direito internacional terá irremediavelmente limitações e dificuldades em desenvolver relações diplomáticas e externas, num espaço internacional exíguo, e por conseguinte abortar a eficácia prática da sua qualidade de sujeito de direito internacional e, inclusive pôr em causa a questão de tal qualidade.

As práticas activas e proveitosas, atrás referidas, do desenvolvimento das relações externas na RAEM dão provas bastantes do amplo reconhecimento da sua qualidade do sujeito de direito internacional, conferido por outros países, regiões e organizações internacionais. A razão deste facto é evidente e simples: caso não existisse este amplo reconhecimento internacional, a RAEM não teria participado em mais de duzentos tratados multilaterais, celebrado aproximadamente setenta acordos bilaterais, adquirido com a denominação de «Macau, China» qualidade de membro em várias organizações internacionais governamentais e exprimido pareceres com a denominação de «Macau, China» nas organizações ou conferências internacionais em que participa. Os factos aqui descritos são ilustrativos das diversas e variadas realizações de Macau em matéria de relações externas, alcançadas ao longo dos dez anos depois do seu retorno à pátria, fruto do reconhecimento amplo, pleno e geral da comunidade internacional em relação à implementação da China de "um país, dois sistemas", ao estabelecimento de Macau como uma região administrativa especial da China, à divisão de competências entre a China e a RAEM em matéria de negócios estrangeiros, defesa e assuntos externos, e à autorizada e limitada qualidade do sujeito de direito internacional da RAEM.

V. Conclusão

Conforme o exposto sobre a questão da qualidade do sujeito de direito internacional da RAEM, chega-se aos seguintes conhecimentos gerais:

Primeiro, para ter um conhecimento correcto da qualidade do sujeito de direito internacional da RAEM, não se deve cingir às teorias tradicionais sobre sujeitos de direito internacional nem tão pouco deve aplicar mecanicamente os conteúdos dos manuais sobre o direito internacional vigente. Pelo contrário, é necessária uma actualização teórica que acompanhe os passos da época, ou pelo menos uma actualização cognitiva. Naturalmente tal actualização tem que se conformar com a concepção de desenvolvimento científico, ou seja, precisa de se basear na análise científica das pertinentes teorias do direito internacional, na interpretação científica das leis competentes e na resposta científica de acordo com a realidade objectiva.

Segundo, hoje já acabou a era em que a qualidade de sujeito de direito internacional apenas se limita aos proprietários da soberania, mostrando-se uma tendência de desenvolvimento diversificado. Embora os Estados soberanos continuem a ser para sempre sujeitos inerentes e fundamentais em direito internacional, são reconhecidas em geral como sujeitos de direito internacional as entidades sem soberania, tais como organizações internacionais governamentais, nações em luta pela independência e grupos beligerantes e insurgentes. Claro, a qualidade destas entidades sem soberania não é equivalente àquela dos países por ser derivada, interina ou limitada. De acordo com a tendência internacional de diversificação, a qualidade da RAEM atribuída pelo supremo órgão de poder e pelo Governo Popular Central da China, não afectará em nada, antes pelo contrário, enriquecerá a inerência e a plenitude da qualidade de sujeito de direito internacional da entidade matriz (China).

Terceiro, a qualificação da RAEM como um sujeito de direito internacional, torna numa realidade a existência de mais de um sujeito de direito internacional num país singular, o que é um atributo criativo da China para o desenvolvimento do direito internacional contemporâneo. Tal criatividade tem sólidas bases jurídicas dos direitos internacional e nacional, a saber a Declaração Conjunta Luso-Chinesa, a Constituição Chinesa e a Lei Básica de Macau. Embora esses fundamentais documentos legais não definam directa e claramente a qualidade do sujeito de direito internacional da RAEM, neles está expressamente patente a necessária lógica implícita nas concepções legais nucleares designadamente "um país, dois sistemas", "região administrativa especial" e "alto grau de autonomia".

Quarto, a qualidade do sujeito de direito internacional da RAEM limita-se a assuntos externos pertinentes a Macau, excluindo os negócios estrangeiros e a defesa nacional. Apesar disso, incarnam-se plenamente o valor e o papel peculiar de tal qualidade na concretização activa e proveitosa de relações externas de Macau, nos últimos dez anos; e a vontade de outros países e regiões e organizações internacionais governamentais para estabelecerem e desenvolverem várias relações externas com a RAEM e os resultados significativos alcançados a este respeito comprovam a realidade objectiva da existência substantiva da qualidade do sujeito de direito internacional de Macau no âmbito e na condição especialmente definida.

Como o Brasil vê a China

ALDO REBELO
LUÍS ANTONIO PAULINO

"Privativa dos antípodas é a verdadeira China que os chineses desconhecem imaginando-a em nós, sonho secreto que entre muralhas guardamos"

LEDO IVO (1924)

Introdução

A dar-se ouvido ao muito do que se fala e se escreve sobre as relações sino-brasileiras, o Brasil e a China começaram a se entender apenas ontem e fizeram um casamento de interesses motivado pela necessidade chinesa de matérias-primas, que o Brasil tem em abundância, e pela demanda brasileira por produtos manufaturados, que a China produz a preços baixos. Quem assim pensa, age como quem observa um rio, mas não percebe que abaixo dos movimentos turbulentos da superfície, movem-se as correntes mais profundas, que lhe dá o verdadeiro ritmo e direção. As relações sino-brasileiras são muito mais antigas, têm raízes mais profundas e uma abrangência que vai muito além do que se apreende da leitura ligeira dos jornais.

Gilberto Freyre registrou em estudos clássicos – *Casa Grande e Senzala* e *Sobrados e Mucambos* – a presença chinesa e asiática na formação cultural e social do Brasil entre os séculos XVI e XVIII. Tais relações arrefeceram ao longo do século XIX, em decorrência das vicissitudes históricas que marcaram o desenvolvimento do Brasil e da China, período em que o Brasil se reeuropeizou e ambos os países estiverem submetidos ao jugo do imperialismo britânico, por meio dos odiosos "tratados desiguais". O de 1810, quando D. João VI cedeu às pressões inglesas e deu preferência aos britânicos no comércio com o Brasil, depois de haver declarado, em 1808, a abertura dos portos brasileiros a todas as nações amigas; e as Guerras do Ópio (1839-1842 e 1856-1860), quando a Inglaterra, entre outras humilhações, obrigou a China a aceitar a importação do ópio vendido pelos comerciantes ingleses em troca da seda, da porcelana e do chá chineses, tão desejados pela Europa.

Passado esse interregno, já na segunda metade do século XX, as relações entre o Brasil e a China ganharam novo viço, estimuladas pela Revolução Chinesa de 1949, que estabeleceu a república naquele país, e pela política democrática e nacional-desenvolvimentista brasileira, posta em prática entre o final da II Guerra Mundial e o Golpe Militar de 1964.

Digna de nota, por exemplo, foi a visita do então vice-presidente do Brasil, João Goulart, à China, em 1961, quando foi recebido pelo governo e pelo povo como grande amigo da China. Após a instauração do regime militar no Brasil, em 1964, as relações diplomáticas entre os dois países foram interrompidas durante dez anos, mas já em 1975, na presidência do general Ernesto Geisel, as relações diplomáticas com a República Popular da China foram restabelecidas. Desde então, e principalmente após o restabelecimento da democracia no Brasil, em 1985, as relações diplomáticas, políticas e cconômicas entre os dois países vêm ganhando um impulso cada vez maior. Chegamos, assim, a este início do século XXI com a China e o Brasil na condição de grandes parceiros no âmbito bilateral e multilateral.

O propósito deste ensaio é o de destacar a importância das diferentes dimensões – histórica, cultural, política, diplomática e econômica – nas relações entre o Brasil e a China e destacar que o Brasil e a China têm, enquanto países em desenvolvimento, o dever comum de se ajudarem mutuamente e, enquanto civilizações não anglo-saxães, a possibilidade de contribuir para a construção de um novo modelo civilizatório global, menos centrado no binômio liberalismo-individualismo que tem marcado o desenvolvimento e as crises do capitalismo global.

Brasil: China Tropical

Gilberto Freyre, em *Sobrados e Mucambos*, afirma que apesar de alguns darem por exagerada a importância por ele atribuída ao Oriente na formação da cultura brasileira na sociedade patriarcal,

"a verdade é que o Oriente chegou a dar considerável substância, e não apenas alguns dos seus brilhos mais vistosos de cor, à cultura que aqui se formou e à paisagem que aqui se compôs dentro de condições predominantemente patriarcais de convivência humana, em geral, e de exploração da terra pelo homem e dos homens de uma raça pelos de outra, em particular. E não só substância e cor à cultura: o Oriente concorreu para avivar as formas senhoris e servis dessa convivência entre nós: os modos hierárquicos de viver o homem em família e em sociedade. Modos de viver, de trajar e de transportar-se que não podem ter deixado de afetar os modos de pensar" (FREYRE, G. 2003. p.24.)

Segundo o autor, só o vigor do capitalismo industrial britânico, com a necessidade vital de mercados coloniais e semicoloniais para a imensa produção de manufaturas, proporcionada por aquele revolucionário modo de produção e um não menos revolucionário sistema de transporte,

"conseguiria acinzentar, em tempo relativamente curto, a influência oriental sobre a vida, a paisagem e a cultura brasileiras. Pois o que parece é que, ao findar o século XVIII e ao principiar o século XIX, em nenhuma outra área americana o palanquim, a esteira, a quitanda, o chafariz, o fogo de vista, a telha côncava, o banguê, a rótula ou gelosia de madeira, o xale e o turbante de mulher, a casa caiada de branco ou pintada de cor viva e em forma de pagode, as pontas de beiral de telhado arrebitadas em cornos de lua, o azulejo, o coqueiro e mangueira da Índia, a elefantíase dos arábes, o cuscuz, o alfeolo, o arroz-doce com canela, o cravo das Molucas, a canela do Ceilão, a pimenta de Cochim, o chá da China, a cânfora do Borneu, a muscadeira de Bandu, a fazenda e a louça da China e da Índia, os perfumes do Oriente, haviam se aclimatado com o mesmo à-vontade que no

Brasil; e formado com valores indígenas, europeus e de outras procedências o mesmo conjunto simbiótico de natureza e cultura que chegou a formar nosso país. É como se ecologicamente nosso parentesco fosse antes com o Oriente do que com o Ocidente..." (FREYRE, G. 2003, p.25).

A empreitada de reeuropeizar o Brasil, no século XIX, foi facilitada pela mudança da corte portuguesa de Lisboa para o Rio de Janeiro, fugindo das tropas de Napoleão. Com Dom João VI, chegou ao Brasil grande número de conselheiros ingleses e franceses, que, ao lado de destacados anglófilos portugueses como o Conde de Linhares e o economista Silva Lisboa, afirmavam que a salvação de Portugal e do Brasil estava em perderem, com a maior rapidez possível, as características orientais dominantes para assumir os costumes e gostos do Ocidente perfeitamente civilizado. Como parte desse esforço, Gilberto Freyre se refere, por exemplo, à obrigatoriedade da destruição das rótulas nas janelas dos sobrados do Rio de Janeiro e sua substituição por janelas de vidraça e varandas de ferro fornecidas pelos ingleses. Como destaca o autor, *"era como se o desaparecimento de característico tão oriental da arquitetura doméstica como a gelosia de madeira marcasse a vitória decisiva do Ocidente sobre o Oriente na luta entre culturas ou civilizações a que o Brasil vinha servindo há anos de campo ..."* (FREYRE, G. 2003, p.31).

O desejo de tornar o Brasil uma área ocidental ou subeuropéia de cultura estava a serviço do interesse comercial inglês e da expansão do capitalismo, pois como lembra o próprio Freyre, *"economicamente, o Brasil e o Oriente haviam se aproximado a ponto de o comércio regular e irregular entre os dois ter se constituído, durante a era colonial do Brasil, numa das bases mais sólidas do sistema agrário e patriarcal brasileiro."* (FREYRE, G. 2003, p.37).

A influência oriental na formação social e cultural do Brasil encontra, assim, inúmeros testemunhos nos modos de vida, na paisagem urbana e rural brasileira. A civilização que se formou no Brasil amalgamou num cadinho tropical esse variado conjunto de influências que para cá afluíram – da Ásia, África e Europa – com o elemento nativo, ele próprio aqui chegado talvez alguns séculos antes, mas certamente também vindo da Ásia. Tal civilização tem características

próprias que não se coadunam com a intolerância racial e ao indivi-
dualismo exacerbado anglo-saxão e representam, assim, a promessa
de uma sociedade muito diferente daquela que, a ferro e fogo, o
Ocidente tenta impor em sua auto-atribuída missão de "aplainar o
mundo".

Felizmente, o mundo não é plano. Isso nos dá esperança que em
algum momento da história humana, por mais longínquo que esteja,
se possa encontrar um novo modelo civilizatório que seja social,
econômica e ecologicamente mais compatível com a preservação da
espécie humana na Terra.

Como o Brasil vê a China

Uma parcela importante da sociedade brasileira acostumou-se a
olhar a China com as lentes distorcidas do Ocidente. E como culpar
a China por tudo de errado que há no mundo era uma fórmula infa-
lível de sucesso, pelo menos até o início da crise de 2008, também
no Brasil, uma parcela dos chamados "formadores de opinião" adotou
o mesmo discurso. Não havia, assim, problema no mundo, do aque-
cimento globlal, ao desemprego mundial, passando pelas ditaduras
africanas, pelo fracasso da Rodada de Doha, pela alta do preço da
comida e do petróleo, que não houve logo alguém com a resposta
pronta: é culpa da China.

É evidente que tais análises são carregadas de preconceitos e de
uma visão eurocêntrica, segundo a qual, não é possível estender para
o resto do mundo, e principalmente para um país que abriga mais de
20% da humanidade, um modelo de desenvolvimento concebido para
atender apenas às necessidades dos outros 20% que vivem na Europa
e nos Estados Unidos. Não há como negar, contudo, que a emergência da China no cenário econômico internacional nos últimos anos
alterou o equilíbrio global de poder político e econômico, fazendo
inclinar o prato da balança das relações internacionais de poder em
direção à Ásia.

Uma questão importante é qual o impacto dessas mudanças no
equilíbirio geopolítico e econômico mundial. Deve o Brasil ver a
emergência da China como oportunidade ou ameaça para a superação

do subdesenvolvimento? Há o risco de se estabelecer nas relações entre a China e o Brasil o mesmo padrão secular de trocas desiguais que tem marcado as nossas relações com o mundo rico?

Se para responder a essa pergunta levarmos em conta apenas a atual estrutura de trocas entre os dois países, não se perceberá mudanças significativas no padrão tradicional de comércio que o Brasil tem com o resto do mundo. Pelo contrário, parece que há uma intensificação nesse padrão, na medida em que a China, da mesma forma que a Europa, e muito mais que os Estados Unidos e a América Latina, é grande compradora de commodities agrícolas e minerais e grande exportadora de manufaturas. Além disso, concorre com países em desenvolvimento, como o Brasil e o México, não só na exportação de manufaturas intensivas no uso de mão-de-obra em terceiros mercados, principalmente os Estados Unidos e os demais das Américas, como também concorre com as indústrias locais em seus próprios mercados.

Seria um erro, contudo, inferir a partir disso, que a China se constitui em ameaça ao desenvolvimento do Brasil. Muito pelo contrário. Não é a exportação de commodities em si mesma que determina o padrão de trocas desiguais que tem marcado as relações de comércio entre o Brasil e o resto do mundo, mas a crescente dependência em relação à exportação de commodities, o que são coisas muito diferentes.

Ter grande disponibilidade de recursos naturais e não exportá-los quando o mundo se dispõe a pagar preços cada vez mais elevados por esses bens, não é sensato. Seria como ganhar um bilhete de loteria e não ir descontá-lo. A Europa e os Estados Unidos dominam grande parte do comércio agrícola mundial e nem por isso dependem unicamente dessas exportações para se desenvolver. Em 2007, por exemplo, as exportações agrícolas dos Estados Unidos representaram 8,6% de suas exportações totais (Arias, 2008:84).

A China, por seu turno, se importa recursos naturais do Brasil, o faz, em primeiro lugar, por que necessita deles e não porque pretenda impor ao País tal ou qual padrão de comércio. A inserção de um país na divisão internacional do trabalho é, em parte, uma escolha, em parte, uma contingência. Se um país se especializa na produção e na exportação de um determinado produto em função de suas vantagens comparativas naturais, isso não pode ser atribuído apenas a imposições e contingências externas. O fato de Cuba, por exemplo, ter parte significativa de sua economia baseada no cultivo da cana-de-açúcar e do tabaco, da Venezuela ter sua maior fonte de riqueza na extração do petróleo, de grande da renda do Peru vir da atividade pesqueira e do Chile da mineração de cobre, decorre de condições naturais e ecológicas específicas de cada país. Seria muito estranho, por exemplo, se os países árabes ou a Noruega deixarem de explorar o petróleo de seu subsolo e a Rússia suas imensas reservas de gás natural, sob argumento de que não querem ser produtores de commodites.

Não se pode, contudo, desconhecer a pressão externa sobre os países pobres, ricos em recursos naturais, para que se limitem à condição de exportadores de matérias-primas com baixo valor agregado e de importadores de produtos industrializados de alto valor agregado. Exemplo evidente desta pressão é o perverso fenômeno da escalada tributária, mecanismo por meio do qual os países ricos aumentam as tarifas sobre os produtos exportados pelos países pobres na medida em que o grau de elaboração aumenta. A União Européia e os Estados Unidos importam o café não processado do Brasil com tarifa zero e cobram 10% sobre as importações do café solúvel; importam o couro cru com tarifa zero e cobram até 50% sobre as importações de sapatos. A própria China importa a soja em grão do Brasil com tarifa de importação zero, mas impõe pesadas tarifas sobre o óleo e o farelo de soja. Essas práticas contribuem para manter os países pobres, exportadores de matérias-primas, nos estágios inferiores das diversas cadeias produtivas.

As regras de comércio internacional, estabelecidas no âmbito da Organização Mundial do Comércio, também contribuem para manter o atual padrão de trocas desiguais. Ao tornar ilegal a maioria das medidas tradicionais de política industrial, a OMC tenta congelar a atual divisão internacional do trabalho e a subordinação dos países pobres aos interesses dos ricos. A perda de capacidade dos Estados nacionais para formulação de políticas de desenvolvimento contribui de forma decisiva para a manutenção subdesenvolvimento. A China é, contudo, a maior prova de que essas restrições, embora de fato existam e tendam a aumentar cada vez mais, não podem ser vistas como um impedimento absoluto ao desenvolvimento. Mesmo sob as pesadas restrições que lhe foram impostas para aderir à OMC, em 2001, a China é o país que soube tirar mais vantanges do processo de globalização da economia.

No que diz respeito especificamente à suposta ameaça que a China representa atualmente para o desenvolvimento dos países da América Latina, vale lembrar que poucos países da região enfrentam a concorrência chinesa na exportação de manufaturas em terceiros mercados, nomeadamente, no mercado norte-americano. Talvez o país mais seriamente afetado seja o México e, em menor medida, o Brasil e alguns países da América Central. Para os demais, inclusive o próprio Brasil, a demanda chinesa por commodities tem sido positiva, pois tem permitido manter taxas de crescimento positivas a despeito da recessão nos Estados Unidos e na União Européia. Mesmo as importações de produtos da China concentram-se, principalmente, em máquinas e equipamentos e insumos industriais, o que contribui para a manutenção da competitividade da indústria local em inúmeros setores.

A grande questão, entretanto, como observa Santino (2007:8), será como continuar a tirar vantagem dessa loteria chinesa e ao mesmo tempo evitar o risco de ser empurrado para o córner das matérias-primas, ao invés de aprofundar a integração na cadeia global de valor. Tal questão, contudo, é menos um problema da demanda chinesa por commodities da região e mais um problema de estratégia nacional de desenvolvimento.

Há razões para o Brasil temer a China?

A China não está chegando; está voltando. No início do século XIX a China contribuía com cerca de um terço do PIB mundial. As agressões imperialistas que a China sofreu a partir de então, nomeadamente da Inglaterra e da França, e posteriormente do Japão, aliado ao atrasado sistema político então vigente, dominado por senhores da guerra, a impediram de manter essa posição de destaque na economia mundial.

A partir da revolução de 1949, entretanto, a China reiniciou a longa marcha para superar esses mais de dois séculos de atraso e retorna, neste início do século XXI, como candidata a grande potência mundial. Não é sem motivos, portanto, que o Ocidente olhe com desconfiança e certo temor o retorno da China à cena política e econômica global.

A emergência da China como potência econômica mundial, entretanto, representa um importante desafio não apenas para as potências econômicas ocidentais, nomeadamente os Estados Unidos e a União Européia, mas também para as demais economias emergentes. A ascensão econômica chinesa trás um novo impulso para as exportações dos países com grande disponibilidade de recursos naturais. Sua enorme demanda por recursos naturais, entretanto, tem embutido, entre outros, o risco da valorização cambial, reduzindo a competitividade de sua produção industrial. No Brasil, mais do que a entrada e saída de recursos externos, a moeda passou a flutuar ao sabor da variação do preço de commodities minerais e agrícolas[1].

A emergência da China como grande exportador industrial (95% das exportações chinesas são de produtos manufaturados) tanto de produtos intensivos no uso de trabalho e de baixa tecnologia, como também, e cada vez mais, de produtos de alta tecnologia, se apresenta como um novo desafio para os países industrializados da América Latina, particularmente o México e o Brasil.

É natural que diante do quadro acima descrito surja um sentimento ambíguo em relação à atual expansão chinesa. De um lado, os países e setores econômicos beneficiados pela demanda chinesa por commodities vêem o *boom* chinês como verdadeira benção, particularmente num momento em que as economias desenvolvidas entram em recessão. Esses sentimentos otimistas, entretanto, não são partilhados por alguns representantes da indústria, que vêem seus mercados tradicionais ocupados de forma irreversível pelas exportações chinesas.

Trata-se, contudo, de um equívoco atribuir os atuais problemas de alguns setores da indústria brasileira à concorrência chinesa. A causa principal está na ausência de políticas adequadas de desenvolvimento e, em última instância, na própria dinâmica do capitalismo global. A propósito, vale lembrar, que boa parte das importações oriundas da China vem de empresas multinacionais que lá se instalaram nos últi-

---

[1] Cf. Sciarreta, T. *"Real acompanha o preço de commodites"* in Folha de S. Paulo, 10 de maio de 2009, p. B3.

mos anos. Até mesmo empresas brasileiras optaram por produzir naquele país. Trata-se de um processo irreversível de internacionalização da produção, que aproveita as facilidades decorrentes das inovações tecnológicas nas telecomunicações, informática e nos meios de transporte para distribuir as unidades produtivas estrategicamente em diversos pontos do globo com o propósito de usufruir das vantagens locais, sejam estas a abundância de mão-de-obra barata, a oferta de mão-de-obra qualificada, a disponibilidade de recursos naturais ou vantagens logísticas e expandir, assim, seu domínio de mercado.

É, portanto, uma ameaça imposta não pela China, mas pelo capitalismo globalizado, da qual nem ela própria está imune, embora esteja sabendo tirar vantagens da situação de forma mais inteligente que o Brasil. Parece-nos, assim, que o "desafio chinês", muito mais do que uma ameaça é, como diz Santiso (2007:10), *"uma chamada de despertar para a América Latina"*.

A contribuição da China para o crescimento do PIB mundial, desde 2000, tem sido maior que a dos Estados Unidos e uma vez e meia a contribuição agregada do Brasil, Índia e Rússia, os outros três membros do BRIC. Mesmo no que se refere às exportações dos países da região para os Estados Unidos, é preciso considerar que, se a China concorre com os fabricantes brasileiros e latino-americanos de manufaturas naquele mercado, o enorme déficit externo norte-americano, que também beneficia a região, só pode ser sustentado, pelo menos até o início da crise de 2008, pelo financiamento externo da China e outros países asiáticos.

Outro fator que deve ser considerado no que diz respeito à contribuição chinesa para o crescimento global é a maior abertura relativa de seu mercado. Como afirma Blázquez-Lidoy (2007:48):

"A emergência da China como um comerciante global é, em muitos sentidos, excepcional em sua velocidade e profundidade. A China já é uma economia muito mais aberta que a maioria das economias emergentes. Em 2005, a soma de exportações e importações de bens e serviços alcançou mais de 70% do PIB, frente a 30% ou menos nos Estados Unidos, Japão ou Brasil, de acordo com os dados da OMC".

Outro aspecto frequentemente mencionado como grande ameaça às exportações brasileiras e latino-americanas de manufaturas é o custo de mão-de-obra chinesa. De fato, mesmo em relação à América Latina, os custos salariais na China são, ainda, relativamente baixos. O salário médio de um trabalhador industrial chinês, em 2006, era de US$ 141 dólares por mês, abaixo, portanto, do salário mínimo vigente na grande maioria dos países da região. Como esse mesmo salário era, em 1990, equivalente a US$ 36 por mês, entre 1990 e 2004, houve um crescimento anual de 10,2% na média salarial nominal na China. Se considerarmos, como afirma Lora (2007:20), que no mesmo período (1990-2004), o crescimento econômico chinês foi de 9,7% ao ano e o crescimento da produtividade do trabalho foi de 8,5%, a taxa de crescimento dos salários na China tem acompanhado o crescimento da economia. O que esses números revelam, portanto, é que mesmo uma oferta quase infinitamente elástica de mão-de-obra, representada, segundo o referido autor, por um total de 897 milhões de pessoas em idade de trabalho, 85% dos quais participando efetivamente no mercado de trabalho, não tem sido capaz de impedir o aumento dos custos salários no mesmo ritmo do crescimento da economia.

Isso ocorre porque a produção chinesa está migrando para setores tecnologicamente mais avançados e o estoque de mão-de-obra rural passível de migrar para os centros urbanos, o qual se estima em 300 milhões de pessoas para os próximos anos, não resolve o problema da demanda por trabalhadores cada vez qualificados, cujos salários tendem a subir cada vez mais rapidamente.

Arias (2008:84) chama atenção para esse fato quando afirma:

"Recentemente, a China começou a competir com as economias mais avançadas em setores como os equipamentos de telecomunicações. Empresas como a Huawei e ZTE fabricam produtos que competem diretamente com fabricantes do porte da Motorola, Ericsson, Siemens e Nokia. A China tem conseguido especializar-se na produção de bens avançados com um alto grau de produtividade, atípicos de um país relativamente pobre, dotado de uma abundante mão-de-obra".

Lora (2007:25) afirma que a China, em 2004, ultrapassou pela primeira vez os Estados Unidos na exportação de produtos de alta tecnologia. Segundo o autor, em 2004, a China exportou US$ 180 bilhões em computadores, telefones móveis e outros equipamentos digitais e as vendas internacionais dos Estados Unidos alcançaram apenas US$ 149 bilhões. Segundo a Organização para Cooperação e o Desenvolvimento Econômico (OCDE) e o Comtrade, o banco de dados de estatísticas sobre o comércio internacional das Nações Unidas, em 2006, a China exportou US$ 343,9 bilhões em produtos de alta tecnologia, ante US$ 323,8 bilhões dos Estados Unidos[2].

A criação, pela China, de padrões tecnológicos próprios, em oposição aos padrões globais vigentes em diversas áreas, principalmente telecomunicações, tem garantido às empresas chinesas uma importante vantagem competitiva. Ao mesmo tempo em que atrasa a entrada de empresas estrangeiras detentoras de outros padrões tecnológicos no mercado chinês, dá às empresas chinesas um importante poder de barganha com fornecedores externos sobre a tecnologia e a propriedade intelectual. Considerada, portanto, a crescente sofisticação do comércio exterior da China, é cada vez menos verossímil a idéia que as exportações chinesas são, atualmente, uma ameaça real às exportações brasileiras e latino-americanas.

De todas as vantagens que a China apresenta hoje em relação ao Brasil, uma das mais importantes talvez seja os seus pesados investimentos em infra-estrutura. Os investimentos em infra-estrutura na China têm crescido mais rápido que a economia como um todo; no Brasil ocorre exatamente o oposto. O sistema ferroviário chinês, que é a espinha dorsal de seu sistema de transporte, tem recebido grandes investimentos nos últimos anos, incluindo uma segunda linha de Pequim a Hong Kong e a extensão da rede ferroviária para áreas distantes como Kashgar, em Xingiang, e o Tibet.

A rede ferroviária chinesa expandiu-se, entre 1990 e 2004, de 53.400 km para 61.000 km. Trens de alta velocidade reduziram o tempo de viagem entre Pequim e Xangai de 13 horas para menos de 5 horas. Até o final da década, os chineses pretendem construir

---

[2] REDHER, M. *A segunda invasão chinesa: alta tecnologia.* O Estado de S. Paulo, 11/08/2008, p. B1.

5.400 km de linhas ferroviárias de alta velocidade. Desde o início de 1990, rodovias expressas interprovinciais aumentaram de zero para 34.300 quilômetros e o total de rodovias aumentou para 1,9 milhões de quilômetros.

Os investimentos em portos e aeroportos são igualmente impressionantes. A China tem, hoje, cerca de 200 portos, alguns deles entre os dez maiores do mundo. Os modernos aeroportos de Pequim e Xangai têm capacidade anual para cerca de 80 milhões de passageiros/ano cada um; cada um desses aeroportos tem mais de 400 portões de embarque e desembarque. Talvez a principal limitação chinesa na área de infraestrutura seja no fornecimento de energia.

No que diz respeito ao ambiente econômico, as diferenças entre o Brasil e a China são diversas, a começar pela carga tributária. Segundo estudo da Federação das Indústrias do Estado de São Paulo – FIESP (2008:27),

> *"A carga tributária chinesa manteve-se relativamente estável ao longo dos seis anos analisados e terminou em aproximadamente 15,75% do PIB. Já a carga brasileira apresentou clara tendência de crescimento entre 2000 e 2005, quando atingiu 34,1% do PIB".*

Outro elemento destacado pelo estudo é a taxa de juros. Enquanto no Brasil, após a crise de 2002-2003, a taxa de juros "baixou" para 19,1% a.a. em 2005 e partir de então vem sendo reduzida em doses homeopáticas, estando atualmente em torno de 11%, a taxa média de juros na China, em 2005, era de 2,3% a.a e encontra-se, atualmente, em torno de 1,2% a.a. Ainda no que refere aos custos dos financiamentos, outro fator relevante é o spread bancário, ou seja, a diferença entre os juros pagos pelos bancos para a captação de recursos e os juros cobrados dos tomadores de empréstimos, o que inclui a chamada "cunha fiscal", as provisões para inadimplência, os custos administrativos e, naturalmente, o lucro dos bancos. Enquanto na China, o spread bancário era, em 2005, de 3,3%, no Brasil, o spread alcançava 28,4%.

É preciso destacar também a discrepância entre o investimento no Brasil e na China. Na China, a formação bruta de capital fixo – FCBF – alcançou, em 2005, o equivalente a 41,5% do PIB e, no Brasil, a despeito da melhora da situação macroeconômica, a taxa de investimento, no mesmo ano, foi de 16,3% do PIB.

De todos os fatores econômicos que afetam a competitividade das exportações brasileiras, talvez a taxa de câmbio seja o principal. Entre 1997 e 2007, a moeda chinesa, o yuan, manteve uma relação praticamente estável em relação ao dólar. A moeda brasileira, entretanto, apresentou oscilações fortíssimas e, a partir de 2003, apresentou uma clara tendência de valorização, prejudicando, em particular, as exportações brasileiras de produtos manufaturados. Com a crise de 2008, a taxa de câmbio no Brasil desvalorizou-se em cerca de 60%, mas a melhora no câmbio não compensou a redução no valor das exportações provocada pela redução das quantidades exportadas e pela redução dos preços das commoditeis.

No que diz respeito ao ambiente educacional, as diferenças quantitativas não são tão acentuadas. A diferença talvez fique pela qualidade do ensino. Entre 2002 e 2005, o Brasil gastou com educação, em média, 3,6% do PIB, enquanto a China gastou, em média, 2.0% do PIB. Segundo dados da ONU, a escolaridade média na China piorou entre 1997 e 2005, caindo de 6,4 para 6,0 anos de escola. No Brasil, a escolaridade média aumentou no mesmo período, subindo de 4,6 para 5,7 anos de escola. No que diz respeito ao índice de alfabetização da população acima de 15 anos, os índices são muito semelhantes: 90,9% na China e 88,6% no Brasil.

Na área de ciência e tecnologia, entretanto, as diferenças são gritantes e revelam, como aponta o estudo da FIESP, uma clara estratégia de desenvolvimento da China. Enquanto na China, os gastos em P&D têm aumentado continuamente, subindo de 0,64% do PIB, em 1997, para 1,3% do PIB, em 2005, no Brasil esse montante oscilou de 0,7% do PIB, no ano 2000, para 0,83% do PIB, em 2005, sem apresentar uma tendência definida.

Outro dado revelador do relativo sucesso chinês na área de ciência e tecnologia é a disparada no número de registro de patentes. Enquanto no Brasil o número médio anual de registro de novas patentes se manteve em torno de 4 mil no período 2000-2005, na China o registro anual de patentes saltou de cerca de 20 mil por ano em 2000, para 93,2 mil em 2005. Isso se reflete na participação dos produtos intensivos em tecnologia e conhecimento no total das exportações de ambos os países. Enquanto no Brasil, em 2005, 7,2% das exportações brasileiras eram de produtos de alta tecnologia (basicamente aviões da Embraer e equipamentos de telecomunicações), na China, esse percentual alcançou 21,0% do total exportado. Como já mencionado acima, a China é hoje o maior exportador mundial de produtos de alta tecnologia. Em 2006, a China exportou US$ 343, 9 bilhões em produtos de alta tecnologia, ante US$ 323,8 bilhões dos EUA, US$ 214,3 da Alemanha e US$ 156,4 bilhões do Japão. As exportações brasileiras, contudo, não passaram de US$ 9,7 bilhões. Apesar do aumento do preço internacional das commodities agrícolas e minerais nos últimos anos, o valor médio por quilo das exportações brasileiras permanece estagnado enquanto o da China cresce continuamente. O valor médio por quilo das exportações chinesas, que no ano 2000 era igual ao do Brasil, ou seja, US$ 0,27/kg, saltou, em 2007, para US$ 0.87/kg, o que representa um aumento de 222%. Durante o mesmo período, o valor médio das exportações brasileiras subiu para US$ 0,33/kg, que corresponde a um aumento de apenas 22%, dez vezes menos que a variação chinesa[3].

De maneira geral esse conjunto de fatores explica porque a participação das exportações chinesas nas exportações mundiais aumentou de 7,58%, em 1997, para 11,76%, em 2006, enquanto no mesmo período as exportações brasileiras cresceram de 1,08% para 1,25% das exportações mundiais. Explica também, porque o comércio bilateral entre os dois países é tão desequilibrado.

Enquanto mais de 90% das importações brasileiras da China são de produtos industriais, 77% das exportações do Brasil para aquele país são de soja, minério de ferro, celulose e petróleo. Exemplo emblemático da dificuldade brasileira de agregar valor às commodities que exporta é o dos trilhos. Desde que a Companhia Siderúrgica Nacional (CSN) desativou sua linha de produção de trilhos, o Brasil passou a importá-los, principalmente da Polônia e da China. Mais de 50% dos trilhos comprados pelo Brasil vêm da China, a um custo médio de US$ 850 por tonelada. Par produzir uma tonelada de trilho,

---

[3] REHDER, M. *"A segunda invasão chinesa: alta tecnologia"*. O Estado de S. Paulo, 11/08/2008, p. B1.

as siderúrgicas chinesas utilizam de 1,7 a 1,8 toneladas de minério de ferro que o Brasil exporta pelo valor de US$ 136, ou seja, a diferença entre o valor da matéria-prima que o País exporta e o do produto acabado que compra chega a US$ 714 por tonelada[4].

Existe, contudo, um grande potencial de crescimento do comércio bilateral entre os dois países e também de diversificação da pauta de exportações brasileiras para a China. A China é um grande exportador de produtos industriais, mas é também um grande importador de produtos de alta tecnologia. A China tornou-se, em 2008, o segundo maior mercado da Embraer, fabricante brasileira de aviões. Das 80 aeronaves com menos de 120 lugares que voam na China, 39 são da Embraer. Segundo estimativas do presidente da Embraer na China, Guan Dong Yuan, esse número chegaria a 47 ou 48 até o final de 2008, o que dará à empresa brasileira uma participação de mais de 50% do mercado chinês. De janeiro a julho de 2008, as vendas da Embraer no mercado chinês chegaram a US$ 148,8 milhões[5].

A participação da China nas exportações brasileiras passou de 6,7%, em 2007, para 8,3%, em 2008. As exportações do Brasil para a China cresceram 51% em 2008. A corrente de comércio entre o Brasil e a China, ou seja, a soma das exportações e importações realizadas entre os dois países, aumentou de US$ 6,6 bilhões, em 2003, para US$ 36,5 bilhões em 2008, o que representa um aumento de mais de 550% no fluxo de comércio entre os dois países nos últimos cinco anos. A China tornou-se, no primeiro trimestre de 2009, o mais importante parceiro comercial do Brasil, superando os Estados Unidos e a Argentina, que durante muitos anos foram, respectivamente, o primeiro e segundo mais importante parceiro comercial do Brasil.

Há, contudo, outras dimensões das relações entre o Brasil e a China, menos destacadas pela imprensa, mas tão importantes quanto as relações de comércio.

---

[4] BRITO, A. *País vende ferro à China e importa trilho.* Folha de S. Paulo, 21/07/2008, p. B1.

[5] TREVISAN, C. *China já é o 2º mercado da Embraer.* O Estado de S. Paulo, 14/09/2008, p. B14.

Talvez a principal delas seja a ciência e tecnologia. Um dos mais importantes projetos científicos e tecnológicos do Brasil é desenvolvido em parceria com a China. Trata-se do projeto para a construção, lançamento e operação dos satélites CBERS (Satélite Sino-Brasileiro de Recursos Terrestres). Como resultado dessa parceria o Brasil e a China já lançaram, conjuntamente, satélites em 1999, 2003, 2007 e devem lançar novos satélites em 2011 e 2014.

Graças a esses satélites, o Brasil tem conseguido monitorar melhor o uso dos seus recursos naturais, controlar os desmatamentos, prevenir desastres naturais, ameaças à produção agrícola e riscos à saúde pública. As imagens produzidas pelos satélites são distribuídas gratuitamente para os países vizinhos da América do Sul e, agora, também da África, que podem utilizar as imagens para os mesmos objetivos.

Um passo natural, resultado do aprofundamento das relações entre o Brasil e a China, será o aumento dos investimentos chineses no Brasil e dos investimentos do Brasil na China. Durante a visita do vice-presidente Xi Jinping ao Brasil, em fevereiro de 2009, foi anunciada a concessão de um empréstimo de US$ 10 bilhões para a Petrobrás realizar investimentos na exploração das novas reservas de petróleo descobertas recentemente na costa brasileira.

Além do anúncio de empréstimo para a Petrobrás, o presidente do China Development Bank (CDB), Jiang Chaioliang, assinou acordos com o Banco Nacional de Desenvolvimento Econômico e Social (BNDES) e o Banco Itaú, para repassar um linha de crédito de US$ 100 milhões destinados ao financiamento das exportações brasileiras.

Todas essas ações demonstram a vontade dos governos do Brasil e da China de fortalecer e ampliar as relações de cooperação e amizade e a importância cada vez maior que atribuem a essas relações.

AGENDA DE COOPERAÇÃO ENTRE O BRASIL E A CHINA

Frente à oportunidade histórica que se apresenta para a construção de um novo concerto político-econômico mundial, Brasil e China enfrentam desafios comuns, que poderão ser mais facilmente superados se houver uma agenda de cooperação entre ambos e destes com os demais países em desenvolvimento. Tal agenda, em certa medida, já existe, dado o relacionamento especial que os dois países vêm construindo nos últimos anos, não apenas no campo econômico e comercial, mas também no diplomático, político, científico e tecnológico, educacional e cultural.

Destaque-se, por exemplo, o fato de que o Parlamento da República Popular da China, a Assembléia Nacional Popular, mantem convênios de cooperação com apenas quatro países no mundo e um deles ser o Brasil. No plano cultural, são visíveis os esforços de aproximação entre os dois países. Digno de nota, foi a inauguração, em novembro de 2008, do primeiro Instituto Confúcio no Brasil, na Universidade Estadual Paulista – Unesp, com propósito de estimular o intercâmbio cultural e a difusão da língua chinesa no Brasil. No plano científico e tecnológico, o programa de cooperação para construção do Satélite Sino-Brasileiro de Recursos Terrestres e os convênios de cooperação entre a Empresa Brasileira de Pesquisa Agropecuária – Embrapa com vários institutos da China para pesquisa agrícola nas mais diferentes áreas, como a produção de etanol a partir da mandioca, fruticultura e produção agrícola no cerrado.

Na área econômica, além do comércio bilateral cada vez mais intenso, que já faz da China o mais importante parceiro comercial do Brasil[6], a presença de empresas chinesas no Brasil e de empresas brasileiras na China já é um fato importante. Empresas brasileiras de grande porte como o Banco Itaú BBA, a Bolsa de Mercantil & Futuros (BM&F), Coteminas, Construtora Odebrecht, Embraco, Embraer, Escritório Noronha Advogados, Vale do Rio Doce, entre outras, têm internacionalizado suas operações instalando fábricas e representações em território chinês. No sentido oposto, grandes empresas chinesas estão se instalando no Brasil. A Gree, a maior produtora mundial de aparelhos de ar-condicionado, mantêm operações de produção em apenas dois países fora da China: Brasil e Paquistão. A Huawei, terceira maior fabricante global de equipamentos de telecomunicações, instalou-se no Brasil em 1999 e fechou contratos de infra-estru-

---

[6] As exportações para a China, no primeiro trimestre de 2009, cresceram 62,67% em valor e 41,47% em quantidade, na comparação com o mesmo período de 2009, o que torna a China, pela primeira vez, o principal destino dos produtos brasileiros, desbancando a liderança histórica dos Estados Unidos.

tura com praticamente todas as operadoras de telefonia móvel que atuam no País. Em 2008, faturou, no Brasil, cerca de US$ 1 bilhão, praticamente o dobro do que havia faturado em 2007[7]. A ZTE, concorrente chinesa da Huawei, também tem planos ousados para o Brasil. O faturamento da subsidiária brasileira da ZTE em 2008 foi três vezes maior que o ano anterior. A montadora Chery, a quinta maior da China, planeja construir uma fábrica no Brasil em dois anos. O projeto é investir entre US$ 500 milhões e US$ 700 milhões para atingir uma capacidade de produção de 150 mil carros por ano, tornado a unidade uma base de exportação para países das Américas, incluindo os Estados Unidos[8].

Em 2006, a Associação Brasileira de Indústria de Máquinas – Abimaq, sob a presidência de Newton de Mello, abriu um escritório de representação em Pequim, apostando no potencial de relacionamento entre o Brasil e a China, mesmo em um segmento no qual a competitividade da indústria chinesa é considerada como uma ameaça para a indústria brasileira.

Postas em perspectiva, entretanto, todas essas iniciativas apenas ilustram o grande potencial existente nas relações bilaterais entre o Brasil e a China e o quanto há para se avançar nesse terreno.

Destacamos, a seguir, a título de conclusão, cinco grandes áreas em torno das quais Brasil e China deveriam concentrar seus esforços com o propósito de aprofundar e ampliar a cooperação mútua:

1) *Política Externa*

O momento é oportuno para coordenar ações comuns com o propósito de permitir uma participação mais ativa do Brasil e da China nos diversos organismos de coordenação internacional política e econômica.

---

[7] Cf. Cruz, R. *"Crescimento é forte no mercado brasileiro"* in O Estado de S. Paulo, 10/05/2009, p. B13.

[8] Cf. Severo, F. *"Quinta maior montadora de carros da China planeja construir fábrica no Brasil"* in Folha de S. Paulo, 24/04/2009, p.B-8.

i. A criação do G-20 e o papel que o mesmo vem desempenhando na discussões de uma saída para a atual crise global evidencia o novo papel que a China, o Brasil e os outros grandes países em desenvolvimento, como a Índia, a Rússia e o México podem ter na reestruturação dos mecanismos de coordenação internacional herdados da Conferência de Bretton Woods, como a ONU, com seu anacrônico Conselho de Segurança, o FMI e o Banco Mundial. A estrutura de poder nesses organismos, assim como o poder de veto dos Estados Unidos em todos eles, decorre do resultado da Segunda Guerra Mundial, que terminou há mais de 60 anos. Nesse interim, as relações de poder político e econômico mundial das potências vencedoras daquele conflito passaram por alterações significativas e os mecanismos atuais de tomada de decisões nos organismos de coordenação internacional não correspondem mais à realidade internacional, particularmente no que diz respeito à importância relativa dos países em desenvolvimento, principalmente a China, o Brasil e a Índia e também a Rússia. Nem mesmo a Organização Mundial do Comércio, criada em 1994 e, supostamente, mais democrática, dado o critério de cada país um voto, dá conta, hoje, de coordenar e manter em funcionamento um sistema internacional de comércio minimamente justo, aberto e equilibrado. O fracasso das negociações da Rodada de Doha, em julho de 2008, depois de sete anos de negociações infrutíferas em torno da redução dos subsídios agrícolas na Europa e nos Estados Unidos, evidencia a incapacidade desse organismo de colocar o comércio global a serviço do desenvolvimento dos países mais pobres.

ii. A maior eficiência dessa coordenação passa, necessariamente, pelo reforço das estruturas de representação diplomática entre os dois países. No caso específico da representação diplomática brasileira na China, é preciso ampliar substancialmente o quadro de diplomatas e oficiais de chancelaria, que atualmente é extremamente reduzido frente à importância e dimensão que as relações entre os países já adquiriram.

2) *Comércio bilateral, investimentos diretos e internacionalização de empresas*

Tendo em vista a necessidade de estimular o desenvolvimento do comércio bilateral e principalmente o investimento produtivo das empresas chinesas no Brasil e das empresas brasileiras na China, consideramos que as medidas a seguir deveriam ser consideradas:

i. Fortalecer as discussões bilaterais em nível ministerial atualmente em curso, com o objetivo de fomentar a diversificação da pauta comercial entre os dois países, harmonizar das estatísticas de comércio exterior e facilitar as trocas, com o objetivo de expandir e manter equilibrada a corrente de comércio entre os dois países.

ii. Estabelecer de uma comissão de alto nível para eliminar os entraves burocráticos atualmente existentes à expansão dos investimentos chineses no Brasil. É preciso estimular a participação das empresas chinesas nas áreas de infra-estrutura de transportes e de energia e a constituição de empresas binacionais para atuar, principalmente, em segmentos de alta tecnologia, como foi o caso da *joint-venture* entre a empresa chinesa Avic e a brasileira Embraer.

iii. Estabelecer iniciativas destinas a promover a imagem do Brasil na China e da China no Brasil. Tais iniciativas devem ser voltadas à valorização das suas respectivas culturas, dos produtos dos dois países, dos esportes, bem como de suas atrações turísticas, com o propósito de incentivar não apenas o comércio, mas o turismo de lazer, de negócios e cultural entre os dois países.

3) *Educação e Cultura*

i. Fortalecer dos laços culturais entre os dois países, por meio do fortalecimento e do incentivo das iniciativas já existentes, tais como o Instituto Confúcio na Unesp e na UNB e apoio à divulgação da cultura brasileira na China, por meio do apoio do governo brasileiro à instalação de centros de estudos e divulgação da cultura brasileira nas universidades chinesas.

ii. Incentivo à publicação em português de obras de autores chineses, clássicos e contemporâneos, e da publicação, em mandarim, de autores brasileiros e da língua portuguesa. Tais iniciativas são da maior importância, pois grande parte do que publica no Brasil a respeito da China são traduções de obras de autores americanos e europeus, os quais, naturalmente, vêem a China através das lentes de seus próprios interesses.

iii. Valorização do patrimônio cultural comum, particularmente o papel de Macau como importante elo de ligação cultural e histórica entre a China e os países de língua portuguesa, particularmente o Brasil.

iv. Incentivo ao intercâmbio entre instituições de pesquisa e universitárias brasileiras e chinesas visando o desenvolvimento de pesquisas conjuntas particularmente naquelas áreas voltadas para o enfrentamento e resolução de problemas em áreas de interesse comum como saúde pública, agricultura, novas tecnologias, defesa e aeroespacial, energia renovável e meio-ambiente.

4) *Políticas Públicas*

Constituição de uma rede de relacionamento entre os órgãos da administração pública brasileira e chinesa, visando estimular o conhecimento mútuo e troca de informações nas mais diversas áreas, desde seguridade social, saúde pública, educação, ciência e tecnologia, meio-ambiente, agricultura e agronegócios, saneamento e urbanismo, segurança pública, defesa nacional, sistema tributário, políticas de apoio às pequenas e médias empresas e aos pequenos produtores rurais, comércio exterior, política industrial, dentre outras.

5) *Desenvolvimento, Ciência & Tecnologoia e Meio-ambiente*

i. Criar uma agenda comum de estudos e pesquisas nas áreas de política industrial e de ciência e tecnologia, que conciliem as necessidades específicas de desenvolvimento dos dois países com a preservação do meio-ambiente. Evidencia-se cada vez mais que o radicalismo ambientalista é um movimento político mundial conservador criado pelo eixo anglo-americano como parte de sua estratégia de assegurar a hegomonia econômica e política mundial. Trata-se de um movimento de cunho neo-malthusiano cujo propósito é obrigar países como a a China, o Brasil, a India e outras economias emergentes a congelarem seu próprio desenvolvimento, vendendo para os ricos os cha-mados crédito-carbono, mantendo-se, assim, como reserva ecológica para que eles possam continuar a manter o seu atual padrão insustentável de desenvolvimento. É preciso que o Brasil e a China repudiem de forma veemente esse movimento neomalthusiano e reacionário e, ao mesmo tempo, envidem todos os esforços para o desenvolvimento de tecnologias lim-pas que conciliem sua necessidade de crescimento econômico com a preservação do meio-ambiente.

Bibliografia

ARIAS, J. *China y el futuro de la OMC in* Política Externa. Mayo/Junio 2008. Volmen XXI, Número 123. Madrid: Estudios de Política Exterior SA.

BLÁZQUES-LIDOY, J., RODRÍGUES, J. e SANTISO, J. *Angel or Devil? Trade Impact on Latin American Emerging Markets in* Santiso, J. (ed.) The Visible Hand of China in Latin America. Paris: OCDE, Development Centre Studies, 2007.

FIESP. Análise de Penetração das Importações Chinesas no Mercado Brasileiro. São Paulo: FIESP/DECOMTEC, 24/07/2008.

ELLIOT, L. *G20 to seek solutions for a grave new world. The Guardian Weekly,* 27th *March – 02*[nd] *April, 2009.*

FREYRE, G. China Tropical. Brasília: Editora da Universidade de Brasília, 2003. (organi-zação de Edson Nery da Fonseca)

LALL, S. e WEISS, J. *Competing with the Dragon: Latin American and Chinese Exports to US Market in* Santiso, J. (ed.) The Visible Hand of China in Latin America. Paris: OCDE, Development Centre Studies, 2007.

LORA, E. *Should Latin America Fear China. in* Santiso, J. (ed.) The Visible Hand of China in Latin America. Paris: OCDE, Development Centre Studies, 2007.

SANTISO, J. (ed.) The Visible Hand of China in Latin America. Paris: OCDE, Develop-ment Centre Studies, 2007.

THE ECONOMIST. China and the West. A time for muscle-flexing. March 21st – 27th 2009.

O Espaço Lusófono
no Contexto da Globalização

MANUEL PORTO

1. O significado do espaço "lusófono"

Pode pôr-se a dúvida sobre a designação de "lusófono" dada a um espaço onde há territórios, mesmo um país, onde a língua portuguesa não é predominante. Em Macau predomina o cantonês, sendo além disso maior o número de pessoas que falam inglês do que o das pessoas que falam português; podendo apontar-se algo de semelhante em Timor Leste, aqui com o predomínio do tetum.

Correspondeu e corresponde todavia à vontade dos responsáveis políticos respectivos que num caso e no outro, tal como em todos os demais territórios da "lusofonia" (onde não se levantaria dúvida nenhuma), o português seja língua oficial (em Macau a par da língua chinesa e em Timor Leste a par do tetum).

Assim aconteceu com base numa tradição e numa comunidade de valores que se reflecte também em outros domínios, como é o caso do domínio jurídico: com uma proximidade notória que vai de Timor e Macau até ao Brasil, passando pelos países lusófonos da África[1].

Trata-se em todos os casos de sistemas jurídicos que os responsáveis legislativos têm querido estabelecer e desenvolver, tendo naturalmente em conta em cada caso os valores e os interesses específicos a defender e promover. Mas assim acontece com base numa matriz que por exemplo em Macau não se quis que fosse na linha do *case*

---

[1] Mesmo em Goa, Damão e Diu o Código Civil Português continua em aplicação, com adaptações e actualizações: naturalmente o Código de 1867, o "Código de Seabra", não sendo de "esperar" a adopção do Código de 1966, quando esses territórios estavam já integrados na União Indiana...

law de Hong Kong[2] ou que no Brasil tivesse uma aproximação maior ao direito norte-americano.

Reflectindo valores e interesses, por seu turno as aproximações jurídicas são factor de aproximação cultural, política, social e empresarial. No caso da China, que é objecto de atenção particular neste livro, o conhecimento do direito de Macau é factor de aproximação a Angola, ao Brasil e a outros mercados emergentes do mundo da "lusofonia".

2. O quadro actual: de globalização e de consolidação de blocos regionais

Assistimos no início do século XXI à acentuação de duas tendências que vêm do final do século XX: de abertura das economias e simultaneamente de consolidação de blocos regionais.

É neste quadro que têm de ser analisadas as perspectivas dos territórios e países 'lusófonos', bem como da China, na lógica do seu processo de abertura e crescimento.

O movimento de globalização não é novo, trata-se afinal de retornar a uma tendência antiga, v.g. do século XIX e do início do século XX (ver Porto, 2004(9), pp. 209-10 e 393-6 e 2009, pp. 553-60). O que constituiu excepção foi o proteccionismo da primeira metade deste século, com as duas guerras mundiais e os anos de permeio: de crença nos nacionalismos e nas práticas de encerramento de fronteiras, que tiveram consequências económicas e políticas tão negativas.

A memória desta experiência contribuirá para que não se volte às mesmas práticas, sendo de esperar que, com mais ou menos dificuldades, se continue no caminho de abertura do comércio e em geral das economias, no seio da OMC.

Mas neste quadro, por seu turno, aparece agora um movimento ampliado e reforçado de criação de espaços regionais de integração (de "blocos").

---

[2] Uma Conferência Internacional recente (em 5 e 6 de Fevereiro de 2007) foi precisamente sobre *One Country, Two Systems, Three Legal Orders*, sendo de facto muito diferente o sistema de Hong Kong.

Logo nos anos 60 apareceu uma primeira vaga, o 'primeiro regionalismo', com várias iniciativas, algumas com a afirmação de grandes ambições e com estruturas institucionais relativamente avançadas.

Pode dizer-se todavia que o único caso de sucesso assinalável foi o caso da integração europeia[3]. A par de outras razões, o fracasso ou pelo menos o êxito muito menor dos demais movimentos, designadamente na América Latina, ficou a dever-se ao facto de às proclamações feitas e às estruturas criadas não ter correspondido uma prática real de abertura, no plano externo (mantiveram-se as restrições proteccionistas) e no plano interno (com grandes intervencionismos estaduais)[4].

Nos anos 90 verificou-se por um lado um aumento do número de movimentos de integração[5] e por outro o sucesso de alguns deles.

Com grande importância para todas as áreas do mundo dá-se ainda a circunstância de os Estados Unidos da América estarem agora comprometidos, mesmo como membros fundadores e dinamizadores, fazendo parte de espaços regionais de integração. Abandonaram pois a postura anterior, de empenhamento apenas no comércio mundial, integrando a NAFTA (*North America Free Trade Association*) e da APEC (*Asian Pacific Economic Community*) e promovendo a formação de uma Área de Livre Comércio das Américas (ALCA, FTAA nas iniciais em inglês)[6]. Com a "conversão" deste país são já poucos os

---

[3] Ainda assim com dificuldades nos anos 70, quando, com o *europessimismo* e com a *euroesclerose*, chegou a estar em causa a continuidade do processo. Trata-se de descrença e de dificuldades que só foram ultrapassadas nos anos 80, com a iniciativa do Acto Único Europeu (ver Porto, 1988 e 2009, pp. 447-54).

[4] São especialmente duras as palavras de Seitenfus: "Em alguns casos, uma avançada institucionalização foi considerada um fim em si. Em outros, elaboraram-se sofisticados instrumentos para a solução de litígios. Enfim, em terceiros modelos, buscou-se associar o Legislativo e criaram-se Parlamentos regionais, tão inúteis quanto custosos. Contudo, a característica marcante do conjunto dessas experiências resume-se no reiterado desrespeito ao cumprimento das decisões acordadas" (2003, p.40).

[5] Na década de 90 foram notificados à OMC, cumprindo com o disposto no artigo 24º do GATT, mais acordos regionais de integração do que nas quatro décadas anteriores (cfr. Porto, 2009, p. 579-80).

[6] Este último processo está todavia agora parado, com as evoluções políticas verificadas na Venezuela e na Bolívia. Entretanto, os EUA têm vindo a celebrar acordos bilaterais, numa estratégia justamente criticada por Guimarães (2005).

O Espaço Lusófono no Contexto da Globalização

países do mundo que não estão inseridos em nenhum movimento de integração. Verificou-se aliás compreensivelmente, num ritmo crescente, um "efeito de dominó"[7], com a atracção resultante, além de outros factores, de não se querer ficar de fora quando um número crescente de países (em muitos casos os vizinhos...) vai fazendo parte deste movimento de formação de blocos regionais.

3. O significado deste movimento

Olhando para o futuro, põem-se naturalmente duas questões: a questão de saber se a formação de blocos é a solução mais desejável, tratando-se de blocos com condições de êxito; e a questão de saber se, independentemente de se julgar que acaba por ser preferível o comércio mundial, não haverá forças políticas que levem a que se trate de blocos protegidos: *stumbling blocs* em lugar de *building blocs*[8]. Trata-se de questão de grande relevo para as estratégias a seguir nos vários espaços do mundo.

3.1. As lições da teoria

Com um relevo tão grande e crescente de vários blocos regionais era naturalmente de esperar que se aprofundassem os contributos dos economistas procurando justificar a sua criação.

Mas os resultados destas pesquisas têm sido de algum "desencanto", provando-se, na linha das próprias teorias justificativas, que não se trata (em traços largos) de soluções de 'primeiro óptimo'. Na sua própria lógica, provam que melhor do que haver um espaço de integração, ainda que bem sucedido, é haver comércio livre mundial[9]. Nas palavras de Pomfret (1986), "the theory of preferential trading

---

[7] Esta designação foi dada por Richard Baldwin (1993 e 1995).

[8] Neste caso na designação de Lawrence (1991; ver também Melo e Panagariya, 1993).

[9] Com um *survey* das teorias 'justificativas' e com a sua crítica pode ver-se Porto (2004(9), pp. 438-53 e 2009, pp. 223-55); ou ainda Porto e Flôres (2006, pp.21-49).

has been one of the more disappointing branches of postwar economics".

Justifica-se todavia que se formem blocos como passos na direcção do comércio livre mundial. Em muitos casos – sendo a União Europeia um exemplo excelente – podem ser mesmo a condição indispensável para que se fortaleçam determinados sectores (produtos) ou outras capacidades (v. g. regionais), com o que acabam por ficar beneficiados não só os países do bloco como também os demais, se se conseguirem assim situações de vantagem a nível mundial. Um exemplo europeu de enorme relevância é o do projecto Airbus, um sucesso com benefícios também para os demais espaços do mundo: cujas empresas transportadoras, sem que se exclua qualquer outra oportunidade, poderão deste modo comprar talvez aviões em melhores condições de qualidade e/ou preço, o que por seu turno se repercutirá em tarifas mais baixas, beneficiando os transportes de carga e de passageiros, em viagens de negócios e de turismo...

Estamos assim aqui na lógica correcta do argumento 'das indústrias nascentes' ou 'das regiões nascentes' (ver por exemplo Porto, 1979, 2004(9), pp. 425-32 e mais recentemente 2009, pp. 183-99), podendo ser a participação num bloco condição indispensável para que se assegure a internalização de vultuosos investimentos feitos, por vezes de uma dimensão tal que independentemente disso nenhum país teria condições ou correria o risco de avançar sozinho (cfr. locs. cits., 2004(9), pp. 449-52 e 2009, pp. 257-9).

3.2. As lições da experiência

A experiência inequívoca ao longo das décadas, de países em todos os continentes[10], tem vindo também a mostrar que acaba por

---

[10] Para além dos estudos de vários autores (ver por todos Sachs e Warner, 1995, ou mais recentemente Van den Berg e Lewer, 2007, constatando designadamente a aproximação entre países em desenvolvimento e países desenvolvidos), foi esta a conclusão clara de pesquisas colectivas levadas a cabo por reputadas organizações internacionais, casos da OCDE (ver Little, Scitovski e Scott, 1970), do National Bureau of Economic Research (NBER: ver Bhagwati, 1978 e Krueger, 1978) e do Banco Mundial (ver Papagiorgiou, Choksi e Michaely, 1990; tendo o estudo sobre Portugal sido feito por Macedo, Corado e Porto, 1988).

O Espaço Lusófono no Contexto da Globalização

ser mais vantajoso o comércio livre: numa experiência que não se limita aos países, as indicações são no mesmo sentido em relação a grupos de países (os blocos de que façam parte).

Apesar desta experiência (e do que a ciência económica nos ensina), é bem sabido que em muitos casos as decisões políticas não são todavia tomadas em correspondência com os interesses da generalidade dos cidadãos, designadamente dos mais desprotegidos, dependendo antes da força dos grupos de pressão[11]. Assim acontece de um modo particular com as forças sectoriais defensoras do proteccionismo, com os sindicatos e as organizações patronais naturalmente aliados a este propósito face à generalidade dos consumidores, não organizados ou mesmo insensíveis à dimensão do seu prejuízo, bem como a uma opinião pública facilmente sensibilizada contra as importações de países (v. g. asiáticos) de mão-de-obra barata.

A 'tentação proteccionista' poderá ser especialmente grande num bloco como a União Europeia, sendo de mais de dois terços o comércio intra-Europa (cfr. Barthe, 2006, p. 48 e Porto, 2009, p. 589). Será já bem menor num continente como a América, designadamente na América Latina, onde o comércio intra-área, estando aliás em descida percentual, se queda por 15,6% do total e ainda muito menor na África, onde o comércio intra-continente, ainda que com um pequeno aumento percentual recente, fica por 10,4% do total (dados de 2003).

Com a maior ressonância, quando o Acto Único Europeu foi aprovado afirmou-se nos Estados Unidos que levaria à formação de uma "Europa Fortaleza" (*"fortress Europe"*); e os "perigos" de uma moeda única europeia, o euro, para os europeus e para o mundo (!), foram sublinhados de um modo especialmente violento pelo director do National Bureau of Economic Research, Martin Feldstein (1997 e 1998).

Não pode todavia seriamente esperar-se uma evolução no sentido de uma Europa fechada (apesar das pressões apontadas). De facto, por razões várias (pode ver-se de novo Porto, 2004(9), pp. 466-72 e

---

[11] É pois de uma ingenuidade enorme a afirmação, já feita, de que o problema será ultrapassado à medida em que os decisores políticos forem tendo uma melhor preparação em economia (cfr Pechman, 1975) ...

2009, pp. 594-601) é de esperar que simultaneamente com o aumento do comércio intra-bloco haja aumento do comércio extra-bloco.

Em particular, a formação de "mercados únicos", embora tendo obviamente o propósito de corresponder aos interesses dos países membros, leva à harmonização ou mesmo ao estabelecimento de normas comuns que tornam mais fácil igualmente o acesso de terceiros, beneficiados por isso exactamente na mesma medida com as vantagens proporcionadas. A título de exemplo, com a harmonização proporcionada pelo Acto Único Europeu um exportador ou um investidor americano, japonês, chinês, brasileiro ou angolano não tem de conhecer e adaptar-se a especificações diferentes de país para país no mercado da União Europeia. Tem acesso a qualquer deles com a satisfação das mesmas regras. E com o afastamento das barreiras físicas, deixando de se parar nas fronteiras, temos um benefício que beneficia exactamente na mesma medida o transportador de um empresário da União Europeia e um empresário da Ásia ou das Américas que tenha negócios na Europa, não se tendo mantido postos fronteiriços para mandar parar e controlar apenas os veículos de empresários de outros continentes...

Trata-se de vantagens de enorme relevo, de que paralelamente beneficiarão os empresários europeus se houver mercados únicos também em outras áreas do mundo. Também por isso a Europa tem o maior interesse em que tenham igualmente êxito outras experiências de integração, designadamente na América Latina.

Por seu turno, havendo uma moeda única é muito facilitada toda a vida económica e social na área geográfica em que circula, designadamente a vida dos seus cidadãos, v.g. consumidores e empresários. Mas na mesma medida fica facilitada a vida de cidadãos de outros espaços geográficos que aí tenham actividade, como empresários ou ainda por exemplo como turistas, não tendo de fazer contas e perder dinheiro com a troca de moedas quando circulam de um país para outro.

4. As inserções regionais de território e países lusófonos

É no quadro referido que têm de ser vistas as inserções regionais dos territórios e países lusófonos.

Num livro aqui publicado não seríamos nós a acrescentar o que quer que fosse sobre a estratégia de Macau: território da China, grande potência do século 21, na sequência da estratégia de abertura iniciada por Deng Xiao Ping[12]. Diremos apenas que importará a Macau aproveitar a dinâmica em curso, naturalmente no seu interesse e no interesse da *mainland*, com o aproveitamento das suas especificidades e da sua rede própria de ligações internacionais (designadamente aos países lusófonos!).

Timor Leste tem ligações com o ASEAN (*Association of South-East Asian Nations*), não podendo nem devendo além disso deixar de ter ligações muito estreitas com os seus dois poderosos vizinhos: a Indonésia e a Austrália. Mas também aqui será dos interesses de todos a exploração das suas especificidades e da sua rede de relações mais alargada.

Pela natureza das coisas, face à dimensão e à localização geográfica dos territórios em análise, o relevo do "mundo lusófono" poderá ser maior em relação aos territórios de outros continentes: em termos absolutos, dado que em termos relativos poderá ser também muito grande para Macau e para Timor-leste.

a) *Os países da África (os países lusófonos e os demais) têm a peculiaridade de, como vimos já, serem países para os quais é secundário o comércio (e outras relações económicas) com outros países do mesmo continente, mesmo com países vizinhos.*

É certo que estão integrados em blocos regionais[13], v.g. a Guiné Bissau e Cabo Verde na ECOWAS (*Economic Community of West African States*), S.Tomé e Príncipe na ECCAS (*Economic Community of Central African States*) e Angola e Moçambique na SADC (*Sou-*

---

[12] Sobre a estratégia da China ver Wei (2006, ou já 2001). Com a referência a outros contributos recentes sobre o processo de abertura e crescimento na China, em alguns casos comparando-se este país com a Índia, pode ver-se Porto (2009, pp. 553 ss).

[13] Com indicações actualizadas das inserções regionais (em África e nos outros continentes) ver Telò, ed. (2007) Medeiros (2008) ou Porto (2009, pp. 580-8); sendo mais especificamente sobre a África, v.g. nas suas ligações com a União Europeia, Soderbaum (2007).

thern African Development Community) e na CMESA (*Common Market for Eastern and Southern África*)[14].

Mas o relevo do comércio intra-bloco é muito pequeno, pouco ultrapassando (e só agora...) os 10 %. Não sendo também muito significativo o comércio com outros continentes, se exceptuarmos o relevo do petróleo e de algumas matérias-primas, v.g. para os Estados Unidos e cada vez mais para a China, constata-se que a Europa é de longe o parceiro principal da África, com um percentagem do seu comércio que tem estado muito acima dos 50 % do total (ver Porto, 2009, p.612)[15].

Além da sua importância própria, contribuirá para o relevo africano dos países lusófonos a sua posição geográfica, nos dois lados do continente e podendo ainda ter grande importância a posição atlântica dos países insulares, quando se perspectiva um relevo crescente para o Atlântico Sul.

Por razões de diferentes naturezas, designadamente o uso da mesma língua, Portugal é por sua vez de longe o país com maior ligação a esses países, em termos de investimento estrangeiro, do direito em vigor ou ainda por exemplo em termos de presença de cidadãos seus (já estarão agora em Angola cerca de 100.000 portugueses), sendo naturalmente elos importantíssimos de ligação, em actividades em que por seu turno são inevitáveis e desejáveis as articulações, v.g. empresariais, também com outros países, da Europa e dos demais continentes[16].

---

[14] Bem como na AEC (*African Economic Community*), com 51 membros e a ambição de abranger o conjunto dos espaços regionais que a integram.

[15] Ainda com especial relevo para a cooperação, com políticas especiais para esses territórios (ver recentemente Cunha, 2008). A Europa é aliás o único espaço do mundo em que há países que cumprem a indicação das Nações Unidas no sentido de se destinar aos países menos desenvolvidos 0,7 % do PNB (cfr. Porto, 2004(9), p.534).

[16] Não falamos nunca em "porta de entrada", nenhum desses países precisa de um porta de entrada especial na Europa. Mas é natural que, no interesse recíproco, ligações de todas as naturezas, desde os sistemas jurídicos às ligações pessoais, mesmo familiares, facilite as aproximações (v.g. empresariais).

São ainda inquestionavelmente países de língua portuguesa, nenhuma outra disputará esta posição: sendo a única língua comum à sua população, mais e menos culta[17].

b) *Tem já um significado maior a inserção regional do Brasil, no sub-continente sul-americano, com a sua participação no MERCOSUL[18].*

Sendo aqui muito maior do que em África o relevo institucional e económico da integração regional, há a sublinhar duas circunstâncias inequívocas: por um lado, o papel de primeiro plano do Brasil neste espaço; por outro lado, e independentemente disso, o papel mundial do Brasil, a justo título distinguido como um dos quatro BRIC's (com a Rússia, a Índia e a China).

E também no Brasil não haverá dúvida nenhuma acerca da língua de comunicação, sendo aliás bem significativo que tenha sido instalado em S.Paulo, na "velha" estação da Luz, o primeiro museu da lusofonia. Sendo o espanhol a língua dos demais países da América Latina, temos ainda a situação privilegiada (não se verificando a situação inversa...) de o lermos e entendermos sem dificuldade nenhuma, sem ser necessário aprendê-lo. Com a língua portuguesa entendemos pois de imediato mais do que quinhentos milhões de pessoas, uma percentagem muito significativa do total da humanidade.

---

[17] É inquestionável a importância do inglês por exemplo em Moçambique, usado aqui e em todo o mundo nos assuntos técnicos e nos negócios. Mas assim acontece com as elites mais qualificadas, quando o que marca a presença de uma língua é o seu uso pela população em geral, designadamente pela população menos favorecida e menos culta...

[18] Estando longe, como dissemos já, a concretização da Área de Livre Comércio das Américas (ALCA); organização que aliás , ainda que tenha êxito, não porá em causa outros movimentos de integração e aproximação, muito em particular do MERCOSUL (entre uma literatura extensa, embora com um compreensível abrandamento recente, podem ver-se Carvalho e Parente, 1999, Diao, Diaz-Bonilla e Robinson (2001), Amaral Junior, 2003, Bauman, 2003, Bouzas e Motta Veiga, 2003, Flôres, 2003a, 2003b e 2004, Lohbauer, 2003, Rivas-Campo e Benke, 2003, Rios e Rosar, 2003 e Silber, 2003 e Luz (2005, pp. 255-309); ou, dando especial relevo a ligações com a União Europeia, Maciente, 2000, Monteagudo e Watanuki, 2001 e 2002, Bouet et al., 2003, Caldas e Ernst, 2003, Castilho, 2003, Lacunza et al., 2003, Marconini e Flôres, org., 2003, Ventura, 2003, Calfat e Flores, 2004, Kegel e Amal, 2004, Pinto,2004 e CELARE, 2005a e 2005b ou Vasconcelos, 2007).

E ainda aqui, sem que nada se perca na genuinidade de cada país, há também outros meios de aproximação, do direito à literatura ou às telenovelas, sendo naturalmente muito maior o peso do Brasil nestes vários domínios.

c) *Por fim, é de enorme significado a inserção regional de Portugal na União Europeia.*

Não temos naturalmente aqui o peso que o Brasil tem no MERCOSUL, aliás nem a própria Alemanha o tem. A estrutura institucional da União Europeia é todavia de molde a dar voz activa de grande relevo aos países pequenos e médios, como é o caso de Portugal: com presença paritária nos importantes Tribunais da União e presenças, com os votos e os membros respectivos, no Conselho e no Parlamento Europeu, bem para além do que corresponderia à nossa dimensão populacional.

É de esperar que designadamente com as presidências rotativas dos Conselhos sectoriais, que se manterão mesmo com o previsto Presidente permanente da União, a par de todas as demais vias de participação em aberto, continue a beneficiar-se da iniciativa diversificada de cada país; podendo aliás um país de dimensão pequena ou média ter a presidência das instituições, como é o caso agora, de enorme importância, da presidência da Comissão Europeia por José Manuel Durão Barroso.

Temos além disso na União Europeia a presença obrigatória da língua portuguesa, com especial relevo para os textos jurídicos que nos regem, não havendo assim o risco de deixar de estar correctamente reflectida alguma perspectiva que poderia não ter acolhimento pleno e seguro numa outra língua.

Sendo a Europa o maior espaço económico do mundo, com 34% do PIB total, representando ainda mais em termos de comércio, bem como o pólo principal de atracção de investimento directo estrangeiro, com 41,7 % do total em 2006 (ver Porto, 2009, pp. 557-607), compreender-se-á a vantagem da presença da língua portuguesa na UE para os países lusófonos dos vários continentes, que vêem naturalmente aqui, cada vez mais, um espaço de cooperação e oportunidades.

5. O sucesso recente e previsível dos países lusófonos

Com a sua localização "estratégica" nos continentes respectivos, os países lusófonos, já antes da crise actual, vinham registando taxas de crescimento apreciáveis, em alguns casos das mais elevadas do mundo: embora seja sabido que é possível ter taxas maiores quando se parte de patamares mais baixos.

Numa estimativa do Fundo Monetário Internacional (expressada num mapa que reproduzimos em Porto, 2007, p. 30), em 2008 Angola teria um crescimento de 27, 2%, Cabo Verde de 7,5%, Moçambique de 7,0% e o Brasil de 4,0%[19], quando Portugal cresceria 2,8%.

Trata-se de linha de continuidade que se verificaria sem a crise mundial que atravessamos agora. Com ela a situação que temos de encarar é a de inevitavelmente ter havido quebra nos crescimentos dos países de todos os continentes, v.g. dos países lusófonos dos outros continentes; que todavia de um modo geral continuam a crescer, quando decrescem os produtos de praticamente todos os países da Europa (ainda, também com enorme relevo, dos Estados Unidos e do Japão).

Sendo de desejar que se trate de uma situação passageira, impõe--se pois que de imediato, mas lançando-se pontes para o futuro, se verifique uma maior diversificação nas exportações ou ainda por exemplo nos investimentos estrangeiros: havendo aqui um potencial magnífico com o "mundo lusófono", sendo Angola naturalmente um exemplo paradigmático do caminha a seguir, que está aliás a ser já seguido.

---

[19] Não é preciso recordar aqui as taxas de crescimento que Macau teve em alguns dos últimos anos…

6. Conclusões

Tudo aponta, por todas as razões, para que tenha o maior sentido o aproveitamento e a promoção do espaço lusófono, com perspectivas no século XXI que não seriam talvez adivinháveis nos séculos anteriores.

Aqui, a língua portuguesa é um factor de aproximação, língua oficial na União Europeia e privilegiada em toda a América Latina: sendo a língua da sua grande potência, o Brasil, e sendo imediato o entendimento do espanhol por quem fala português....

Para além da língua, a "lusofonia" engloba outros valores, do direito à cultura em geral, que são simultaneamente motivo de aproximação entre países de diferentes continentes.

Trata-se de ligações entre países que não são obviamente alternativas a diferentes integrações e aproximações: v.g. do Brasil, na América Latina e como grande actor mundial, num caminho em que vão estando também outros países, mesmo de dimensão menor (e nos outros continentes). A aproximação entre os países da lusofonia não substitui pois nenhuma integração ou outra aproximação, podendo ser aliás, além de um valor em si, uma via acrescida de ligação a outros espaços. A título de exemplo, é de esperar e desejar que a ligação a Portugal de países de outros continentes seja uma via mais para a sua aproximação à Europa.

Assim poderá e deverá acontecer, no interesse de todos; sendo de desejar e de esperar que o fortalecimento do mundo da lusofonia seja benéfico não apenas para nós, constituindo um contributo significativo para o mundo mais próspero por que todos ansiamos.

Bibliografia

AMARAL JUNIOR, Alberto
>2003 *A ALCA: Globalização e Regionalismo na Formação da Política Externa Brasileira*, em Amaral Júnior e Sanchez (org.), *O Brasil e a ALCA...*, cit., pp. 17-32

AMARAL JUNIOR, Alberto e SANCHEZ, Michelle Ratton (org.)
>2003 *O Brasil e a ALCA. Os Desafios da Integração*, Aduaneiras, São Paulo

132 *O Espaço Lusófono no Contexto da Globalização*

BALDWIN, Richard

1993 *A Domino Theory of Regionalism*, em Centre for Economic Policy Research (CEPR), *discussion paper* n. 857, Londres e National Bureau of Economic Research (NBER), *working paper* n. 465, Cambridge (Mass.)

1995 *A Domino Theory of Regionalism*, em Baldwin, Robert E., Haaparanta, Pertti e Kiander, Jaakko (ed.), *Expanding Membership of the European Union*, Cambridge University Press, Cambridge

BARTHE, Marie-Annick

2006 *Economie de l' Union Européenne*, 3ª ed., Economica, Paris

BAUMANN, Renato

2003 *Desafios na Criação da ALCA*, em Amaral Junior e Sanchez (org.), *O Brasil e a Alca*, cit., pp. 93-108.

BHAGWATI, Jagdish N.

1978 *Anatomy and Consequences of Exchange Control Regimes*, National Bureau of Economic Research, Ballinger Publishing Company, Nova Iorque

BOUET, Antoine, LABORDE, David, TARASCOU, Sophie e YAPAUDSIAN-THIBAUT, Anne

2003 *The Costs of the FTAA for the European Union with and without an Agreement with MERCOSUL*, em Valladão (ed.), *The Costs of Opting Out...*, cit., pp. 95-127

BOUZAS, Robert e MOTTA VEIGA, Pedro da

2003 *Introduction*, em Valladão (org.), *The Costs of Opting Out...*, cit., pp. 13-21

CALDAS, Ricardo e ERNST, Christoph

2003 *ALCA, APEC, NAFTA e União Européia. Cenários para o MERCOSUL no Século XXI*, Lumen Juris, Rio de Janeiro

CALFAT, German e FLÔRES Jr., Renato

2004 *The EU-MERCOSUL Free Trade Agreement: Quantifying Mutual Gains* (mimeo)

CARVALHO, A. e PARENTE, A.

1999 *Impactos Comerciais da Área de Livre Comércio das Américas*, IPEA, *discussion paper* n. 635

CASTILHO, Marta

2003 *Acordo Mercosul-União Europeia: Perspectivas das Exportações de Manufacturados para o Mercado Europeu*, em Marconini e Flôres (org.), *Acordo Mercosul-União Europeia....*, cit., pp. 213-67

CELARE (Centro Latinoamericano para la Relaciones con Europa)

2005a *Acuerdos Union Europea/America Latina. El Miño de la Associacion Estrategica Birregional*, Santiago do Chile

2005b *III Cumbre ALC/UE – México 2004. Proyecciones de los Consensos de Gualdalajara*, Santiago do Chile

CUNHA, Luis Pedro

2008 *De Lomé para Cotonou. As Razões da Mudança*, em *Boletim da Ciências Económicas* da Faculdade de Direito da Universidade de Coimbra, vol.LI, pp. 25-62

Diao, S., Diaz-Bonilha, E. e Robinson, S.
  2001 *Scenarios for Trade Integration in the Americas*, International Food Policy Resarch Institute
Feldstein, Martin
  1997 *EMU and International Conflict*, em *Foreign Affairs*, Novembro-Dezembro, pp. 60-73
  1998 *Asking for Trouble*, em *Time* (19.1.98), p. 21
Flôres Jr., Renato
  2003a *A Grande ALCA, a ALCA Pequena e o que Desejamos* (mimeo)
  2003b *The Case of Brazil-Costs and Opportunities of Different Scenarios*, em Valladão (ed.), *The Costs of Opting Out...* cit., pp. 23-44
  2004 *O Novo Mapa do Mundo*, em *Temas de Integração*, n. 18, Almedina, Coimbra, pp. 5-17
Guimarães, Maria Helena
  2005 *OS EUA e os Acordo Bilaterais de Comércio: Pertinência de uma Análise da Economia Política Internacional*, em *Temas de Integração*, n. 19. pp. 31-46
Kegel, Patrícia e Amal, Mohamed
  2004 *MERCOSUL e União Europeia: Uma Perspectiva Estratégica*, em *Temas de Integração*, n. 18, pp. 19-56
Krueger, Anne O.
  1978 *Liberalization Attempts and Consequences*, National Bureau of Economic Research, Ballinger Publishing Company, Nova Iorque
Lacunza, Hermán, Carrera, Jorge e Cicowiez, Martin
  2003 *Effects on Mercorsur of the FTAA and the Mercosur – European Union Agreement: a Computable General Equilibrium Analysis*, em Valladão (ed.), *The Costs of Opting Out*, cit., pp. 45-93
Lawrence, Robert Z.
  1991 *Emerging Regional Arrangement: Building Blocs or Stumbling Blocs?*, em O'Brian, Richard (ed.), *Finance and the World Economy*, vol. 5, Oxford University Press, Londres, pp. 22-35
Little, Ian M., Scitovsky, Tibor e Scott, Maurice F.
  1970 *Industry and Trade in Some Developing Countries*, Oxford University Press, para a OCDE, Londres
Lohbauer, Cristian
  2003 *Alca: Uma Perspectiva dos Desafios do Brasil*, em Amaral Junior e Sanchez, *O Brasil e a Alca...*, cit. pp. 241-258
Luz, Rodrigo
  2005 *Relações Económicas Internacionais. Teoria e Questões*, Elsevier/Campus, Rio de Janeiro
Macedo, Jorge Braga de, Corado, Cristina e Porto, Manuel
  1988 *The Timing and Sequencing of Trade Liberalization Policies: Portugal 1948--1986*, working paper n. 114, Faculdade de Economia da Universidade de Lis-

boa (síntese dos relatórios sobre Portugal preparados para o projecto referido em Papageorgiou, Choksi e Michaely, 1990)

MACIENTE, A.N.

2000 *A Formação da Alca e de um Acordo de Livre Comércio entre o MERCOSUL e a União Europeia: Uma Análise Comparada*, dissertação de mestrado, FEA/USP, S. Paulo

MARCONINI, Mário e FLÔRES, Renato (org.)

2003 *Acordo Mercosul.-União Europeia, Além da Agricultura*, CEBRI e Konrad Adenauer Stifung,, Rio de Janeiro

MEDEIROS, Eduardo Raposo de

2008 *Evolução e Tendências da Integração Económica Regional*, Petrony, Lisboa

MELO, Jaime de e PANAGARIYA, Arvind

1993 *The New Regionalism in Trade Policy*, World Bank, Washington, and Centre for Economic Policy Research, Londres

MONTEAGUDO, J. and WATANUKI, M.

2001 *Regional Trade Agreements for Mercosur: The FTAA and the FTA with the European Union*, Banco Interamericano de Desenvolvimento, Washington

2002 *Evaluating Agricultural Reform Under the FTAA and MERCOSUL – EU for Latin America. A Quantitative CGE Assessment*, Banco de Interamericano de Desenvolvimento, Washington

OLIVEIRA, Celso Maran de

2002 *MERCOSUL. Livre Circulação de Mercadorias. Medidas oroteccionistas a serem levantadas no Mercosul rumo ao mercado comum: processo comparativo com a União Europeia*, Juruá, Curitiba

PAPAGEORGIOU, Demetrios, CHOKSI, Armeane M. e MICHAELY, Michael

1990 *Liberalizing Foreign Trade in Developing Countries. The Lessons of Experience*, Banco Mundial, Washington (síntese dos volumes publicados pela Basil Blackwell, Oxford, 1990-1991, resultantes do Projecto *The Timing and Sequencing of a Trade Liberalizaton Policy*)

PECHMAN, Joseph A

1975 *Making Economic Policy: The Role of the economist*, em Greenstein, Fred e Polaby, Nelson W. (ed.), *Handbook of Political Science*, Wesley Publishing Company, Addison

PINTO, Messias de Sá

2004 *A Área de Livre Comércio das Américas e os Interesses da União Europeia na América Latina*, dissertação de doutoramento na Escola de Economia e Gestão da Universidade do Minho, Braga

POMFRET; Richard

1986 *Theory of Preferential Trading Arrangements*, em *Weltwirtschaftliches Archiv*, vol 122 (editado também em Jacquemin, Alexis e Sapir, André (ed.) *The European Internal Market. Trade and Competition*, Oxford University Press, Oxfordm 1989, citado neste artigo)

Manuel Porto

PORTO, Manuel

1979 *O Argumento das Indústrias Nascentes*, separata do número especial do Boletim da Faculdade de Direito da Universidade de Coimbra, *Estudos em Homenagem, Doutor Joaquim José Teixeira Ribeiro*

1988 *Do Acto Único à 'Nova Fronteira' para a Europa*, separata do número especial do *Boletim da Faculdade de Direito* da Universidade de Coimbra, *Estudos em Homenagem ao Prof. Doutor Afonso Rodrigues Queiró*, Coimbra

2004(9) *Economia. Um Texto Introdutório*, 2ª ed., Almedina, Coimbra (no prelo a 3ª ed., de 2009)

2007 *The New Map of the World*, em *Temas de Integração*, nº 24, 2º semestre de 2007, pp. 9-36

2009 *Teoria da Integração e Políticas Comunitárias: Face aos Desafios da Globalização*, 4ª ed., Almedina, Coimbra (edição em chinês, de 2004, da Universidade de Macau, e em inglês, também de 2004, do Instituto de Estudos Europeus de Macau)

PORTO, Manuel e FLÔRES, Renato

2006 *Teoria e Políticas de Integração na União Europeia e no Mercosul*, Fundação Getúlio Vargas (e Almedina), Rio de Janeiro

RIOS, Sandra Polônia e ROSAR, Soraya Saavedra

2003 *As Negociações de Acesso a Mercados na Alca e a Agenda Brasileira*, em Amaral Junior and Sanchez (org.), *O Brasil e a Alca...*, cit., pp. 259-87

RIVAS-CAMPO, José António e BENKE, Rafael Tiago Juk

2003 *FTAA Negotiations: Short Overview*, em *Journal of International Economic Law* 6(3), pp. 661-694

SACHS, Jeffrey e WARNER, Andrew

1995 *Economic Reform and the Process of Global Integration*, em *Brookings Papers on Economic Activity*, n. 1

SEITENFUS, Ricardo

2003 *A Construção da Alca: Doutrina Monroe, Destino Manifesto, ou Integração Soberana*, em Amaral Junior e Sanchez (org.), *O Brasil e a Alca...*, cit., pp. 33-41

SILBER, Simão Davi

2003 *Aspectos Econômicos da Formação da Área de Livre Comércio das Américas*, em Amaral Junior e Sanchez (org.), *O Brasil e a Alca...*, cit., pp. 67-92

SODERBAUM, Fredrik

2007 *African Regionalism and EU-African Interrregionalism*, em Telò (ed.), *European Union and New Regionalism...*, cit., pp. 185-202

TELÒ, Mario (ed.)

2007 *European Union and New Regionalism. Regional Actorsand Global Governance in a Post-Hegemonic Era*, 2ª ed., Ashgate, Aldershot

136 *O Espaço Lusófono no Contexto da Globalização*

VALLADÃO, Alfredo G.A. (ed.)

    2003 *The Costs of Opting Out. The EU-Mercosur Agreement and the Free Trade Area of the Americas*, Chaire Mercosur de Sciences Po, Paris

VAN DEN BERG, Hendrik e LEWER, Joshua J.

    2007 *International Trade and Economic Growth*, M.E.Sharpe, Nova Iorque

VASCONCELOS, Álvaro

    2007 *European Union and MERCOSUR*, em Telò (ed.), *European Union and New Regionalism...*, cit., pp. 165-83

VENTURA, Deisy

    2003 *Les Asymétries entre le Mercosur et l' Union Européenne. Les Enjeux d'une Association Interregionale*, L' Harmatan, Paris

WEI, Dan

    2001 *A China e a Organização Mundial do Comércio*, Almedina, Coimbra

    2006 *Globalização e Interesses Nacionais. A Perspectiva da China*, Almedina, Coimbra

A China no Espaço Lusófono
– Uma Perspectiva Brasileira

PAULO SPELLER

Introdução

O primeiro contato da China com a língua portuguesa aconteceu em Julho de 1513, treze anos depois dos marinheiros portugueses terem ensinado as primeiras palavras portuguesas aos índios tupinambás e tupiniquins no Brasil, e quase um século após a língua portuguesa, acompanhada pela espada de D. Duarte, ter chegado pela primeira vez a África.

O primeiro português a navegar por mar até à China foi Jorge Álvares. Em 1513, zarpando do entreposto estratégico de Malaca (localizada atualmente na Malásia) e viajando num junco carregado de pimenta, Jorge Álvares aportou e ergueu um padrão na ilha de Lintin, chamada pelos portugueses de Tamão ou Tumen. A ilha situava-se no estuário do rio de Cantão, que era o grande centro mercantil do sul da China. Ainda que a viagem tenha tido pouca expressão e tenha sido inspirada largamente por interesses comerciais privados, acabou por assinalar o primeiro contacto entre as maiores potências européia e asiática do século XVI. Aos olhos dos chineses, os primeiros portugueses ficaram conhecidos pelas suas atitudes exóticas e "pela sua astúcia e ferocidade[1]". Para os portugueses, nas palavras de Frei Gaspar da Cruz (1520- 1570), a China marcou por ser um país auto-suficiente: "nada vem de fora da China, nem vay pera fora della (...) com sigo soo se pode soster"[2].

---

[1] Excerto do memorando dirigido à Corte pelo inspetor imperial He Ao, nos finais do reinado de Zhengde (1506-1522).

[2] CRUZ, Frei Gaspar da (1569-1570), "Tractado em que se cotam muito por esteso as cousas da China cõ suas particularidades, assi do reino d'Ormuz, cõposto por el R. padre frei Gaspar da Cruz da ordê de sam Domingos". Lisboa: Edições Cotovia (re-edição de 1997).

E hoje? Ainda que as sociedades lusófonas espalhadas por África, Europa e América Latina continuem a contemplar a China com um exotismo não muito díspar daquele descrito por Frei Gaspar da Cruz, as relações políticas e comerciais entre a China e os países lusófonos são hoje musculadas. Para entender melhor esta dinâmica, este capítulo desdobra-se em três partes: primeiro descreverei as relações entre a China e os oito países de língua oficial portuguesa[3], colocando o enfoque nas relações bilaterais sino-brasileiras e da China com a África lusófona. Em segundo lugar, aludirei ao papel do Brasil no continente africano. Finalmente, descreverei a última medida do Brasil para assistir ao desenvolvimento da África lusófona: a criação da Universidade da Integração Internacional da Lusofonia-Afro-Brasileira (UNILAB).

As Relações Entre a China e o Espaço Lusófono

A lusofonia é um conjunto de identidades culturais existentes em países onde se fala a língua portuguesa. No total, o português, com mais de 240 milhões de falantes, é, como língua nativa, a quinta língua mais falada no mundo. Ainda que seja língua oficial em nove países[4] (Angola, Brasil, Cabo Verde, Guiné Bissau, Guiné Equatorial, Moçambique, Portugal, São Tomé e Príncipe e Timor Leste), o espaço lusófono é mais alargado do que os países que falam oficialmente "a última flor do Lácio", nas palavras de Olavo Bilac. Para além de ser uma língua oficial na União Européia (UE), na Organização de Estados Americanos (OAS), no Mercosul e na União Africana (UA), o português é entendido, ou falado minoritariamente, nos antigos territórios da Índia portuguesa (Goa, Damão, Diu e Dadrá e Nagar-Aveli),

---

[3] Ainda que, formalmente, sejam *nove* os países de língua oficial portuguesa, a Guiné Equatorial não é geralmente integrada na comunidade lusófona. Historicamente o país não tem ligações fortes à língua portuguesa e a inclusão, em 2007, deste idioma como língua oficial do país, juntando-se aos dominantes espanhol e francês, tem mais que ver com razões político-administrativas do que culturais ou identitárias.

[4] No caso do Brasil, o estatuto oficial da língua portuguesa está codificada no artigo 13 da Constituição Federal Brasileira, no capítulo sobre a nacionalidade.

em Macau, Galiza, Andorra, Luxemburgo, Uruguai[5], Namíbia, Suíça, África do Sul, Paris e New Jersey. Segundo a UNESCO, é expectável que a comunidade lusófona atinja 335 milhões de pessoas em 2050. A marcada heterogeneidade e disparidade do espaço lusófono e a dificuldade em demarcar as suas fronteiras de forma cirúrgica, levaram o ensaísta português Eduardo Lourenço a postular que "o *espaço* da lusofonia e o da *comunidade* de referência lusófona não coincidem"[6].

Qual é a relação entre a China e este espaço lusófono? Ainda que Beijing tenha criado, em 2003, o *Fórum para a Cooperação Econômica e Comercial entre a China e os Países de Língua Portuguesa* (ver em baixo), a China prefere investir em relações bilaterais. Em termos gerais, a política externa chinesa está, quase exclusivamente, ancorada na promoção dos seus interesses nacionais, o que faz com que a língua dos países com quem se relaciona não seja um critério mobilizador. Todavia, e por razões analíticas, é importante focarmonos no espaço lusófono, onde os principais parceiros políticos e comerciais da China são o Brasil e a África lusófona (com realce para Angola).

Brasil

O início das relações comerciais entre o Brasil e a China data do século XVIII quando foi estabelecida uma linha de navegação entre Lisboa e Macau, onde os portugueses haviam sido autorizados a instalar uma feitoria. Esses navios faziam escala no Brasil, resultando daí um processo de assimilação e de aculturação entre a China e o Brasil. Para além disso, por volta de 1814 o Conde de Linhares trouxe aproximadamente trezentos chineses para o cultivo de chá no Jardim Botânico no Rio de Janeiro. Porém, oficialmente, as relações bilaterais só se estabeleceram com a assinatura do Tratado de Amizade, Comér-

---

[5] O sistema educativo uruguaio concedeu ao português um estatuto de igualdade perante o espanhol nas províncias fronteiriças ao Brasil.

[6] LOURENÇO, Eduardo (1999), *A Nau de Ícaro e Imagem e Miragem da Lusofonia*, Lisboa: Gradiva, pp.178.

cio e Navegação, em 1881, e com a abertura do consulado do Brasil em Xangai, em 1883.

O eminente sociólogo brasileiro Gilberto Freyre, depois de estudar a influência da China na formação cultural do Brasil, postulou a idéia de que o Brasil seria uma "China tropical", dada a influência chinesa nos costumes brasileiros: na culinária, na arquitetura, nos modos de vestir e de organizar a vida cotidiana[7]. Mais recentemente, José Roberto Teixeira reitera que nos cerca de 300 anos que vão do início da colonização até a independência, além de ter absorvido algo de lusitano, semita, africano e indiano, o Brasil rendeu-se também à seda chinesa e multicolorida, às brigas de galo e aos papagaios de papel[8].

Em tempos modernos, o restabelecimento das relações diplomáticas aconteceu em 1974, com a assinatura do *Comunicado Conjunto sobre o Estabelecimento das Relações Diplomáticas entre o Brasil e a China*, no Palácio do Itamaraty. Após a transformação ocorrida na China depois da era Mao Tsé-Tung, com a ascensão em 1978 de Deng Xiaoping, dois presidentes brasileiros visitaram o país: João Figueiredo em 1984 e José Sarney em 1988. O final da década de 80 foi, por conseguinte, um momento de renovação das relações entre os dois países, de relançamento das trocas comerciais e de adoção de princípios comuns em relações internacionais. Saído de um regime autocrático, o Brasil preconizava também os "Cinco Princípios de Coexistência Pacífica", elementos norteadores da política externa chinesa desde a década de 50[9]. Neste período, a China deixava gradualmente de se considerar uma potência comunista, para se inserir na dinâmica do Terceiro Mundo. Diminuiu o seu apoio aos movimentos revolucionários na América Latina, adotando uma política específica para cada governo baseada no princípio da não-interferência nos

---

[7] FREYRE, Gilberto (2003), *China Tropical*. Brasília, Universidade de Brasília. Vide também Gilberto FREYRE (2000, primeira edição 1971), *Novo Mundo nos Trópicos*. Rio de Janeiro: Topbooks.

[8] TEIXEIRA, José Roberto (1999), *A China no Brasil*. Campinas: Unicamp.

[9] Os princípios incluem: respeito mútuo à soberania e integridade nacional, não--agressão, não intervenção nos assuntos internos de um país por parte de outro, igualdade e benefícios recíprocos e coexistência pacífica entre Estados com sistemas sociais e ideológicos diferentes. Estes princípios foram definidos durante as conversações de paz entre a China e a Índia.

assuntos internos. Ainda assim, apesar deste entendimento a nível político, as trocas comerciais mantiveram-se a níveis pouco significativos.

Na década de 90, com a abertura econômica da China e do Brasil e com a respectiva metamorfose de países periféricos em países potências, as relações entre os dois países intensificaram-se. Desta forma, em 1993, com a visita ao Brasil do Primeiro Ministro Zhu Rongji, foi cunhado o ambicioso conceito de *parceria estratégica* sino-brasileira: sendo os dois maiores países em desenvolvimento teriam o potencial para alicerçarem o fundamento de uma nova ordem internacional baseada na cooperação multilateral Sul-Sul e na oposição ao protecionismo comercial dos países desenvolvidos. Nas palavras do Primeiro Ministro,

> "A América Latina representa uma das regiões mais dinâmicas do planeta no que se refere ao desenvolvimento econômico. No plano político, a região, em particular o Brasil, ocupa importante localização estratégica no mundo. O Brasil é o maior país em desenvolvimento no cenário latino-americano e a China é o maior país em desenvolvimento no mundo. Entre os dois países existem muitos pontos de identidade[10]".

No Governo de Itamar Franco a Ásia foi definida como uma das prioridades da diplomacia brasileira; estratégia que se manteve no Governo de Fernando Henrique Cardoso (que visitou a China, Malásia e Japão no seu primeiro mandato).

Presentemente, a relação entre o Brasil e a China é predominantemente comercial. O Brasil passou a visualizar a China como um mercado com alta capacidade de consumo, enquanto a China encara o Brasil como uma importante fonte supridora de produtos alimentícios e insumos básicos. Por conseguinte, fertilizada pelo contexto de proximidade política, o comércio bilateral cresceu a um ritmo impressionante nos últimos anos. A corrente de comércio entre os dois países passou de US$ 6,6 bilhões, em 2003, para US$ 36,5 bilhões, em

---

[10] "Dirigente Chinês Quer Aproximação com o Brasil" (*Folha de São Paulo*, 17 Junho 1995).

2008, quando a expectativa dos dois governos era atingir o valor de US$ 30 bilhões somente em 2010. A China já é a segunda maior parceira individual do Brasil na área de comércio, depois dos EUA. A envergadura destes números não consegue camuflar, contudo, a presença de um problema que dificulta sobremaneira o estreitamento das relações bilaterais: o desconhecimento brasileiro sobre a realidade chinesa, nomeadamente a sua organização sócio-política e as suas potencialidades[11].

Apesar destes obstáculos a agenda bilateral começa a ter contornos claros, passando pela discussão dos interesses comerciais de ambos os países e pelo alinhamento de estratégias visando uma redefinição da ordem internacional. Consequentemente, e ainda que ambos os países tenham sólidos interesses estratégicos em África, raramente o continente faz parte da agenda bilateral entre os dois países.

África Lusófona

A relação da China com os países africanos de língua portuguesa, é semelhante à que a China mantém com a maioria dos outros países africanos. O interesse da China pela África é consequência do enorme crescimento econômico chinês e do aumento da demanda por matérias-primas. No período da guerra fria, sob o governo de Mao Tse Tung, a China estabeleceu relações com alguns países africanos, onde se incluía a cooperação militar com a Etiópia, Uganda, Tanzânia e Zâmbia, e a construção de alguns projetos civis, tal como o ambicioso caminho de ferro entre a Tanzânia e a Zâmbia. Todavia, as relações comerciais mantiveram-se estreitas com as trocas a atingirem apenas US$ 800 milhões em 1977.

A retomada das relações ocorreu nos meados dos anos 90, quando o crescimento econômico chinês decolou. O crescimento das relações pode ser verificado observando-se as estatísticas comerciais: em 2008, o valor do comércio bilateral entre China e África ultrapassou pela

---

[11] Vide OLIVEIRA, Henrique Altemani de (2006), O Brasil e a Ásia" in Henrique Altemani e Antônio Carlos Lessa (Org.), *Relações Internacionais do Brasil: Temas e Agendas*. São Paulo: Editora Saraiva.

primeira vez a casa dos US$ 100 bilhões, chegando a US$ 106,84 bilhões, 45% a mais do que no ano anterior. Em termos institucionais, o palco central da relação entre a China e o continente está centrado no *Forum on China-Africa Cooperation*, no âmbito do qual decorrem encontros regulares a nível ministerial e de chefes de Estado.

No momento em que a China se tornou no maior consumidor de petróleo mundial, o principal interesse chinês na África está, deste modo, nas fontes de energia. África é um dos principais fornecedores da China de matérias-primas como petróleo, alumínio, ferro, cobre, manganês, chumbo e zinco, provenientes de Angola, Líbia, Congo, Gabão, Guiné Equatorial, Nigéria, Sudão, Zâmbia Zimbábue, Argélia e África do Sul[12]. A assinatura destes contratos comerciais prevêem a negociação de um pacote global e a incorporação de grandes quantidades de força de trabalho chinesa nos projetos de infra-estruturas para reduzir os riscos[13]. Estima-se em 80 mil o número de técnicos e trabalhadores chineses empenhados em grandes obras de infra-estrutura por todo o continente africano.

Ainda que, como apontei, a China priorize as relações bilaterais em detrimento das multilaterais[14], foi criado, em 2003, o *Fórum para a Cooperação Econômica e Comercial entre a China e os Países de Língua Portuguesa*, uma iniciativa do governo de Beijing que visa reforçar a cooperação e o intercâmbio econômico entre os países envolvidos. Dado o interesse econômico da China nos países africanos lusófonos e capitalizando no papel de Macau como plataforma de ligação a esses países, o Fórum é uma forma de a China solidificar a sua presença num mercado de consumo com mais de 200 milhões de pessoas. Segundo Zhao Chuang, secretário-geral do Fórum, em 2008, as trocas comerciais entre a China e os países de língua portuguesa

---

[12] A África contém 66% das reservas mundiais de diamante, 58% de ouro, 45% de cobalto, 17% de manganês, 15% de bauxita, 15% de zinco e 10 a 15% de petróleo.

[13] *Vide* ALDEN, Chris (2007), *China in Africa: Partner, Competitor or Hegemony.* London, Zed Books; ROTBERG, Robert I. (Editor) (2008), *China into Africa: Trade, Aid, and Influence.* Washington DC, Brookings Institution Press; TAYLOR, Ian (2006), *China and Africa: Engagement and Compromise.* London and New York: Routledge.

[14] Para mais informação sobre como a China se movimenta entre a política bilateral e multilateral (priorizando a primeira), *vide* ALDEN, Chris (2007), *op. cit,* pp. 27.

ultrapassaram os US$ 50 bilhões, uma meta que, segundo previsões, só seria atingida no final de 2009[15].

No que concerne as relações bilaterais, com Angola a China estabeleceu relações diplomáticas em 1983 e, desde essa data, a co-operação bilateral aumentou velozmente, particularmente após o fim da guerra civil entre a UNITA e o MPLA. Atualmente, é o maior parceiro comercial da China no continente africano. No ano de 2008, o volume de negócios entre os dois países atingiu os US$ 25.3 bilhões. Angola importa da China alimentos, máquinas, equipamentos, aparelhos eletrônicos, vestuário e calçado no valor aproximado, em 2006, de 1,5 bilhões de dólares; e exporta principalmente petróleo e diamantes. Em termos de construção de infra-estruturas, a China é o principal parceiro angolano na edificação de vias-férreas, na reabilitação da rede elétrica de Luanda, na ampliação de portos, e na construção do novo Aeroporto Internacional de Luanda, que está a ser ultimado nos arredores da capital.

Com Moçambique, Beijing mantém relações diplomáticas desde a independência do país, em 25 de Junho de 1975. Ainda que não tenham valores muito expressivos, as trocas comerciais entre os dois países têm crescido a um ritmo galopante, atingindo US$ 285 milhões em 2007. A presença chinesa no país assenta principalmente na construção civil, tendo construído algumas das mais importantes infra--estruturas da capital, nomeadamente os edifícios da Assembléia da República, Ministério dos Negócios Estrangeiros e Cooperação e Centro de Conferências Joaquim Chissano, tendo já anunciado a construção do futuro Estádio Nacional, em Maputo (no valor de US$ 50 milhões).

Em todos os outros países africanos de língua portuguesa (Cabo Verde e Guiné Bissau) a presença vigorosa da China é um padrão recorrente. A única exceção é São Tomé e Príncipe, visto que este é o único país que mantém relações diplomáticas com Taiwan, em detrimento de Pequim. A relação diplomática com Taiwan, estabelecida pelo antigo Presidente da República Miguel Trovoada, em Maio

---

[15] "China Diz Estar Aberta Para São Tomé, que Reconhece Taiwan" (*Portal UOL*, 12 Março 2008).

de 1997, tem contribuído para o desenvolvimento do país-arquipéla-go com mais de US$ 10 milhões anuais. Para além de São Tomé, somente o Burkina Faso, Suazilândia, Gâmbia e Malawi reconhecem Taiwan em detrimento da China.

Sendo esta a tipologia das relações da China com os países lusó-fonos, nomeadamente os africanos, é importante analisar o papel do Brasil no mesmo continente. Será o *leimotiv* e a estratégia brasileira de penetração em África dissimilar?

O Brasil em África

A relação do Brasil com África transcende o contexto da política internacional, na medida em que África – literalmente – faz parte do código genético brasileiro. Segundo um dos maiores estudiosos bra-sileiros sobre o tema da escravidão, entre 1550 e 1850, cerca de 4 milhões e duzentos mil escravos africanos (da Costa da Guiné, Angola, Costa da Mina e Golfo de Benin) foram levados para o Brasil[16]. Dos africanos trazidos para as Américas, o Brasil recebeu 43% entre 1650 e 1808, e os EUA, 5,5%. O desenvolvimento da indústria açucareira, que seria a "mercadoria de lei", como a chamou o Padre António Vieira, exigia que lhe mandassem mais braços de África, pois os índios sucumbiam ou ficavam sob a proteção dos jesuítas[17].

No período de maior imigração de europeus para o Brasil, Lima Barreto (1881-1922), um dos mais célebres escritores brasileiros e descendente de escravos negros, registrou que "os negros e os mula-tos, por serem os únicos brasileiros que não podem se prevalecer da influência de suas pátrias de origem, são os únicos a unirem totalmente o destino de suas comunidades ao destino do Brasil"[18]. Na mesma

---

[16] FILHO, Luiz Vianna (2008, primeira edição 1946), *O Negro na Bahia*. Salvador: EDUFBA, pp. 153. Vide também SOUZA, Marina de Mello e (2006), *África e Brasil Africano*. São Paulo: Editora Ática.

[17] Para uma abordagem histórica do tráfico esclavagista no Brasil vide Nina RODRI-GUES (2008, primeira edição 1906), *Os Africanos no Brasil*. São Paulo: Madras Editora.

[18] BARRETO, Lima (1953), *Diário Íntimo*. São Paulo e Rio de Janeiro: Editora Mérito S.A.

altura, Silvio Romero foi o primeiro a afirmar que o Brasil era "uma sociedade de raças cruzadas" (1895), "mestiços, se não no sangue ao menos na alma" (1895). Anos mais tarde, Gilberto Freyre oficializou esta idéia, caracterizando a mestiçagem como "o grande caráter nacional"[19].

Ainda hoje no Benin, a Fortaleza de São João Baptista de Ajudá (Ouidah), construída por Portugal no início do século XVIII para proteger o embarque de escravos, serve de evocação imemorial ao Brasil africano. Após a abolição da escravatura no Brasil em 1888, muitos escravos regressaram ao Benin, introduzindo elementos culturais brasileiros na gastronomia nacional (cocada, feijoada, farinha de mandioca), na etnografia, e na arquitetura da capital Porto-Novo, que ainda são visíveis em tempos presentes[20]. Em Lagos, na Nigéria (cidade fundada no século XV como feitoria portuguesa), ainda hoje existe um "Brazilian Quarter" formado por ex-escravos brasileiros, cujas construções são muito semelhantes com os sobrados coloniais brasileiros. Em Accra, capital do Gana, a "Brazil House", residência construída no início do século XIX por escravos brasileiros-ganenses, foi reconstruída recentemente com uma verba concedida pelo Governo de Lula da Silva, o que serviu para cimentar a memória do Brasil africano.

Também na língua portuguesa, a influência africana, nomeadamente dos grupos lingüísticos iorubá e ewe-fon, é marcante. Palavras que constituem uma parte significativa do tecido cultural brasileiro como: cachaça, samba, candomblé, forró, tanga, são de origem africana.

Não alheio à sua matriz cultural, no século XX o Governo brasileiro passou a considerar África como uma das prioridades de política externa. Na década de 70, no Governo Médici (1969-1974), o Ministro das Relações Exteriores Mário Gibson Barbosa estabeleceu a primeira rede de Embaixadas brasileiras em África e, em 1972, empre-

---

[19] FREYRE, Gilberto (1998, primeira edição 1933), *Casa Grande e Senzala*. Rio de Janeiro: Editora Record. Para uma análise antropológica cuidada de teóricas rácicas no Brasil vide Maria Nazareth Soares FONSECA (Org.) (2000), *Brasil Afro-Brasileiro*, Belo Horizonte: Autêntica Editora.

[20] MATTOS, Regiane Augusto de (2007), *História e Cultura Afro-Brasileira*. São Paulo, UNESCO e Editora Contexto.

endeu o primeiro périplo africano como autoridade brasileira, causando um forte impacto político. Contudo, nas décadas de 70, 80 e 90 houve desaceleração no ritmo do relacionamento com África, devido aos efeitos da segunda crise do petróleo, da moratória brasileira e da crise asiática. Como reconheceu o então Diretor do Departamento de África e Oriente Próximo do Ministério das Relações Exteriores, durante o governo de Fernando Henrique Cardoso,

> (...) as relações com os Estados Unidos e a Europa atingem níveis qualitativos excepcionais e, enquanto se avança em direção ao aprimoramento das relações com a Ásia, o sucesso do Mercosul faz as atenções do empresariado convergirem para os vizinhos continentais. Nesse contexto, a posição relativa da África perde atrativos[21]"

Apesar deste distanciamento o Brasil foi instrumental no estabelecimento, em 1996, da Comunidade dos Países de Língua Portuguesa (CPLP) impulsionada pelo embaixador do Brasil em Lisboa, José Aparecido de Oliveira. No mesmo período, no domínio militar, o Brasil participou nos contingentes militares da ONU em Angola (UNAVEM I, II e III e MONUA) e Moçambique (ONUMOZ) e enviou observadores militares e unidades médicas para missões no Ruanda, Uganda, Libéria, e África do Sul.

A partir do Governo de Lula da Silva (2003-), as relações do Brasil com a África tomaram um impulso mais robusto, amparadas na prioridade conferida à cooperação Sul-Sul. Ultrapassou-se a chamada diplomacia seletiva, que privilegiava os países da CPLP, passando a um esforço de englobar o conjunto dos países do continente africano[22]. Como referiu o Ministro das Relações Exteriores Celso Amorim, "o estreitamento das relações com a África constituí para o Brasil uma obrigação política, moral, e histórica. Com 76 milhões de afro-

---

[21] PIMENTEL, José Vicente de Sá (2000), "Relações entre o Brasil e a África subsaárica" in *Revista Brasileira de Política Internacional*, Vol. 43 (1), pp. 8.

[22] Para uma análise elaborada vide MOURAO, Fernando Augusto Albuquerque; CARDOSO, Fernando Jorge; e OLIVEIRA, Henrique Altemani de (2006), "As Relações Brasil-África de 1990 a 2005" in Henrique Altemani e Antônio Carlos Lessa (Org.), *Relações Internacionais do Brasil: Temas e Agendas*. São Paulo: Editora Saraiva.

-descendentes, somos a segunda maior nação negra do mundo, atrás da Nigéria, e o governo está empenhado em refletir essa circunstância em sua atuação externa[23]".

Considerada em conjunto, a África representa 7% do comércio exterior brasileiro, e é o quarto maior parceiro comercial do Brasil, depois dos EUA, Argentina e China, e antes da Alemanha. O intercâmbio comercial do Brasil com a África evoluiu de US$ 5 bilhões em 2002 para US$19,9 bilhões em 2007. Desde sua posse, o Presidente Lula da Silva realizou oito viagens à África, com vinte países visitados. Hoje, são 34 as Embaixadas brasileiras residentes na África – só desde 2003 foram abertas ou reabertas 16. Nos países da CPLP, há leitorados de língua portuguesa em Angola, e Centros de Estudos Brasileiros (CEBs) em Cabo Verde, São Tomé e Príncipe, Luanda e Maputo. Dos países não membros da CPLP, há um leitorado apenas na Universidade de Lagos. O Brasil tem investido forte na promoção da língua portuguesa em África visto que o seu desconhecimento e a inexistência, na maioria dos países africanos, de institutos especializados no ensino do português representam entrave ao fortalecimento das relações do Brasil com a África. Mas a cooperação brasileira não se esgota no domínio da educação, incluindo as áreas da agronomia, construção civil, saúde ou tecnologia. Em jeito de exemplo, o Governo brasileiro tem compartilhado a tecnologia desenvolvida pela Empresa Brasileira de Pesquisa Agropecuária (EMBRAPA) na área dos biocombustíveis, sob o pressuposto que a crise energética e ambiental somente poderá ser enfrentada com eficiência a partir de uma gradual modificação da matriz energética mundial.

O Brasil e os Compromissos Internacionais na Área da Educação

Os compromissos internacionais do Brasil para o desenvolvimento de África estão, em larga medida, harmonizados com os principais compromissos internacionais para o continente. No que respeita à educação, a comunidade internacional definiu, ao longo dos últimos

---

[23] AMORIM, Celso "O Brasil e o Renascimento Africano" (*Folha de São Paulo*, 25 Maio 2003).

anos, vários compromissos que se encontram em sintonia com o objetivo da União Africana de "fomentar o desenvolvimento do continente através da promoção da investigação em todos os campos, em particular nos domínios da ciência e tecnologia[24]" (Ato Constitutivo da União Africana, 2000, art. 3-m). As grandes metas da comunidade internacional incluem:

- *Objetivos de Desenvolvimento do Milênio.* Durante reunião da Cúpula do Milênio, promovida pela ONU em Nova York, no ano 2000, líderes de 191 países oficializaram um pacto para melhorar a situação da população até 2015, em termos de renda, educação, saúde, meio ambiente e gênero. No que respeita à educação o objetivo é garantir que, até 2015, todas as crianças terminem o ensino básico;
- *Programa Educação para Todos* (EFA na sigla inglesa). Na Conferência Mundial de Educação para Todos de Jomtiem, Tailândia, realizada em 1990, 155 países prometeram uma educação para todos até o ano de 2000. Em abril de 2000, no Fórum Mundial de Dakar, adiou-se o compromisso assumido em Jomtiem por mais 15 anos. Na ocasião foram definidas seis metas[25] e propostas doze estratégias para o alcance de uma "educação para todos" até o ano de 2015;

---

[24] "Advance the development of the continent by promoting research in all fields, in particular in science and technology" (tradução livre do autor).

[25] (1) Expandir e melhorar o cuidado e a educação dirigida à 1ª infância, especialmente as crianças mais vulneráveis e em maior desvantagem; (2) Assegurar que todas as crianças, com ênfase especial nas meninas e crianças em circunstâncias difíceis, tenham acesso à educação primária obrigatória, gratuita e de boa qualidade, até o ano 2015; (3) Assegurar que as necessidades de aprendizagem de todos os jovens e adultos sejam atendidas pelo acesso eqüitativo à aprendizagem apropriada, às habilidades para a vida e a programas de formação para a cidadania; (4) Alcançar uma melhoria de 50% nos níveis de alfabetização de adultos até 2015, especialmente para mulheres, e acesso eqüitativo à educação básica e continuada para todos os adultos; (5) Eliminar disparidades de gênero na educação primária e secundária até 2005 e alcançar a igualdade de gênero na educação até 2015, com enfoque na garantia ao acesso e ao desempenho pleno e eqüitativo de meninas na educação básica de boa qualidade; (6) Melhorar todos os aspectos da qualidade da educação e assegurar excelência para todos, de forma a garantir a todos resultados reconhecidos e mensuráveis, especialmente na alfabetização, matemática e habilidades essenciais à vida.

- *Nova Parceria para o Desenvolvimento de África* (NEPAD na sigla inglesa) da União Africana reitera vários dos acordos já adotados e acrescenta o compromisso de "promover redes entre institutos de investigação especializada e de ensino superior" (2001)[26] (para. 117);
- *Plano de Ação da Segunda Década de Educação em África* (2006-2015) adotado pelos Ministros da Educação da União Africana, em Maputo, em Setembro de 2006. Entre as prioridades do programa inclui-se o melhoramento da qualidade educativa, a formação e o desenvolvimento profissional de professores, alargamento da educação de nível superior, promoção da mobilidade de professores e de alunos, e igualdade de gênero.

Infelizmente, como notou o Secretário Geral da ONU Ban Ki-moon no relatório *Africa's Development Needs: State of Implementation of Various Commitments, Challenges and the Way Forward* (A/63/130), que serviu de documento-base da Cúpula de Alto Nível sobre Desenvolvimento em África (em Nova Iorque, em Setembro de 2008), a grande maioria destes compromissos não irá ser alcançada. Reconhecendo a grande complexidade associada ao desenvolvimento de África, o governo brasileiro promoveu, em 2006, na Nigéria, a realização da Primeira Cúpula América do Sul-África (ASA), que terminou com a assinatura da *Declaração de Abuja*. Sob proposta do governo brasileiro, a Declaração inclui uma menção específica ao papel da educação para o desenvolvimento do continente:

"Cooperation and exchange programmes should be implemented with a view to achieving the MDGs in the area of education and the six key Education for All (EFA) goals, as defined in the Dakar Framework for Action as well as the implementation of the Plan of Action of the Second Decade of Education in Africa, 2006--2015. We undertake to pay special attention to promoting co-operation and mutual support among educational, technical and research institutions, as well as the exchange of researchers, stu-

---

[26] "to promote networks of specialized research and higher education institutions" (tradução livre do autor).

dents and faculty, language teaching and promotion of government cooperation in educational and academic matters including through the creation of inter-regional university institutions, the possible granting of scholarships and in other activities, such as the holding of conferences and seminars on issues of mutual interest" (para. 36).

Segundo o NEPAD – o programa adotado pelos próprios africanos para o desenvolvimento do seu continente – "os problemas centrais no domínio da educação em África são as pobres infra-estruturas e os sistemas inadequados sob os quais a maioria dos africanos recebe a sua formação"[27] (para.119). Dadas as fortes carências do continente na área da educação e de formação de professores, reconhecidas pelos próprios africanos, e atendendo aos seus compromissos internacionais nesta área, o Brasil deu um passo importante com a instalação da Universidade da Integração Internacional da Lusofonia-Afro-Brasileira (UNILAB).

Universidade da Integração Internacional da Lusofonia-Afro-Brasileira

Em 2008, a Universidade da Integração Internacional da Lusofonia-Afro-Brasileira foi oficialmente apresentada na VII Conferência de Chefes de Estado e de Governo da CPLP, que decorreu em Lisboa. A *raison d'être* da UNILAB centra-se no seu caráter original e inovador. Em primeiro lugar, a sua orientação pedagógica levará em conta as carreiras pelas quais os países africanos e de Timor Leste têm maior interesse, como aquelas identificadas com as áreas da saúde, ciências agrárias e gestão, para além do campo da formação de docentes. Registre-se a demanda por uma quinta área, voltada para o campo da produção energética, com destaque para petróleo e gás, como também fontes renováveis de energia, mais condizentes com o desen-

---

[27] "The key problems in education in Africa are the poor facilities and inadequate systems under which the vast majority of Africans receive their training" (tradução livre do autor).

volvimento sustentado do planeta. Em segundo lugar, a UNILAB organiza sua arquitetura acadêmica de forma a assegurar o regresso e permanência dos estudantes estrangeiros aos seus países de origem. Para facilitar essa tarefa, os alunos cumprirão parte de suas atividades curriculares na África e em Timor Leste sob a supervisão de instituições naquelas regiões, conveniadas com a UNILAB. Universidades, institutos superiores, organismos internacionais e da sociedade civil, entre outros, realizarão este papel, aliados a pólos de educação a distância da própria UNILAB nos países da CPLP, articulando a teoria à prática no próprio terreno onde deverão, no futuro imediato, desenvolver suas atividades profissionais. Nessa perspectiva, a UNILAB é pensada como uma universidade multicampi internacional. Em terceiro lugar, projeta-se a instituição do serviço social compulsório por um período de um ano, quando os novos profissionais terão a oportunidade de devolver à sociedade a formação da mais alta qualidade que receberão da UNILAB, integralmente gratuita. Com o apoio e supervisão dos governos em cada país, realizarão suas atividades nas periferias dos grandes centros, nas zonas rurais mais apartadas e nas áreas de risco e emergência. Em quarto lugar, a UNILAB, ainda que tenha sede no Brasil, é arquiteturada em rede e constituirá a maior rede de ensino superior em língua portuguesa. Atualmente, protocolos de cooperação estão a ser negociados e assinados com universidades já existentes e mais consolidadas, ao mesmo tempo em que o governo brasileiro, através da UNILAB, oferece assistência técnica para a estruturação e consolidação de novas e jovens universidades, sobretudo nos países de menor porte. Em quinto lugar, a UNILAB assenta no princípio da integração e do multilateralismo, unindo países e continentes por meio da educação. Nas palavras do Ministro da Educação brasileiro Fernando Haddad, "Não queremos oferecer cursos tradicionais, mas construir uma identidade entre os países, que possibilite o desenvolvimento de cada um[28]."

Mais do que um projeto brasileiro *para* África e Timor Leste, a UNILAB representa um projeto lusófono *com* África e Timor Leste.

---

[28] Discurso da cerimônia de posse da Comissão Instaladora da UNILAB (14 Outubro 2008).

O objetivo não é levar uma receita pronta de educação superior, mas construir, por meio de uma interlocução efetiva, propostas de formação. Em 2008 e 2009, durante o processo de instalação da universidade tive oportunidade, como Presidente da Comissão de Implantação, de me reunir e discutir abertamente a formação da universidade com dirigentes dos ministérios da Educação e instituições educacionais dos países africanos de língua portuguesa – Angola, Moçambique, Guiné Bissau, Cabo Verde e São Tomé e Príncipe, assim como Timor Leste, Macau e Portugal. Adicionalmente, a UNILAB foi apresentada em diversos fóruns internacionais onde um intenso e prolífico debate trouxe à tona um conjunto de contribuições e aperfeiçoamentos de sua proposta, que se incorporam ao seu planejamento estratégico e projeto pedagógico. Dentre esses foros se destacam:

- Comissão de Acompanhamento da Conferência Mundial de Educação Superior da UNESCO, em Paris, França, em Junho de 2008;
- Reunião anual da Associação das Universidades de Língua Portuguesa (AULP), realizada na Universidade de Brasília, Brasil, em setembro de 2008;
- Reunião Anual do Grupo Tordesilhas de Universidades Brasileiras, Portuguesas e Espanholas, na cidade do Porto, Portugal, em Outubro de 2008;
- Conferência Regional de Educação Superior da África, realizada pela UNESCO em Dakar, Senegal, no mês de Novembro de 2008;
- Reunião com o Secretariado Executivo da Associação Internacional de Universidades (AIU), sediada na UNESCO, em Paris, França, em Novembro de 2008;
- Cerimônia de criação do Grupo Coimbra de Universidades Brasileiras, que aconteceu na Universidade de Coimbra, Portugal, em Novembro de 2008;
- Reunião com a direção geral da CPLP, em sua sede de Lisboa, Portugal, em Novembro de 2008;
- Reunião do Conselho de Administração da Associação das Universidades de Língua Portuguesa (AULP), realizada em Lisboa, Portugal, em Fevereiro de 2008;

154   A China no Espaço Lusófono – Uma Perspectiva Brasileira

- Reunião de trabalho dos embaixadores brasileiros nos países africanos, realizada Palácio Itamaraty do Ministério das Relações Exteriores, em Brasília, Brasil, em fevereiro de 2009;
- Reunião do Grupo de Trabalho em Educação e Cultura da Cúpula América do Sul-África (ASA), em Caracas, Venezuela, em Março de 2009;
- Reunião com a diretoria executiva da CPLP, em sua sede de Lisboa, Portugal, em abril de 2009;
- Reunião com a presidência do Conselho de Reitores das Universidades Portuguesas (CRUP), em Coimbra, Portugal, em abril de 2009;
- Reunião com o Grupo Coimbra de Universidades Brasileiras e o Coimbra Group of European Universities, em Coimbra, Portugal, em abril de 2009;
- Reunião de trabalho com o Global University Network International (GUNI), no Instituto Politécnico da Catalunha, em Barcelona, Espanha, em abril de 2009;
- Reunião Anual da Associação das Universidades de Língua Portuguesa (AULP), promovida pelas Universidades angolanas em Luanda, Angola, em maio de 2009.

A UNILAB terá seu principal campus brasileiro na cidade de Redenção, na região do Maciço do Baturité, ao pé da Serra de Guaramiranga, no Estado do Ceará. Trata-se do primeiro município a abolir a escravidão no Brasil, em 1883, localizado a 59 quilômetros da capital do Estado, Fortaleza, cidade que se comunica diretamente por via aérea e marítima com a África e Portugal. Além de seu campus principal, a UNILAB pretende implantar uma rede de pólos presenciais em outros municípios na região do Maciço e exercer papel de alavanca para o desenvolvimento regional em articulação com a Associação dos Municípios do Maciço de Baturité (AMAB) e com a Secretaria de Estado de Cidades do Governo do Ceará.

A estruturação da UNILAB em rede internacional com *campi* nos países da CPLP e em outros territórios como Macau (China), Goa (Índia), ilha de Boa Sorte (Guiné Equatorial) e Dakar (Senegal), dentre outros, aliados a pólos de educação aberta, configura uma instituição multicampi inovadora. Voltada inicialmente para países e territórios de expressão portuguesa, é de se prever que a UNILAB se estenda a outros países africanos de expressão francesa e inglesa, na medida de sua consolidação, sempre pautada pelo trabalho acadêmico inovador e de qualidade socialmente pertinente.

Nessa perspectiva, a UNILAB deverá ser anunciada oficialmente pelos oito países integrantes da CPLP durante a Conferência Mundial de Educação Superior (CMES), a ser realizada na sede da UNESCO em Paris, em julho de 2009. A Conferência deliberou sua prioridade maior ao continente africano, com a inclusão de ações concretas voltadas para a região, dentre elas a criação da UNILAB. Espera-se, portanto, que represente aporte inovador que contribua efetivamente para alavancar a construção de sociedades mais justas, equitativas e solidárias através da construção de conhecimentos socialmente relevantes e a formação de profissionais, docentes e cientistas voltados para o enfrentamento dos desafios que se colocam na região.

O governo e instituições portuguesas podem trazer relevante contributo à UNILAB através de suas universidades e programas da União Européia. Estão em curso conversações com o Grupo de Coimbra de Universidades Brasileiras e Coimbra Group of European Universities, o Conselho de Reitores das Universidades Portuguesas e agências governamentais que caminham nessa direção. Os programas de pesquisa e pós-graduação da UNILAB poderão igualmente receber o contributo de instituições e docentes lusitanos.

A implantação da UNILAB está estimada em R$ 189 milhões (63 milhões) para as despesas com pessoal e custeio, para além de R$ 30 milhões em investimentos iniciais, ainda em 2009, para o início das obras de seu campus em Redenção. Trata-se de recursos a serem bancados pelo governo federal brasileiro, estimando-se a arrecadação de contribuições de outros países, organismos internacionais e de outras fontes em valor equivalente.

Conclusão

China e Brasil têm estratégias e objetivos diferentes para África. Enquanto a China procura no continente medidas compensatórias para os seus insuficientes recursos energéticos domésticos, o Brasil, principalmente nos últimos anos, tem cinzelado fortes laços culturais e adotado medidas que potenciem o desenvolvimento sustentável do continente. Ainda assim, seria desapropriado argumentar que a China negligencia as carências educativas do continente. Por exemplo, no âmbito do *Fórum para a Cooperação Econômica e Comercial entre a China e os Países de Língua Portuguesa*, o Ministério do Comércio da China convidou, ao longo dos últimos anos, mais de 600 autoridades e técnicos dos países de língua portuguesa, para freqüentarem colóquios na área econômica, na área do turismo e da comunicação social, cursos de formação de técnicas de enfermagem, cursos de formação técnica em agricultura e pescas e um colóquio sobre gestão moderna de transportes. Pese embora estas medidas, a comunidade internacional, onde se incluem a China e o Brasil, precisam de ser mais céleres, mais determinadas e mais eficazes em honrar os seus compromissos internacionais. Na área de educação, existe uma disparidade intimidante entre promessas e implementação, entre compromissos e aplicação. A UNILAB é uma medida sincera do governo brasileiro para retificar esta tendência nefasta.

(Redenção, 7 de abril de 2009)

As Relações entre os Parlamentos Nacionais de Portugal e da China, no Quadro do Aprofundamento das Relações entre os Dois Estados

VITALINO CANAS
JOSÉ CORREIA

Introdução

As transformações ocorridas nas últimas décadas nas diversas esferas das sociedades nacionais e internacional acarretam, a cada dia que passa, novos desafios, mas igualmente novas oportunidades para todos os actores envolvidos neste processo, a que vulgarmente chamamos globalização.

Na realidade, a intensificação, a complexificação e a interdependência das relações sociais e económicas geraram novas dinâmicas e actores que importa observar e considerar nos processos de tomada de decisão, tanto ao nível interno como ao nível externo.

Neste contexto, interessa pois assinalar o papel que Portugal desempenhou com as viagens e as descobertas marítimas no século XV, que, de certa forma, iniciaram o processo de globalização, conceito a que hoje recorremos para explicar o aprofundamento e a consolidação de um processo de aceleradas transformações em todos os campos da vida em sociedade.

Desde esse período, Portugal manteve um relacionamento estreito e amigável com povos de todos os continentes, dos quais se destaca a República Popular da China (RPC), onde Jorge Álvares chegou em 1514 e, também, com os povos com os quais historicamente manteve laços políticos e económicos mais intensos e que hoje representam um património cultural e uma língua comuns – os Países de Língua Portuguesa (PLP).

Neste quadro, e num momento em que as relações entre Portugal, a RPC e os PLP apresentam uma renovada dinâmica no campo do diálogo político e na esfera económica, é importante continuar os esforços encetados entre todas as partes para consolidar uma parceria tripartida que a todos beneficiará. Sinal dessa vontade em reforçar os laços que nos unem é o incremento das visitas oficiais realizadas entre altos dirigentes de Portugal, da RPC e de alguns PLP. Destacariamos, aqui[1], a visita oficial do Primeiro-Ministro de Portugal, Engenheiro José Sócrates, à RPC, de 31 de Janeiro a 3 de Fevereiro de 2007, com o objectivo de reforçar as ligações políticas, de confiança e de cooperação, na sequência do Acordo de Parceria Estratégica, assinado em Dezembro de 2005[2], entre os dois países, elevando, desta forma, a cooperação bilateral a um novo patamar.

Recordamos, ainda neste contexto, a institucionalização, em 2003, do Fórum para a Cooperação Económica e Comercial entre a China e os Países de Língua Portuguesa[3] (commumente conhecido como Fórum Macau), que procura, através de Macau, estabelecer uma plataforma de contacto privilegiado entre a RPC e os PLP.

Destacariamos ainda, no quadro do relacionamento parlamentar bilateral entre Portugal e a RPC, o Grupo Parlamentar de Amizade (GPA) Portugal-China, a que um dos autores deste trabalho tem a

---

[1] Realço, ainda, as seguintes visitas oficiais da RPC a Portugal: Primeiro-Ministro da RPC, Wen Jiabao, em Dezembro de 2005, e o Vice-Presidente da Assembleia Popular da RPC, Wang Zhaoguo, em Junho de 2006. Além disso, Portugal recebeu a visita do Chefe do Executivo da Região Administrativa Especial de Macau, Edmund Ho Hau Wah, em Junho de 2006.

[2] Recordo ainda que, no decurso desta visita oficial realizada pelo Primeiro-Ministro de Portugal, foram assinados diversos Acordos, dos quais destaco: "Tratado entre a República Popular da China e a República Portuguesa Sobre Extradição"; "Tratado entre a República Popular da China e a República Portuguesa Sobre a Transferência Pessoas Condenadas"; "Memorando de Entendimento entre o Ministério das Finanças da República Popular da China e o Ministério das Finanças e da Administração Pública da República Portuguesa, relativo à Cooperação Bilateral no Domínio Financeiro."; "Memorando de Entendimento entre o Ministério da Economia e da Inovação da República Portuguesa e o Ministério do Comércio da República Popular da China para a Criação de um Grupo de Trabalho sobre Investimento Bilateral" e o "Acordo entre o Gabinete do Conselho Internacional do Ensino do Chinês da República Popular da China e a Universidade de Lisboa da República Portuguesa para o estabelecimento do Instituto Confúcio".

[3] São Tomé e Príncipe não integra o Fórum Macau.

honra de presidir na Assembleia da República, em Portugal, desde 18 de Maio de 2006, e que procura, no quadro das suas actividades, contribuir para a aproximação entre Portugal e a RPC. Trata-se da primeira vez que existe um Grupo Parlamentar de Amizade Portugal--China. No quadro da Assembleia Nacional chinesa há também um Grupo Parlamentar de Amizade, presidido pelo Deputado Nan Zhen-zhong que recentemente nos visitou.

Procuraremos, ao longo das linhas seguintes, elencar alguns dos indicadores característicos do relacionamento económico entre Portugal, a RPC e alguns PLP, bem como expor algumas das actividades desenvolvidas e projectadas para o presente ano pelo GPA Portugal--China.

Os Países de Língua Portuguesa e a República Popular da China

Muitos colocam a questão: porque se interessa a RPC pelos PLP dispersos por vários continentes? A resposta encontra fundamento no facto da RPC encontrar aí "mercados ideais para a formação e desenvolvimento de redes estratégicas"[4], assentes em recursos naturais e um potencial de crescimento económico significativos. Além disso, outros factores adicionais devem ser considerados: os PLP, congregados pela Comunidade de Países de Língua Portuguesa (CPLP), instituída em 1996, representam cerca de 240 milhões de pessoas, numa superfície conjunta de 7,2 % da terra do planeta, espalhados por quatro continentes (Europa, América, África e Ásia)[5].

Desta forma, e considerando o estatuto de potência económica emergente da RPC que lhe vem sendo atribuído por direito próprio, a procura por novos mercados passa, por exemplo, pelo continente africano, onde se encontram alguns dos PLP.

Na realidade, uma das etapas que marcou o aprofundamento do relacionamento entre a RPC e o continente africano foi a criação do

---

[4] Cf. http://www.revistamacau.com/rm.asp?id=002021. Consultado em 15 de Fevereiro de 2008.

[5] Cf. *Pensar, Comunicar, Actuar em Língua Portuguesa, 10 Anos da CPLP*, 2007, p. 1.

Fórum[6] para a Cooperação China-África, em 2000[7], estipulando que essa cooperação deveria ser norteada por uma parceria estável, duradoura, equitativa e benéfica para ambas as partes envolvidas. Isto é, um jogo de soma positiva em que todos saíssem favorecidos (*win-win cooperation*).

De facto, essa cooperação aprofundou-se e, desde então, assistimos a uma intensificação do diálogo político. A vontade de estreitar esses laços espelha-se nas medidas acordadas pela RPC e por 48 Estados africanos no Plano de Acção 2007-2009, adoptado no final do 3.º Fórum para a Cooperação China-África[8], realizado em Novembro de 2006, das quais se destacam a implementação de um mecanismo que permita reforçar o diálogo político entre todos e, bem assim, a manutenção das visitas de alto nível; a intensificação da cooperação para fazer face às novas ameaças à segurança e a promoção da democracia e do multilateralismo nas relações internacionais; a exploração em conjunto de recursos e de energias sob o princípio da reciprocidade e do desenvolvimento comum.

Ao mesmo tempo que se intensifica o diálogo político, é notório o aumento significativo das trocas comerciais entre os dois blocos e, neste contexto, os países africanos de língua portuguesa contribuíram, com particular relevância, para esse aumento do fluxo comercial, que se espera poder vir a consolidar nos próximos anos.

Além disso, desde a institucionalização do Fórum para a Cooperação Económica e Comercial entre a China e os Países de Língua Portuguesa, em 2003, verifica-se uma crescente subida do fluxo das trocas comerciais entre a RPC e os PLP de uma forma geral, como se pode ler no Quadro I:

---

[6] Integram este Fórum, da parte dos PLP, Angola, Guiné-Bissau, Cabo Verde e Moçambique.

[7] Para uma leitura da Declaração do primeiro Fórum para a Cooperação China-África *vide* http://english.focacsummit.org/2006-09/20/content_623.htm.

[8] Para uma visão mais profunda sobre esta Cimeira *vide* http://english.focacsummit.org.

Quadro I [9]

ANO	VOLUME DAS TROCAS COMERCIAIS ENTRE A RPC E OS PLP (DÓLARES)
2004	18,770 milhões
2005	23,190 milhões
2006	34, 000 milhões
2007	46,350 milhões
2008 (Janeiro a Outubro)	68,000 milhões

Verifica-se também que o Brasil é o PLP que mais contribui para o aumento das trocas comerciais com a RPC, logo seguido de Angola, Portugal e Moçambique, como se lê no Quadro II:

QUADRO II [10]

	VOLUME DAS TROCAS COMERCIAIS ENTRE A RPC E ALGUNS PLP (DÓLARES)	
PAÍS	2007	2008 (Janeiro a Agosto)
Brasil	29,700 milhões	32,741 milhões
Angola	14, 110 milhões	18,666 milhões
Portugal	2,200 milhões	1,705 milhões
Moçambique	280 milhões	n.d.*

*n.d. – Dados não disponíveis

Esta crescente tendência deve permitir abrir novas áreas de co-operação e de interdependência entre a RPC e os PLP, estando Portugal disposto a aprofundar os seus esforços para contribuir para o estreitamento de parcerias tripartidas que a todos beneficiem.

---

[9] Incluindo Portugal. Fonte: Macauhub. Disponível em: http://www.macau hub.com.mo/pt.

[10] Fonte: Macauhub. Disponível em: http://www.macauhub.com.mo/pt.

162　　*As Relações entre os Parlamentos Nacionais de Portugal e da China...*

Em boa verdade, os países africanos de língua portuguesa, beneficiaram já, de uma forma geral, do apoio da RPC em diversas áreas. Como referiu o Embaixador Luís Fonseca, Secretário Executivo da CPLP, no Seminário promovido, em 6 de Junho de 2007, pela Sociedade de Geografia, em Lisboa, intitulado "Portugal e a China: Para uma Parceria Estratégica", o governo chinês "financiou um elevado número de projectos de envergadura nesses países, tais como estradas, reabilitação de caminhos de ferro, instalações para os Parlamentos nacionais e sedes de governo, barragens, estádios desportivos, empreendimentos agro-industriais e imobiliários, para além de proporcionar um apoio importante nos sectores da educação e da saúde".[11]

Grupo parlamentar de amizade Portugal-China

O GPA Portugal-China é um organismo da Assembleia da República "vocacionado para o diálogo e a cooperação com os parlamentos dos países amigos de Portugal".[12]

Na realidade, assumindo-se como um dos instrumentos principais da diplomacia parlamentar, o GPA Portugal-China tem como objectivos principais da sua actuação os que se encontram consignados no Regimento e na Resolução da Assembleia da República N.º 6/2003:

- "o intercâmbio geral de conhecimentos e experiências entre os parlamentos amigos;
- o estudo das relações bilaterais e do seu enquadramento nas alianças e instituições em que ambos os Estados participam;
- a divulgação e a promoção dos interesses e objectivos comuns, nos domínios político, económico, social e cultural;
- a troca de informações e consultas mútuas tendo em vista a eventual articulação de posições em organismos internacionais de natureza interparlamentar, sem prejuízo da plena autonomia de cada grupo nacional;

---

[11] Disponível em: http://www.cplp.org/comunicados_det.asp?sid=160. Consultado em 20 de Fevereiro de 2008.

[12] Cf. Resolução da Assembleia da República n.º 6/2003.

– a reflexão conjunta sobre problemas envolvendo os dois Estados e os seus nacionais e busca de soluções que relevem da competência legislativa de cada um;
– valorização do papel, histórico e actual, das comunidades de emigrantes respectivos, porventura existentes."

No quadro destes objectivos, o GPA Portugal-China tem vindo a realizar, desde a sua eleição, diversas iniciativas que, desde o contacto com a comunidade chinesa em Portugal, à recepção de entidades oficiais chinesas na Assembleia da República, passando pela realização de Seminários e de um regular relacionamento institucional com a Embaixada da RPC em Lisboa, procuram aprofundar os laços históricos que unem os dois países. Recordaria, desta forma, a realização, em Setembro de 2007, de um Seminário Internacional, intitulado "Comemoração dos 20 anos da Assinatura da Declaração Conjunta do Governo da República Portuguesa e do Governo da República Popular da China sobre a Questão de Macau" e, em Novembro desse mesmo ano, um Seminário Nacional cujo mote recaiu em "Portugal e a China: Oportunidades e Desafios". Tendo contado com ilustres oradores das mais diversas áreas, estes dois Seminários procuraram reflectir sobre o passado, mas, acima de tudo, prospectivar o futuro, conscientes que estamos das inúmeras possibilidades de cooperação que se podem concretizar entre Portugal e a RPC e também com os restantes PLP.

Além disso, em Abril de 2008, o GPA Portugal-China recebeu a visita de uma Delegação chinesa, chefiada pelo Professor Doutor Li Zhenji, Vice-Director Geral de Saúde da China e Vice-Presidente da Federação Mundial de Medicina Tradicional Chinesa e, em Setembro do mesmo ano, a visita do Primeiro Vice-Presidente do 11.º Comité Nacional da Conferência Consultiva Política do Povo Chinês, Senhor Wang Gang.

Já em Fevereiro de 2009, o GPA China-Portugal, presidido pelo Deputado Nan Zhenzhong, visitou a Assembleia da República a convite do GPA Portugal-China, tendo realizado ainda encontros com o Presidente da Assembleia da República e com a Comissão de Negócios Estrangeiros e Comunidades Portuguesas.

Em 2009 pretendemos realizar um Seminário Internacional, na Assembleia da República, com vista a debater precisamente as potencialidades de uma parceria tripartida entre a RPC, Portugal e os PLP, tendo Macau como ponto de ligação, eventualmente em parceria com o Fórum para a Cooperação Económica e Comercial entre a China e os Países de Língua Portuguesa de modo a contribuir para dinamizar as relações económicas e empresarias e consolidar o diálogo político entre todos.

Recordamos, a propósito, a presença do Senhor Ministro das Obras Públicas, Transportes e Comunicações (MOPTC) de Portugal, Engenheiro Mário Lino, na 2.ª Conferência Ministerial do Fórum para a Cooperação Económica e Comercial entre a China e os Países de Língua Portuguesa, realizado em Macau, em Setembro de 2006, onde foi aprovado um Plano de Acção para a Cooperação Económica e Comercial para o período 2007-2009[13] que prevê, *inter alia*:

- a promoção e a intensificação das trocas comerciais entre a China e os PLPs até 50 biliões de dólares e até 2009[14];
- a dinamização e o aprofundamento do investimento directo entre ambas as partes;
- a promoção da cooperação turística e a procura de fontes de financiamento para projectos de interesse comum.

Nessa altura, o MOPTC de Portugal expressava assim a vontade do Governo português, no sentido de estreitar os laços económicos entre todas as partes:

"Temas tão variados como o comércio, o investimento e a cooperação empresarial – em sectores como a agricultura e pescas, construção e engenharia, recursos naturais e qualificação dos recursos humanos – serão objecto de contactos estreitos entre os nossos países, com vista a definir medidas que se traduzam num efectivo aprofundamento da cooperação bilateral nestes domínios."[15]

---

[13] Para uma leitura adicional, *vide* http://tomcat.tektix.com/ccil-c/index.jsp?page=acti vities&id=11 (Câmara de Comércio e Indústria Luso-Chinesa).

[14] Valor já superado entretanto, de acordo com os dados disponíveis para o período de Janeiro a Outubro de 2008, tendo-se verificado um valor total de 68 mil milhões de dólares em trocas comerciais entre a RPC e os países de língua portuguesa neste período.

[15] Para uma leitura completa do discurso proferido pelo MOPTC de Portugal *vide* http://www.portugal.gov.pt/Portal/PT/Governos/Governos_Constitucionais/GC17/Minis-terios/MOPTC/Comunicacao/Intervencoes/20060925_MOPTC_Int_Plano_Forum_China_Lusofonia.htm.

A República Popular da China no Século XXI

A vontade da RPC para reforçar os laços económicos com os PLP numa base de harmonia, transparência e mútuo benefício vai ao encontro do quadro global estratégico que a RPC procura aplicar tanto nas suas relações domésticas como nas relações internacionais.

De facto, e no que diz respeito ao plano interno, a RPC encontra-se, como nos disse Sua Excelência o Embaixador da RPC em Portugal, Senhor Gao Kexiang, aquando da realização do Seminário Nacional atrás mencionado, numa "fase crucial de reforma e abertura ao exterior, estando a intensificar com esforço a coordenação de um desenvolvimento assente num crescimento económico rápido, mas saudável".

Além disso, referiu-nos, também naquela ocasião, o Senhor Embaixador Gao Kexiang, e na esteira da realização do XVII Congresso Nacional do Partido Comunista Chinês, que a RPC está, entre outros aspectos, a ampliar a democracia socialista, a fim de garantir, da melhor maneira, os direitos e interesses do povo, assim como a igualdade e a justiça social, bem como a promover a consciência ecológica e a construir estruturas sectoriais e modalidades de consumo que permitam poupar energia e recursos, com o objectivo de ser alcançado um desenvolvimento sustentado.

Relativamente ao plano externo, e como teve a oportunidade de referir o Vice-Ministro dos Negócios Estrangeiros da RPC, Senhor Du Qiwen[16], em Fevereiro de 2008, ao *European Policy Center*, a "paz, o desenvolvimento e a cooperação são uma tendência irresistível dos nossos tempos", pelo que a RPC não irá "fechar as portas ao mundo" ou usar a força para "impor a sua vontade", reiterando mais uma vez o facto da essência das relações internacionais da RPC assentarem numa estratégia *win-win* e não numa lógica de *power politics*. Na verdade, acrescenta-nos o Senhor Vice-Ministro Du Qiwen, a RPC tem procurado contribuir para alcançar soluções pacíficas para matérias tão complexas como a questão da Coreia do Norte, do Irão ou do Darfur.

---

[16] *Vide* http://www.epc.eu/en/er.asp?TYP=ER&LV=293&see=y&t=2&PG=ER/EN/detail&l=&AI=786. Consultado em 29 de Fevereiro de 2008.

166 *As Relações entre os Parlamentos Nacionais de Portugal e da China...*

Ao mesmo tempo, a RPC tornou-se num interlocutor incontornável nas relações económicas internacionais ao ter contribuído nos últimos anos com 10% do crescimento económico mundial e ao ter gerado, em 2007, um volume de comércio na ordem dos USD 2,1738 triliões[17]. Já em 2008, o crescimento da economia da RPC situou-se nos 9%, de acordo com os dados do Gabinete Nacional de Estatística daquele país[18].

Além disso, a sustentabilidade e o desenvolvimento do crescimento da RPC assenta em vários objectivos, dos quais se destacam a preferência ao nível interno dada pelas autoridades chinesas ao sector dos serviços, em detrimento do sector da indústria, procurando consolidar essa mudança com os avanços na ciência, na tecnologia e na qualificação dos recursos humanos.

Paralelamente, a RPC, ao procurar a manutenção da paz na suas relações externas e ao procurar seguir uma *atitude não-imperialista* no seu relacionamento com o resto do mundo, tem adquirido e consolidado uma diplomacia de prestígio e de influência que lhe garantirá cada vez mais, estou certo, um papel de proeminência e de relevo no contexto internacional.

E, como nos dizia o Senhor Embaixador Gao Kexiang, no Seminário Nacional realizado em Novembro de 2007 na Assembleia da República, o "desenvolvimento pacífico da China oferece novas dinâmicas ao desenvolvimento das relações sino-portuguesas e também dá mais oportunidades ao desenvolvimento português".

Desta forma, o GPA Portugal-China procurará assumir-se como uma *ponte para o futuro* no relacionamento institucional ao nível parlamentar entre os dois países, com vista a contribuir não só para a consolidação das relações políticas e económicas existentes entre Portugal e a RPC, mas também de forma a permitir um estreitamento do multilateralismo político e económico entre todos os PLP e a RPC.

---

[17] Cf. http://www.epc.eu/en/er.asp?TYP=ER&LV=293&see=y&t=2&PG=ER/EN/detail&l=&AI=786. Consultado em 29 de Fevereiro de 2008.

[18] *Vide* http://www.stats.gov.cn/enGliSH/newsandcomingevents/t20090226_402540784.htm. Consultado em 2 de Março de 2009.

A RPC como pilar da política externa portuguesa

Por fim, recordo aqui que a RPC representa um dos pilares da política externa portuguesa, parecendo consensual que Portugal poderá desempenhar um papel catalizador no aprofundamento do relacionamento bilateral e multilateral entre a RPC e os PLP, não só pelos factores aglutinadores que nos unem (a língua e um património histórico e cultural comuns), mas também pelo conhecimento dos quadros legais jurídicos e administrativos dos PLP, bem como pela dinâmica de inovação e de empreendedorismo empresarial, aspectos caracterizadores do actual estado da economia portuguesa, que permitirão, estou certo, criar novas parcerias tripartidas que fomentem a actividade empresarial local, de forma a permitir um investimento produtivo gerador de emprego e um desenvolvimento sustentado no tempo.

Além disso, Portugal, considerado um parceiro estratégico pela RPC desde 2005, poderá ainda constituir-se como um actor fundamental para o relacionamento da RPC com a União Europeia, agora alargada a 27 Estados-Membros, com cerca de 493 milhões de habitantes.

Conclusão

No presente ano assinala-se o 10.º aniversário da transferência da soberania de Macau para a RPC, bem como o 30.º aniversário do restabelecimento de relações diplomáticas entre os dois países.

Estão reunidas as condições para juntos completarmos com sucesso os projectos já iniciados e, desde já, darmos início a novas parcerias – por exemplo no turismo – que nos permitam transformar os desafios que todos os dias nos são colocados pela globalização em profícuas oportunidades.

Este objectivo comum é ainda mais premente num Mundo a viver uma crise a que ninguém escapa. Da China vêm notícias de diminuição do crescimento, de mais desemprego nas cidades, de regresso de muita gente aos campos e de encerramento de muitas empresas. Nada que não encontremos na Europa e em Portugal. Sabemos que as autoridades chinesas estão a enfrentar este fenómeno, reflectindo também sobre o seu modelo e sobre questões fulcrais para todos, como são as do ambiente. Esta crise prova, em definitivo, que nenhum País está isolado ou imune ao que se passa nos restantes. Ela prova, também, que qualquer solução para essa crise ou para qualquer outra – ambiental, política, etc – passa também, cada vez mais, pela China. Por isso a nossa atenção redobrada ao que a China faz e o nosso interesse num envolvimento crescente.

Portugal sabe que tem uma dimensão reduzida, incomparável com a dimensão chinesa. Mas também tem a noção que o seu peso diplomático e político no concerto global das Nações sempre foi muito superior à sua expressão geográfica. É com isso em mente, com a plena convicção de que Portugal e China podem ser parceiros globais, com benefício mútuo, que trabalhamos para a intensificação das nossas relações, abrindo novos domínios para a cooperação.

A Presença da China no Brasil

Fernando Leça
Fábio Simão Alves

Três domínios:

<u>Político</u>: *a "parceria estratégica"*

Guias: Parceria estratégica. Qual o histórico recente das relações Brasil-China? Como surgiu o conceito de parceria estratégica? Qual seu fundamento? Qual o divisor de águas nas relações bilaterais, pressupondo a existência de um nível maior, nos últimos anos, de cooperação? Qual a operacionalização da parceria estratégica? É uma visão unilateral ou há reciprocidade? Quais são os fatos atuais que comprovem (ou refutem) essa suposta parceria?

<u>Econômico</u>:

Pressuposto: interesse econômico mútuo começa nos anos 90, com a abertura do mercado brasileiro, a mudança do paradigma de inserção econômica global e a consolidação do avanço chinês.

Guias: Em quais áreas a penetração chinesa é maior no Brasil? Que posição ela ocupa nas parcerias comerciais do País? Qual sua posição de investimentos? Quais as principais empresas chinesas que investem no País? Qual a importância econômica da China para o Brasil? E qual a importância econômica do Brasil para a China?

<u>Cultural</u>: *presença da China no Brasil em duas áreas: educação e imigração.*

Pressuposto: presença cultural chinesa no Brasil é recente e extremamente incipiente.

Guias: Qual o histórico da presença chinesa no País (antecedente mais remoto – a tentativa de imigração dos *coolies* no século XIX)? Qual o papel da imigração chinesa na formação nacional (se houve algum)? Em que áreas se manifesta a presença chinesa na atualidade? Menção importante: o aumento do interesse pela aprendizagem de mandarim.

A PRESENÇA DA CHINA NO BRASIL

Certa vez, o renomado sociólogo brasileiro Gilberto Freyre disse que "deve haver alguma coisa de semelhante entre a China, por assim dizer, eterna e o jovem e ainda verde Brasil". Passadas mais de cinco décadas, esta declaração parece mais atual do que nunca. Gigantes territoriais, dotados de grande população, ávidos em sua busca pelo desenvolvimento socioeconômico, atores de uma crescente influência política, diplomática e econômica, Brasil e China são países que guardam semelhanças marcantes. Quando se pensa, por exemplo, nos países que desempenharão um papel crucial na estruturação da ordem internacional no presente século, analistas, acadêmicos, governantes incluem, invariavelmente, os dois países, um, o maior país em desen-volvimento do Hemisfério Ocidental, e o outro, o maior país em desenvolvimento do Hemisfério Oriental.

A despeito das diferenças que civilizacionais, ideológicas, políti-cas e econômicas que nos separam, há que se reconhecer que as semelhanças existem, e que são, ademais, notáveis. Ora, não seria de se esperar que, com tantas semelhanças, ambos os países apresentas-sem um notável grau de relações e uma vasta presença mútua? Des-dobrando a pergunta, como se dão as relações entre o Brasil e a China? Quão importantes são um para o outro? E mais: como se manifesta a presença da China no Brasil em três campos fundamen-tais: o político, o econômico e o cultual? É a essas perguntas que se tentará responder mais adiante.

Presença política: uma parceria estratégica sino-brasileira?

Na última década e meia, China e Brasil têm intensificado suas relações diplomáticas e políticas, como conseqüência tanto de trans-formações internas em cada país quanto de mudanças radicais que o sistema internacional tem experimentado nesta era "pós-Guerra Fria" e, mais intensamente, neste "pós-11 de Setembro". Nas mais de vinte visitas oficiais que autoridades chinesas realizaram ao Brasil, desde 1990, retribuídas por nove visitas de mandatários brasileiros à China, muito tem-se falado, inclusive, em uma "parceria estratégica" entre Brasília e Pequim, forjando-se por meio da comunhão de interesses e visões no mais alto nível de política internacional e ensejando a concertação de opiniões e atitudes na dinâmica das relações internacionais.

Desde que estabeleceram relações diplomáticas, em 15 de agosto de 1974, a aproximação e a cooperação, em vários setores, entre a China e o Brasil têm-se intensificado com impressionante rapidez. À época, depois de quase um século de mútua ignorância (vale dizer que os primeiros contatos entre os dois países remontam ao Tratado de Amizade, Comércio e Navegação, de 1881), os dois países encontravam-se em situações que convergiam para uma aproximação que, embora incipiente, revelava um caminho promissor.

O Brasil vinha perseguindo, desde o início dos anos 60, uma política externa que desvinculasse o país da dependência em relação aos Estados Unidos, o que era quase inescapável, dada a rigidez das alianças vigentes no então período da Guerra Fria. O Brasil, como país americano, sofria com mais intensidade essa dependência; no entanto, seu desenvolvimento econômico e seu peso político lhe permitiam a possibilidade de diversificar suas parcerias internacionais de forma a reduzir a dependência em relação aos Estados Unidos. Este princípio da universalização, ou multilateralização, das relações exteriores do Brasil implicou um corolário lógico, qual seja, a necessidade de se estabelecer parcerias com os países em desenvolvimento, privilegiando, dessa forma, aquilo que veio a ser conhecido como Cooperação Sul-Sul.

Nos anos 70, vivendo o seu "milagre econômico" (o Brasil de então apresentava desempenho econômico similar ao da China da atualidade), o País sentia a necessidade cada vez maior de encontrar parceiros econômicos que lhe fornecessem insumos fundamentais à sua industrialização, principalmente capitais e tecnologia, bem como mercados para onde escoar suas exportações, que se tornavam cada vez maiores em número e mais diversificadas em sua pauta, inclusive com produtos manufaturados. A China, embora ainda não apresentasse o crescimento econômico que viria a ter a partir dos anos 80, surgia, naquele momento, como "um grande mercado para nossos produtos exportáveis", conforme reconheceu, à época, o Presidente do Brasil, Ernesto Geisel[1].

---

[1] Geisel: 1977, 27.

Considerações políticas também guiaram o Brasil em sua decisão de reconhecer diplomaticamente a República Popular da China. Internamente, o governo Geisel seguia uma política externa pragmática, não-ideologizada, que repulsava alinhamentos automáticos no quadro da Guerra Fria e que tencionava, seguindo os interesses nacionais, estabelecer parcerias com todos os países que pudessem ser úteis em seu esforço desenvolvimentista. Externamente, a bipolaridade se atenuava sob os efeitos da *détente*; os Estados Unidos, sob a influência da nova política externa de Kissinger, aproximavam-se da China, culminando com a histórica visita de Nixon a Pequim em 1972. No quadro da nova política norte-americana, a China passava a ser parceiro importante na condução das relações internacionais e, como tal, foi incorporada ao sistema global – símbolo desta incorporação foi sua admissão na ONU, em 1974, onde assumiu, como legítimo representante do povo chinês, o assento permanente no Conselho de Segurança, que, desde 1945, era ocupado pela China Nacionalista de Formosa. Como conseqüência, a aproximação entre o Brasil e a China via-se desimpedida dos obstáculos políticos e ideológicos que a Guerra Fria até o momento impusera.

A China, por sua vez, também passava por mudanças que facilitaram a cooperação com o Brasil. Nos anos 60, o país rompera com o bloco soviético e declarou-se país do Terceiro Mundo, tendo estabelecido uma estratégia de se aproximar dos países do chamado Sul global. Em 1974, Mão Tse-tung enuncia a Teoria dos Três Mundos, segundo a qual o mundo não seria clivado em termos ideológicos, mas, sim, em termos econômicos. Desta forma, Estados Unidos e União Soviética conformariam o primeiro mundo; Europa Ocidental, Japão, Austrália e Nova Zelândia, o segundo mundo; o terceiro mundo, finalmente, seria formado pelos países pobres (comunistas e capitalistas, indiferentemente), entre os quais a própria China. Na concepção desta nova política, os países pobres deveriam unir-se na busca conjunta pela superação do subdesenvolvimento. Na visão da China, o mundo estava dividido não em Leste e Oeste, mas em Norte e Sul, e esta divisão só poderia ser atenuada por uma coalizão dos países do Sul contra as injustiças da desigualdade econômica. Segundo essa perspectiva, o Brasil se tornava aliado essencial para a China.

A despeito da convergência de interesses e visões, entre os quais figuravam a ênfase do desenvolvimento econômico em detrimento do conflito ideológico, a defesa de uma Nova Ordem Econômica Internacional e o não-alinhamento em relação às duas superpotências, Brasil e China avançaram muito pouco em seus relacionamentos ao longo das décadas de 70 e 80, e diversos fatores contribuíram para isso: o baixo crescimento econômico chinês, a crise econômica latino-americana nos anos 80, o recrudescimento da hegemonia americana sob o governo Reagan (1981-1989), o baixo nível de abertura econômica de ambos os países ao comércio internacional, entre outros.

O divisor de águas no relacionamento entre Brasil e China foi, de fato, a década de 90. Mais uma vez, a conjuntura internacional tanto quanto mudanças internas em cada um dos dois países ensejaram esta reaproximação, desta vez com muito mais intensidade. Internacionalmente, o fim da Guerra Fria dissipara o quadro de confrontação ideológica e trouxera consigo o triunfo do liberalismo de mercado – a lógica então era "abrir os espíritos, os mercados e as fronteiras", nas palavras de George Bush, o que facilitava enormemente os contatos entre países outrora distantes uns dos outros. No Brasil, liberalizava-se a economia e se abria o mercado às importações externas. Uma nova estratégia de inserção internacional era adotada, privilegiando o ingresso do país no processo de globalização econômica, e abandonando-se, como conseqüência, a estratégia de fechar-se ao comércio internacional. Como resultado, uma nova política comercial foi adotada, procurando impulsionar as exportações e diversificar a pauta comercial.

A liberalização comercial no Brasil no início dos anos 90 exerceu um forte atrativo sobre a China. Desde o início dos anos 80, o país vinha experimentando altas taxas anuais de crescimento econômico e se tornava um grande exportador, especialmente por conta dos empreendimentos industriais instalados em suas ZEEs. A abertura do mercado brasileiro era uma oportunidade única de a China ter acesso a um vasto mercado consumidor de suas mercadorias, especialmente manufaturas. Por outro lado, o fortalecimento da economia chinesa fazia surgir, para o Brasil, um parceiro indispensável para a obtenção de tecnologia e capitais, sob condições bem mais acessíveis do que as impostas pelos países desenvolvidos. Mais uma vez, interesses econômicos conduziam Brasil e China a estreitar sua união. Desta vez, no entanto, abria-se uma perspectiva mais ampla: a do estabelecimento de uma parceria estratégica.

O conceito de parceria estratégica apareceu pela primeira vez nas relações sino-brasileiras em 1993, por ocasião de visita oficial ao Brasil do Vice-Premiê chinês, Zhu Rongji. Na visão dos governos de ambos os países, Brasil e China compartilham interesses e visões acerca do sistema internacional que conferem consistência às suas similitudes acima referidas, tais como o gigantismo territorial e o potencial econômico. A parceria estratégica seria não uma aliança, mas um programa de concertação de interesses a ações no plano internacional. Tanto um como o outro buscam o desenvolvimento nacional e a viabilidade de um projeto de nação ainda não terminado – o que é mais sensível na China, em vista, por exemplo, da ameaça à unidade territorial e ao delicado convívio entre sistemas econômicos distintos num mesmo território ("um Estado, dois sistemas"), de um lado, e da abertura econômica com a manutenção da rigidez política, de outro. Similarmente, ambos compartilham um consenso quanto aos princípios gerais que devem reger as relações internacionais: a defesa da independência e da soberania, a não-intervenção, o multilateralismo e o não-hegemonismo. Pode-se afirmar, com segurança, que tanto o Brasil quanto a China compartilham os famosos Quatro Nãos, enunciados por Hu Jintao em 2004: não ao hegemonismo, não à política de poder, não às alianças militares e não à corrida armamentista.

Tanto a China quanto o Brasil têm potencialidades indiscutíveis para exercerem, num futuro próximo, papéis relevantes no reordenamento do sistema internacional. Ambos sabem, no entanto, que isso depende da capacidade de articulação de parcerias e alianças com países que compartilhem as mesmas visões quanto à necessidade e o conteúdo deste reordenamento. É fundamental, ademais, construir uma ordem multilateral – o unilateralismo norte-americano lhes deixaria com estreitas margens de manobra, tanto na busca de objetivos internos – especialmente o desenvolvimento – quanto externos. As necessidades, os interesses, os objetivos e os posicionamentos comuns são, portanto, o fundamento da parceria estratégica sino-brasileira.

Esta parceria, conforme desenvolvida paulatinamente ao longo de quase uma década e meia, deve-se desdobrar em quatro campos: 1) no campo político, China e Brasil devem manter canais de comunicação de alto nível, intercambiando informações sobre os assuntos internacionais mais relevantes; 2) no campo econômico, deve-se fomentar a cooperação em todos os aspectos (especialmente comercial), de forma a estabelecer uma complementaridade de suas respectivas potencialidades; 3) no campo diplomático, ambos devem consultar-se mutuamente, quando julguem necessário, sobre o posicionamento frente a questões internacionais e votações em organismos multilaterais; 4) no campo científico-cultural, deve-se impulsionar o intercâmbio de tecnologia e conhecimento.

Mas, para além da retórica oficial e das declarações de intenção, qual o papel desta parceria nas respectivas políticas externas de Brasil e China? O que ela representa em suas estratégias atuais de inserção internacional?

O Brasil, mantendo-se fiel a uma tradição diplomática de quase meio século, privilegia como vetor de sua inserção internacional a universalização de suas parcerias. Isso não significa, é evidente, que o país atribua igual importância a seus parceiros e aliados. Tal princípio, com efeito, deve ser entendido à luz de dois fatores. O primeiro é a prioridade da política externa brasileira atual, ou seja, a integração sul-americana. O segundo é a retomada recente, pelo Brasil, da estratégia de Cooperação Sul-Sul. Quanto a este segundo fator, a parceria com a China vem retomar o que fora feito nos meados dos anos 70: o Brasil, em sua estratégia de concertação de um movimento cooperativo global que envolva os países do Sul, não pode prescindir da China. Deve-se lembrar que este movimento não pretende nem confrontar, nem excluir os países industrializados do Norte. Antes, o que o enseja é a percepção da necessidade de um nível de cooperação mais intenso entre os países em desenvolvimento na busca de soluções para o problema comum que os assola: o subdesenvolvimento. Exemplos recentes dessa estratégia são a constituição, pelo Brasil, do G20 (grupo das economias interessadas na liberalização do comércio agrícola mundial, do qual a China faz parte) e do IBAS (fórum político que reúne Índia, Brasil e África do Sul).

Quanto ao primeiro fator, no entanto, a parceria sino-brasileira precisa, à luz dos desdobramentos recentes, ser qualificada. O Brasil claramente privilegia, em sua política externa, a América do Sul, no qual Pequim tem ainda uma penetração muito incipiente. Não por acaso isso tem levado muitos analistas a afirmarem que a política brasileira para a China tem sido reativa: ela responde a iniciativas que, geralmente, pertencem à própria China.

A China, de sua parte, tem como dois grandes projetos alçar sua economia ao grau de desenvolvimento até meados do presente século e construir uma ordem global multipolar na qual ela desempenhe papel relevante nas cenas regional e mundial. É, indiscutivelmente, uma potência econômica e política emergente. E como tal, buscará construir em seu entorno a sua própria "periferia", do que já deram mostras todas as potências mundiais e regionais ao longo da História. É dentro deste contexto que o Brasil aparece como parceiro estratégico da China: o Brasil é crucial para a multipolaridade global ao atenuar a hegemonia americana na América do Sul e, como parceiro econômico, representa fonte de recursos fundamentais para sustentar o desenvolvimento chinês, principalmente minério de ferro, aço e soja, esta última, importante para a segurança alimentar de quase 1,5 bilhão de pessoas.

O que significa, pois, esta parceria estratégica para Brasil e China? E quais suas perspectivas para o Brasil. Em primeiro lugar, esta parceria parece ser mais importante para o Brasil do que para a China. O Brasil tem apresentado, nas últimas duas décadas e meia, um crescimento econômico muito baixo, ao passo que a China se agiganta na economia global, apresentando taxas de crescimento da ordem de 10% ao ano. Cada vez mais, os fluxos internacionais de bens, serviços e capitais passarão pela China, e o Brasil precisará estar conectado a eles, sob pena de arriscar sua atual estratégia de inserção competitiva global, que passa pelo incremento e diversificação de suas exportações e pela aquisição de capitais e tecnologias avançadas.

Em segundo lugar, a China tem uma tradição histórica que remonta a cinco milênios de se manter relativamente afastada do resto do mundo. O que lhe interessa é a construção do Estado por meio do sucesso de um projeto de fortalecimento econômico e militar gradual, que resulte na unificação nacional e a prosperidade social. Ao contrário de muitos críticos alarmistas, a China não mostra disposição (nem capacidade, pelo menos nos próximos 50 anos) para exercer o papel que no século XIX correspondeu à Inglaterra, e, no XX, aos Estados Unidos: o de potência global. A China não tem nada parecido com um *grande dessin* ou um Destino Manifesto, ou seja, não concebeu um projeto de expansão de seu poderio regional ou globalmente. Neste contexto, alianças e parcerias só importam na medida em que sejam importantes para a consecução dos objetivos internos da China; portanto, tornam-se menos necessárias do que seriam caso a China concebesse um projeto de poder global. A parceria estratégica sino-brasileira perde, neste viés, sua mistificação e até mesmo parte de sua relevância para o Brasil e seus desígnios de reformular a ordem internacional – tais como o país tem proposto no âmbito da OMC ou do Conselho de Segurança da ONU. Vale dizer, por último, que o Brasil não é o único "parceiro estratégico" da China – basta mencionar que Pequim tem parcerias declaradamente estratégicas com a Rússia, os países da ASEAN e o Cazaquistão. A China é, para todos os efeitos, sua própria e única parceira, indisposta a ligar seu destino ao de qualquer outro país.

Seja como for, há potencialidades a serem exploradas pelo Brasil e pela China em sua parceria. Para tanto, é fundamental reconhecer que esta tem pesos diferentes para cada um deles, que se insere de modo distinto em suas políticas externas e que, portanto, não deve ser mitificada como uma grande aliança, de importância decisiva para ambos os países. Ademais, é necessário conferir um conteúdo político mais concreto e denso a essa parceria que, até o momento, tem-se limitado praticamente ao campo econômico.

Presença econômica: o vôo do dragão

Em nenhuma área a presença chinesa no Brasil é tão notável quanto no domínio econômico. Diariamente, periódicos brasileiros estampam em suas páginas as façanhas cada vez maiores da China em ganhar o mercado nacional, refletindo as preocupações de políticos e empresários com a inundação das manufaturas "made in China". No uso quotidiano dos brasileiros de todas as classes, incorporam-se produtos chineses dos mais variados tipos: dos mais simples guarda-chuvas até os mais sofisticados automóveis – cuja presença, ainda que incipiente, foi objeto de destaque numa das mais renomadas feiras do setor automobilístico do Hemisfério Sul, realizada em São Paulo.

Nos últimos anos, o fato que mais chama a atenção numa análise das relações comerciais do Brasil é o crescimento exponencial da participação da China. Para se ter uma idéia, entre 2005 e 2006, as exportações da China para o Brasil cresceram 50,4%, a segunda maior cifra de crescimento entre os parceiros tradicionais do Brasil (só atrás do Chile). Por outro lado, o crescimento das exportações do Brasil para a China, se bem que notável, foi bem menor: 23,9%.

Como já mencionado, os anos 90 foram o momento de inflexão nas relações entre Brasil e China, especialmente no que diz respeito às relações comerciais. O Brasil, liberalizando sua economia e abrindo seu mercado, tornou-se fonte de forte atração para as exportações tanto de países desenvolvidos quanto de países em desenvolvimento, principalmente a China, que adotava então uma política comercial agressiva de promoção de suas exportações, que a alçariam ao grupo de elite do comércio internacional.

De fato, em pouco mais de duas décadas, a China passou de uma posição marginal a uma posição de destaque nos fluxos globais de bens e serviços[2]. Na atualidade, o país ocupa a posição de 3º maior exportador de mercadorias do mundo, com um volume total de US$ 762 bilhões comercializados, ou 7,3% das exportações globais, colocando-se, nesse quesito, atrás apenas da Alemanha e dos Estados Unidos. Similarmente, é o 3º maior importador do mundo, responsável por 6,1% das importações globais, num total de US$ 660 bilhões. Como nas exportações, aqui a China também se coloca atrás de Estados Unidos – o maior importador do mundo – e Alemanha.

No comércio de serviços, a China também se destaca, embora ocupe posição mais modesta. Suas exportações somam um total de US$ 73,9 bilhões, o que responde por 3,1% das exportações globais desse gênero, colocando-a em 9º lugar; suas importações, por sua vez, alcançam US$ 83,2 bilhões, ou 3,5% dos fluxos globais, deixando-a em 7º lugar.

O peso da China no comércio internacional é bem maior do que o do Brasil. Este é apenas o 23º maior exportador de mercadorias do mundo, com um volume total de US$ 118,3 bilhões – ou 1,1% do fluxo mundial (pouco mais de 15% do valor das exportações chinesas); é também o 28º maior importador, com um volume total de US$

---

[2] Dados a seguir são relativos a 2005. Organisation Mondiale du Commerce, 2006, partie I.

76,7 bilhões, ou 0,7% das importações globais. No que tange ao comércio de serviços, a posição do Brasil é ainda mais modesta.

Deve-se destacar, no entanto, que o Brasil tem-se tornado, ao longo dos últimos anos, um país extremamente agressivo no plano do comércio internacional. Tanto as importações quanto as exportações batem, sucessivamente, recordes históricos – em 2006, o fluxo comercial total do país alcançou pouco mais de US$ 220 bilhões. Ademais, no plano das negociações comerciais internacionais, o Brasil desempenha papel de protagonista principal ao lado das grandes potências comerciais (Estados Unidos e União Européia), liderando, no âmbito da OMC, o G20, grupo que defende a liberalização do comércio agrícola nas negociações da Rodada Doha e que, atualmente, é formado por 21 Estados, dentre os quais a China, sob a liderança da Índia e do Brasil.

Quais os fundamentos do relacionamento comercial entre a China e o Brasil? Quais são as marcas da presença chinesa no mercado brasileiro? A esse respeito, em pouco mais de dez anos, a China se tornou, de forma espetacular, o 3º mais importante parceiro comercial do Brasil, atrás apenas dos Estados Unidos e da Argentina, economias com as quais o Brasil tem um relacionamento íntimo há décadas. Isso ressalta ainda mais os impressionantes números do relacionamento comercial sino-brasileiro – de fato, só muito recentemente iniciaram--se os contatos comerciais de vulto entre ambos os países, e em tão pouco tempo a China logrou tornar-se um mercado fundamental para o Brasil. Para ilustrar esta afirmação, basta ter-se em mente que em 1987 o fluxo de comércio entre os dois países alcançava pouco mais do que US$ 659 milhões; em 2006, o fluxo alcançou a impressionante marca de mais de US$ 16 bilhões – ou, para ser mais exato, US$ 16.388.483.398.00 . Ou seja, crescimento de mais de 2380% em 20 anos.

A economia chinesa fornece para o Brasil exportações no valor de US$ 7,998 bilhões, respondendo por 8,74% das importações do Brasil. Em contrapartida, o Brasil exporta para a China pouco mais de 8,399 bilhões, ou 6,11% das exportações brasileiras. No total, a balança comercial pende a favor do Brasil, com um superávit de US$ 401 milhões.

Para além dos números, quais são os produtos que a China exporta para o Brasil e vice-versa? Em primeiro lugar, deve-se notar que uma das marcas da presença comercial chinesa no Brasil se nota no mercado de têxteis, no qual concorre com a produção nacional brasileira. Não por acaso, a mídia brasileira, refletindo preocupações de organizações de empresários e sindicatos, tem levantado a bandeira do protecionismo, argumentando que as exportações de têxteis chineses inundam o mercado brasileiro em prejuízo do mercado nacional, com base nos baixos custos de produção derivados, especialmente, do baixo nível salarial vigente na China. Para os protecionistas brasileiros, a China vem mantendo competitividade internacional com base, em grande parte, na prática de *dumping* social.

Duas ressalvas devem ser feitas a esse argumento. Em primeiro lugar, o nível salarial de uma economia não pode, por si só, indicar sua competitividade na produção e exportação de determinado bem. A teoria econômica nos obriga a olhar para a relação entre produtividade e nível salarial, segundo a qual o salário reflete o produto marginal do trabalho e, portanto, depende do nível de produtividade alcançado pelo trabalhador. Ora, uma economia de baixos salários não é competitiva se o seu nível de produtividade for tão menor em relação ao de outros países de modo a compensar o diferencial salarial.

Em segundo lugar, os têxteis, em que pese o fato de que realmente penetram com cada vez mais facilidade no mercado brasileiro, figuram num modesto 8º lugar dentre os produtos que a China mais exporta para o Brasil, responsáveis por meros 0,87% do total daquelas exportações.

Com efeito, uma análise detida dos padrões atuais de comércio entre a China e o Brasil no leva à conclusão de que existe uma grande complementaridade nos fluxos comerciais bilaterais. Entre os 100 produtos que o Brasil mais exporta para a China, quase a totalidade se trata de produtos primários ou de matérias-primas beneficiadas por processos que envolvem baixo nível tecnológico e, portanto, agregam menos valor. São em sua maioria minerais, grãos (especialmente soja), couros, fibras, madeira, celulose, papel, borracha, resinas e, dentre os produtos da indústria de transformação, chapas e lâminas metálicas e ferramentas simples. Desses 100 produtos, apenas alguns são industrializados em processos que envolvem nível considerável de tecnologia, com destaque para motores de explosão, máquinas agrícolas, turbinas hidrelétricas e componentes para aparelhos de telefonia.

No entanto, a despeito das exceções, o caráter primário (agrícola, mineral e extrativista) das exportações do Brasil para a China é notável quando se analisam os produtos mais exportados e, principalmente, a parcela que representam na pauta brasileira de exportações. Segundo dados do Ministério do Comércio Exterior brasileiro relativos ao período de fevereiro de 2006 a fevereiro de 2007, apenas o ferro e seus derivados (minério, concentrados de ferro e ferronióbio, excluindo-se chapas e lâminas) respondem por 58,06% das exportações brasileiras para a China. Os outros produtos mais exportados são, pela ordem: óleo bruto de petróleo (3,83%), pasta de madeira (3,39%), grãos de soja (3,03%), motores de explosão para veículos (2,49%) e couros bovinos (2,14%). Os dados revelam, ademais, que as exportações brasileiras para a China são pouco diversificadas: mais da metade do valor total deriva de apenas um produto e seus derivados; os 100 produtos mais exportados respondem por 96,55% de todo o valor exportável; em comparação, o produto que a China mais exporta para o Brasil – como se verá adiante – responde por menos de 6% do valor, e os 100 produtos mais exportados, por exatos 50,65%.

A China exporta para o Brasil, basicamente, bens manufaturados, de médio ou alto nível tecnológico. Destacam-se os equipamentos de informática, telefonia móvel e telefonia fixa, aparelhos de telecomunicações e seus componentes, circuitos, processadores, monitores de cristal líquido, máquinas de diversos tipos, além de bens de consumo doméstico (fornos de microondas e ferros de passar roupas) e brinquedos. Os produtos mais exportados são, pela ordem: componentes para aparelhos de telefonia e telegrafia (5,96%), dispositivos de cristal líquido (3,42%), coques de hulha, linhita e turfa (1,45%), componentes para aparelhos televisores (1,24%), circuitos (1,14%) e câmeras de vídeo (1,04%). Tecidos e brinquedos, os produtos de presença mais visível da China no mercado brasileiro, respondem, respectivamente, pelos 8º e 35º lugares, o que equivale a 0,87% e 0,44%, respectivamente, do valor total das exportações chinesas para o Brasil.

Uma interpretação dos dados, para além dos meros valores numéricos, permite afirmar a complementaridade do fluxo de comércio sino-brasileiro: o Brasil exporta para a China bens de produção, basicamente matérias-primas e algum maquinário, ao passo que a China exporta para o Brasil bens de consumo com valor agregado.

182 *A Presença da China no Brasil*

Tal afirmação é, evidentemente, uma generalização. No entanto, ela não se afasta da realidade. Pode-se facilmente corroborar, com estes dados e interpretações, a afirmação dita anteriormente de que a China, como potência industrial em ascensão, está construindo em torno de si sua própria "periferia", ou seja, mercados fornecedores de matérias-primas e outros insumos que sustentem sua industrialização e, ao mesmo tempo, consumidores de suas manufaturas. Dentro dessa perspectiva, o Brasil faria parte da periferia chinesa. Talvez aí se pudesse buscar o verdadeiro fundamento que, para o Estado chinês, sustenta a "parceria estratégica" com o Brasil.

A outra face da presença econômica da China no Brasil se dá pelo fluxo de investimentos estrangeiros diretos (IED), ou, mais especificamente, pelos investimentos que a China tem realizado no Brasil. A esse respeito, as estatísticas do Banco Central do Brasil mostram uma presença ainda muito tímida. Por exemplo, no ano 2000, a China contava com um estoque total de investimentos no Brasil da ordem de apenas US$ 37,74 milhões – a título de comparação, o estoque dos Estados Unidos ascendia a US$ 24,5 bilhões; o estoque da China equivalia mais ou menos ao do Bahrein.

Os fluxos, no entanto, têm-se intensificado. De 2001 a 2005, o Brasil recebeu mais de US$ 65 milhões da China, elevando-se o total de capitais chineses a US$ 93,15 milhões. Em 2005, entraram no Brasil mais de US$ 15 bilhões em IED, dos quais apenas US$ 7,56 milhões provenientes da China. Como conseqüência, a China é, para o Brasil, apenas a 36º maior fonte de capitais externos, medidos em estoques acumulados, atrás de países como Áustria, Cingapura, Coréia do Sul e Dinamarca.

A pouca participação de investimentos chineses no Brasil explica-se, talvez, pela posição ainda incipiente da China como fonte de IED. Estima-se que a China responda por algo em torno de 6% do IED global, incluindo, para efeitos de cálculo, Hong Kong, Macau e Taiwan. Nos últimos anos, a China tem-se concentrado em investimentos de *portfolio*, comprando ações de companhias estrangeiras e, sobretudo, títulos governamentais, especialmente do Tesouro dos Estados Unidos, relegando pouco capital para o IED.

Entretanto, as perspectivas que se apresentam em relação ao influxo de capitais chineses no Brasil são amplas, e, cada vez mais, ganha destaque nesse relacionamento a constituição de *joint ventures* por empresas dos dois países. Recentemente constitui-se uma das mais importantes delas, com a parceria estabelecida entre a EMBRAER e a AVIC II para a exploração do mercado asiático de aeronaves de médio porte. Outras *joint ventures* de vulto foram constituídas entre Petrobrás e a China National Machinery para a exploração de petróleo em águas profundas – tecnologia que a empresa brasileira domina – e entre a brasileira CVRD e a chinesa Baosteel para explorar atividades de mineração. Em 2004, durante visita do Presidente Luiz Inácio Lula da Silva à China, o Presidente brasileiro e o chefe do regime chinês, Hu Jintao, anunciaram a intenção de aumentar os investimentos chineses no Brasil em US$ 5 bilhões até 2008, especialmente em infra-estrutura (portos, ferrovias e geração de energia). Ademais, o fluxo inverso também tem sido fomentado: empresas brasileiras como as já citadas EMBRAER e Petrobrás, além da empresa de transportes Marcopolo e da siderúrgica Gerdau, estudam investir no mercado chinês.

Presença cultural: o encontro de dois mundos

A China é, de certo ponto de vista, mais do que um país: é uma civilização. Uma civilização que se regozija de seus mais de 4000 anos de história, diante dos quais os menos de 200 anos de história do Brasil independente se amesquinham. Grandes civilizações, como a China, são conhecidas pela força de sua cultura e sua capacidade de penetração e influência sobre outras civilizações. Não se poderia esperar menos da China.

No entanto, a presença cultural chinesa no Brasil é incipiente, quase nula. Dois fatores se alinham para explicar tal fato. Em primeiro lugar, são países de tradições culturais diferentes, de filiações ideológicas e civilizacionais distintas. O Império do Meio é uma civilização de quatro milênios, historicamente refratária a influências externas, filiada às tradições orientais; o Brasil, por outro lado, nasceu como produto das expansões do Ocidente – Europa ocidental, para ser mais preciso – nos séculos XV e XVI, e se desenvolveu sob a égide das idéias da Renascença, da Contra-Reforma, do Iluminismo e do Liberalismo – é, em outras palavras, um país ocidental. Em segundo lugar, a China não exerce uma influência cultural marcante sobre nenhum outro país, exceção feita à região do sudeste asiático, onde, por conta da chamada diáspora chinesa, o país goza de uma forte presença cultural.

Em que pesem estes fatos, a presença cultual chinesa no Brasil existe, e pode ser datada de forma exata: 1812. Neste ano, 300 chineses trazidos para a então colônia brasileira pelo Conde de Linhares sob as ordens do rei português D. João VI desembarcaram no Rio de Janeiro para trabalhar nas plantações de chá no Jardim Botânico e na Fazenda Imperial de Santa Cruz. A partir daí, no entanto, a presença chinesa declinou, inclusive com o total desaparecimento do grupo. O Brasil era um país escravocrata, e as imigrações de trabalhadores para o país eram, ainda, muito incipientes.

Apenas a partir da segunda metade do século XIX, com o gradual desaparecimento da escravidão, o Brasil se volta para o exterior em busca de mão-de-obra imigrante. Fato curioso é que a primeira escolha do Brasil recaiu sobre os trabalhadores chineses então conhecidos como *coolies*, que já trabalhavam em pequena escala nas grandes plantações dos Estados Unidos e de Cuba, entre outros. Em 1879, o governo imperial do Brasil enviou ao Império Chinês uma missão especial com o objetivo de recrutar estes novos trabalhadores para as fazendas de café da região sul do país. A missão fracassou diante da recusa do governo chinês de liberar a emigração de seus trabalhadores, em parte devido aos conhecidos maus-tratos que sofriam em outras partes da América. Ainda assim, a partir dos anos 1880 até 1900, mais de 3000 chineses desembarcaram, de maneira não-oficial, nos portos brasileiros, dirigindo-se majoritariamente para as plantações de chá no Rio de Janeiro.

O primeiro desembarque oficial de chineses no Brasil independente se deu em 15 de agosto de 1900, quando chegaram ao porto de Santos 107 pessoas oriundas de Cantão a bordo do vapor *Malange*. Boa parte do grupo se dirigiu para as fazendas de café no município de Matão; a outra parte permaneceu em São Paulo. Aqui, muitos se dedicaram à atividade que, na atualidade, é uma das marcas da presença chinesa no Brasil: a produção e venda de pastéis. A imigração se intensificou nos primeiro anos do século XX para sofrer forte declínio por ocasião das duas guerras mundiais, bem como da restrição imposta pelo governo Getúlio Vargas à entrada de imigrantes no Brasil, nos anos 30. O influxo de imigrantes chineses foi retomado, ainda que de forma incipiente, após a Revolução de 1949. Na atualidade, residem no Brasil cerca de 190 mil chineses e descendentes, formando a segunda maior comunidade de asiáticos no país, atrás apenas da colônia japonesa. Mais de 120 mil deles estão concentrados no estado de São Paulo.

Um aspecto interessante da crescente presença chinesa no Brasil se pode notar no crescimento exponencial da procura por cursos de mandarim. Apesar da inexistência de estatísticas no setor, estima-se que o mandarim tem sido o idioma cuja procura mais tem crescido no Brasil. O público demandante é vasto, mas abrange especialmente empresários e profissonais de comércio exterior.

Um outro aspecto da presença chinesa pode ser visto na fundação, em 2005, do Centro de Cultura Chinesa no Brasil, com sede em São Paulo. O Centro tem desenvolvido atividades que visam à propagação da cultura chinesa – culinária, idioma, artes marciais, caligrafia – entre a população brasileira.

O crescimento da China, em todos os aspectos, é um dos maiores acontecimentos deste início de século XXI, no plano global. É inevitável, pois, que o Brasil venha a sentir com mais e mais intensidade a presença daquele país nas mais variadas dimensões de sua sociedade. Cabe ao Brasil aproveitar essa presença, dinamizando suas relações com a China de modo a fazer crescer também a presença sua presença neste país.

(NOTA: O conteúdo deste texto reflete as posições pessoais dos autores.)

Autores:
(Fernando Leça – Advogado e Diretor Presidente da Fundação Memorial da América Latina)
(Fábio Simão Alves – Bacharel em Relações Internacionais pela USP e Diplomata)

Referências bibliográficas

ALMEIDA, Paulo Roberto de. "A China e seus interesses nacionais: algumas reflexões histórico-sociológicas". *Meridiano 47*, n.º 59, junho de 2005.

ARRAES, Virgílio Caixeta. "Brasil e China: parceria promissora. *In: Meridiano 47*, n.º 52-3, novembro e dezembro de 2004.

ASSUNÇÃO, Moacir. "Encontro de dois impérios". *Parceria Brasil-China*, Revista bimestral da Câmara Brasil-China de Desenvolvimento Econômico. Ano II, n.º 5, abril/maio de 2005.

BRASIL, Banco Central do Brasil. Investimento estrangeiro direto: séries temporais. www.bcb.gov.br?INVED.

_____, Ministério do Desenvolvimento, Indústria e Comércio Exterior. *Indicadores e estatísticas de comércio exterior.* Brasília: Departamento de Planejamento e Desenvolvimento do Comércio Exterior, 2007.

_____, Ministério do Desenvolvimento, Indústria e Comércio Exterior. Rede Nacional de Informações sobre Investimento. http://desenvolvimento.investimentos.gov.br.

CABRAL, Severino. *Brasil e China – aliança e cooperação para o novo milênio. Paper* apresentado no Seminário Brasil-China. Rio de Janeiro: IPRI & MRE, 1999.

CARDOSO, Renato Silva. "Brasil e China: mudança para economia de mercado – e agora?". *In: Meridiano 47*, n.º 52-3, novembro e dezembro de 2004.

CHACON, Vamireh. *Política Externa da China na virada do século XX para o XXI. Paper* apresentado no Seminário Brasil-China. Rio de Janeiro: IPRI & MRE, 1999.

DUBÉ, François-Philippe, TASSÉ, Loïc, TURCOTTE, Sylvain. *Les relations Inde-Brésil-Chine: nouveaux axes de coopération et d'affrontement.* Montréal: Groupe de Recherce en Economie et Sécurité, mai 2002, volume 4, numéro 5.

GEISEL, Ernesto. *Depoimento ao CPDOC.* Rio de Janeiro: Fundação Getúlio Vargas, 1977.

HENGMIN, Yin. *Desenvolvimento do relacionamento da parceria estratégica sino-brasileira: rumo ao século XXI. Paper* apresentado no Seminário Brasil-China. Rio de Janeiro: IPRI & MRE, 1999.

LEITE, José Roberto Teixeira. *A China no Brasil:* influências, marcas, ecos e sobrevivências chinesas na sociedade e na arte brasileiras. Campinas: Ed. Unicamp, 1999.

OLIVEIRA, Amaury Porto de. "A 'Beijing Consensus' is emerging". *Panorama of the International Conjuncture*, number 7, year 27, October and November, 2005.

OLIVEIRA, Henrique Altemani de. "Brasil-China: trinta anos de uma parceria estratégica". *Revista Brasileira de Política Internacional*, n° 1, Janeiro-Junho de 2004.

ORGANISATION Mondiale du Commerce. *Statistiques du commerce international.* Génève: OMC, 2005.

PINTO, Paulo Antonio Pereira. "O ressurgimento da influência político-cultural chinesa: o interesse para o Brasil". *Meridiano 47*, n.º 60, julho de 2005.

_____. "A China e seu projeto para o século XXI – a dimensão cultural". *Meridiano 47*, n.º 53-3, novembro e dezembro de 2004.

ZHIQUAN, Wang. *China's trade policy and Sino-Brazilian trade relations. Paper* apresentado no Seminário Brasil-China. Rio de Janeiro: IPRI & MRE, 1999.

O Diálogo entre o "Jeito Asiático" e a Maneira Brasileira de Ser

O Caso do Menino Brasileiro Iruan Retido em Taiwan

PAULO A. PEREIRA PINTO [*]

"Só a Antropofagia nos une. Socialmente. Economicamente. Filosoficamente. Única lei do mundo. Expressão mascarada de todos os individualismos, de todos os coletivismos. De todas as religiões. De todos os tratados de paz. Tupi, or not tupi that is the question. Contra todas as catequeses. E contra a mãe dos Gracos. Só me interessa o que não é meu. Lei do homem. Lei do antropófago."

> (Manifesto Antropófago de Oswald de Andrade, que indica o caminho brasileiro sempre amigável de aceitar o que nos é estranho sem deixar de transformá-lo em algo mais próximo de nossa personalidade.)

"É possível traçar em grandes linhas a história da criação do que poder-se-ia definir como os começos de um conhecimento brasileiro, ou uma visão brasileira do mundo de cultura e civilização chinesa. O conhecimento da China no Brasil pode-se dizer que teve início nos começos da colonização e formação da civilização brasileira. Desde os primórdios da criação do Brasil que os Jesuítas introduziram costumes, crenças e saberes oriundos da Ásia (Índia e China) nas estruturas sociais e culturais que produziram o nascimento do ser nacional brasileiro."

> ("A Sinologia no Brasil: Perspectivas para o Século XXI", texto apresentado pelo Prof. Dr. Severino Cabral na Universidade de Estudos Estrangeiros de Beijing, em setembro de 2001)

---

[*] As opiniões expressas no artigo são de carácter pessoal e não representam pontos-de-vista do Ministério das Relações Exteriores do Brasil.

Introdução

Este artigo pretende lembrar o episódio recente da retenção de um garoto brasileiro Iruan Ergui Wu, por seus tios taiwaneses, na cidade de Kaohsiung, no Sul da ilha de Formosa, entre 2001 e 2004. Acredito que o assunto possa continuar a ser de interesse, na medida em que proporcionou oportunidade de diálogo cultural, entre o "jeito asiático" e a "maneira brasileira de ser". Este debate insere-se em quadro maior do esforço de nações que buscam proteger suas identidades culturais das conseqüências da globalização.

Na condição de Diretor do Escritório Comercial do Brasil em Taipé, durante aqueles três anos, fui colocado diante da situação de que devia prestar assistência consular a nosso jovem nacional, enquanto buscava tornar o processo de resgate do menino em **diálogo entre duas culturas.**

Esta narrativa inicia-se em de abril de 2001, quando Iruan Ergui Wu, aos cinco anos, órfão de mãe brasileira e pai taiwanês, encontrou-se em Taiwan, no meio de pessoas cuja língua não entendia e passou a recusar-se a falar, também, o português. De repente, o menino, que estava na ilha de Formosa, pela primeira vez, havia apenas um mês, onde viera conhecer a família paterna, sofreu a morte do pai. Passou, então, a ser retido pelos tios numa sociedade onde não se resolveu a equação que combina a preservação da identidade cultural, com a necessidade de respeito a direitos individuais reconhecidos universalmente.

Seu drama, provocado pelo desejo de tios paternos, que recém o haviam conhecido, de retê-lo em Taiwan, em desafio à tutela concedida pela justiça brasileira à avó materna, no Rio Grande do Sul, foi acompanhado, com grande interesse e persistência, pela imprensa brasileira e taiwanesa.

Desde o primeiro momento em que comecei a acompanhar seu caso, senti-me envolvido emocionalmente com o sofrimento do menino, dedicando-lhe muito mais do que atenção burocrática. Crescia a afeição pela criança, enquanto era difícil controlar a revolta, diante do que entendia como a violação de direitos básicos de um pequeno cidadão brasileiro, em território tão distante.

Iruan se recusava a falar comigo em português, mas sempre demonstrou grande interesse pelo jogo de futebol. Em análise retrospectiva, verifico, agora, que, com o desenho de bolas deste esporte, expressava sua identidade cultural, por estar no meio de pessoas que não cultivam este esporte.

O silêncio do menino gaúcho (natural do estado do Rio Grande do Sul) atestava seu esforço descomunal, para a pouca idade, na resistência a toda uma proposta da família que o retinha, com o objetivo de apagar de sua memória qualquer resíduo de lembrança dos parentes e comportamentos deixados no Brasil, para que se tornasse, mais tarde, um reprodutor do sobrenome Wu, com características apenas locais.

No processo de negociação para seu retorno a nosso País, cabia-me, por um lado, perante a sociedade brasileira, situar a retenção do menino no contexto do "jeito asiático", e, por outro, explicar aos taiwaneses nossa visão do problema, à luz do "jeito brasileiro".

Era, sem dúvida, um exercício digno da antropofagia defendida por Oswald de Andrade. Isto é, tratava-se de "digerir" características locais e devolvê-las ao distinto público da ilha, na forma de discursos e gestos, demonstrando a tolerância possível – com um "jeito" que apenas nossa cultura tropical seria capaz de fazer, sempre sem permitir que as negociações emperrassem de vez.

Finalmente, em 12 de fevereiro de 2004, Iruan retornou aos braços da avó materna gaúcha, Sra. Rosa Leocádia Ergui. Acompanhei-o, durante viagem de 40 horas, de Taiwan ao Rio Grande do Sul, no Brasil.

É sobre essa negociação cultural que trata este artigo. Busquei, então, o engenho e a arte para redigí-lo, com base em minha vivência pessoal de quase três anos, na intermediação do diálogo entre o "jeito asiático" e a maneira de ser brasileira, opondo uma visão em que predomina o interesse de um grupo social, a uma perspectiva do direito de cada cidadão.

O Jeito Asiático

Na perspectiva do mencionado na introdução acima, cabe registrar que, de repente, Iruan encontrou-se numa sociedade onde não se resolveu a equação que combina a preservação de sua própria identidade cultural, com o respeito a direitos individuais reconhecidos

190   *O Diálogo entre o "Jeito Asiático" e a Maneira Brasileira de Ser...*

universalmente. A criança brasileira, viu-se, repentinamente, submetida a costumes de uma terra desconhecida, descritos como o "jeito asiático".

Já se tornou lugar comum, a propósito, dizer que o fenômeno da globalização tem influenciado a reorganização dos sistemas político e econômico mundias, aumentando a divisão da produção internacional, ditando uma cultura uniforme com características ocidentais e determinando a inserção das diferentes regiões do mundo em novo ordenamento mundial.

Para fazer face a este tipo de desafio, países na Ásia-Oriental e o Brasil buscam proteger suas identidades culturais das conseqüências da globalização. Pessoas, naquela parte do mundo e na nossa, portanto, efetuam grandes esforços para entender a sociedade em que vivem como parte de um escudo protetor para suas aspirações e interesses individuais e coletivos.

A pressão deste fenômeno de caráter mundial sobre suas identidades culturais leva países asiáticos e o Brasil a buscarem um conjunto de valores que lhes permita consolidar suas crenças, hábitos e ideais, herdados através de história compartilhada. Na medida em que seja bem sucedido, o fortalecimento de interesses comuns a seus cidadãos fornecerá a esses países agendas de preocupações próprias, em oposição à réplica, dentro de suas fronteiras, de parâmetros culturais da América do Norte e Europa.

Encontrei-me, assim, ao acompanhar a questão do menino em Taiwan, diante da situação de buscar, por meio da prestação de assistência consular, a intermediação entre aquelas respectivas agendas de oportunidades e desafios, enquanto tentava encontrar interesses comuns compartilhados, tudo em benefício da causa da luta pelo retorno de Iruan ao Brasil.

Para muitos, fora do continente asiático, a propósito, até há pouco tempo, o "jeito" daquela parte do mundo significava ciclos de controle de qualidade e outras técnicas de administração criadas pelas empresas japonesas, a partir da década de 1970.

Gradativamente, a região começou a projetar-se na consciência mundial, a partir de novas formas de inserção. Trata-se, agora, de apresentar formas únicas, em termos de idéias e valores. Passou-se, então, a entender que existe uma rede muito mais ampla de crenças que servem de base de sustentação para o processo de crescimento da Ásia-Oriental.

O interesse acadêmico sobre a evolução dos regimes políticos naquela área intensificou-se, desde o término da Guerra Fria. Recentemente, novas perguntas têm sido formuladas, como a relativa à possibilidade de que a falência universal do autoritarismo venha a produzir o mesmo tipo de padrões democráticos aceitos pelo Ocidente, no continente asiático, onde experiências históricas, muitas vezes milenares, provocaram a emergência de formas bastantes originais, tanto na China quanto em países do Sudeste Asiático.

Na mesma perspectiva, coloca-se o debate quanto ao desenvolvimento do sistema capitalista e das práticas de economia de mercado em países de acelerado crescimento, onde personalidades fortes ou partidos políticos com longa permanência no poder, levaram o Estado a desempenhar papel preponderante no funcionamento das forças de mercado. Também neste setor, são notadas marcantes diferenças entre os modelos adotados na Ásia-Oriental e os de tradição européia e norte-americana.

O jeito asiático – em suma e termos reconhecidamente simplificados – consideraria que direitos individuais poderiam, em determinado momento, serem colocados em segundo plano, seja em relação ao progresso ou segurança da sociedade, seja mesmo em função de interesses de um grupo familiar.

Nesse contexto, foi possível verificar, desde o início do caso Iruan, a ausência da percepção, em Taiwan, quanto a direitos básicos do menino, na medida em que ele era encarado como "algo" a ser formatado segundo práticas de comportamento e educação local. Não lhe era reconhecido o direito de permanecer próximo aos que lhe haviam dado afeto e identidade, nos cinco primeiros anos de vida.

A partir de abril de 2001, portanto, para os que defendiam o retorno imediato do garoto para junto da avó materna, tratou-se de questionar a essência do argumento de que o clã Wu poderia conceder-lhe melhores "benefícios", na medida em que não haveria parâmetros razoáveis de comparação.

No decorrer do processo judicial, estudo sócio-econômico, realizado em Taiwan, de acordo com a legislação taiwanesa, não evidenciou vantagens para a permanência do menino. Pelo contrário, registrou desvantagens. Tal avaliação da família Wu, realizada durante o período de quatro meses, entre dezembro de 2001 e abril de 2002, ressaltara, mesmo, a importância do pronto retorno de Iruan ao Brasil, onde desfrutaria de ambiente mais favorável para seu crescimento.

Enquanto isso, a Advogada de Defesa dos tios taiwaneses deixava claro, em suas petições, que uma das poucas razões para a retenção de Iruan em Taiwan seria o fato de que, na ilha, existem prerrogativas em favor dos meninos. Caso ele fosse criado no Rio Grande, seria prejudicado, pois, no Sul do Brasil, "garotos e garotas têm os mesmos direitos".

A Maneira de Ser Brasileira

No Brasil, a capacidade antropofágica, no sentido de absorção de outras culturas, foi sendo desenvolvida, desde o início da colonização e da formação de nossa civilização tropical.

Ao chegar à região Leste do continente sul-americano, em 22 de abril de 1500, Pedro Alvarez Cabral encontrara uma gente cuja forma indígena de ser a tornava perfeitamente confortável no ambiente de integração com a natureza em quem viviam. A terra era rica em recursos naturais, as florestas transbordavam de vida e seus rios sustentavam os nativos.

A miscigenação dos colonizadores com o povo local e com os trazidos à força da África criou um país onde a variedade racial é um fato da vida, sem tensões que, com freqüência, permeiam outras sociedades multiraciais. A disponibilidade para a tolerância diante de outras culturas foi transmitida através de sucessivas gerações de brasileiros, tornando-nos um povo voltado para o futuro, sem medo do passado. Somos um povo direcionado para o que virá a seguir, sem o peso de heranças de conflitos históricos. Em comparação com certas nações cuja história é carregada de pecados, em virtude de fortes nacionalismos, temos sempre recebido bem pessoas de diferentes raças e culturas.

No que diz respeito à influência chinesa no Brasil, recorro, mais uma vez, ao ensaio do Professor Doutor Severino Cabral, já citado em nota da primeira página, para quem é possível traçar em grandes linhas a história da criação do que define "como os começos de um conhecimento brasileiro, ou uma visão brasileira do mundo de cultura e civilização chinesa". Tal intercâmbio teria início desde os primórdios da criação do Brasil quando se introduziram costumes, crenças e saberes oriundos da Ásia (Índia e China) nas estruturas sociais e culturais que produziram o nascimento do ser nacional brasileiro.

Segundo o Prof. Cabral, é conhecida a participação jesuíta na construção de um padrão educacional das populações indígenas brasileiras desde o início da historia do país. Este fato, contudo, encontrava-se vinculado a outro de enorme importância, destinado a ter grande e profunda repercussão na vida cultural da jovem nação brasileira. O empreendimento jesuíta surgia num contexto em que a batalha pela fé cristã transcendia o mundo europeu, como resultado das grandes navegações ibéricas, que abriram as rotas oceânicas mundiais. Com isso, os novos soldados da fé puderam criar uma visão global do fato religioso, que culminaria num projeto grandioso de expansão da fé católica na América e Ásia.

"O projeto jesuítico contemplava a possibilidade de irradiar a fé católica além das fronteiras do Velho Mundo. Assumia o compromisso de levar a mensagem aos povos do Novo Mundo americano recém descoberto e aberto à colonização. Bem assim, laborava a idéia de expansão da cristandade para as antigas civilizações do Oriente, nomeadamente: China e Índia" continua o Prof. Cabral.

Na América, espanhóis e portugueses iniciavam a exploração dos novos territórios com a participação dos jesuítas, que, envolvidos no seu magno projeto de conquistar as populações locais, engajaram-se no processo da "Catequese". Tratavam de integrar essas populações que se encontravam em diferentes estágios de desenvolvimento ao processo religioso e civilizatório eurocristão.

Enquanto isso, no Oriente as civilizações da Índia e da China apresentavam as marcas perenes de esplendidas criações do engenho e arte humanos. Elas interpelavam os Jesuítas, impondo-lhes um grande desafio. O desafio de oferecer uma nova crença que representasse algo de novo a um mundo espiritual tão complexo e completo – sempre de acordo com o Sr. Severino Cabral, para quem o encontro da Europa com a China, à época das navegações, foi "uma notável experiência de interlocução intracultural e intercivilizacional".

194   O Diálogo entre o "Jeito Asiático" e a Maneira Brasileira de Ser...

A crescente globalização, no final do século passado e começo do novo milênio anunciariam, contudo, profundas mudanças no conjunto da humanidade. A essas transformações a China introduzia, com a sua ressurgência, uma forma de civilização e de cultura que se mantém singular frente à humanidade européia e anglo-norte-americana.

O Significado do Diálogo Cultural

Esta artigo pretende realçar a dimensão cultural do processo de assistência consular para o retorno de Iruan ao Brasil. O diálogo entre culturas, a propósito, tem sido objeto de intenso debate, a partir de meados da década de 1990.

Assim, com o término da Guerra Fria, abriu-se amplo leque de oportunidades para o aprofundamento do diálogo entre Estados, incluindo temas econômicos, políticos, de segurança, estratégicos e direitos humanos. Simultaneamente, o "diálogo entre civilizações" entrou, também, em nova fase.

A publicação, em 1993, do livro de Samuel Huntington sobre o "Conflito entre Civilizações"[1], no entanto, provocou grande repercussão. Segundo o autor, "cultura e identidades culturais, que em sua acepção mais ampla são identidades de civilização, estão moldando os padrões de coesão, desintegração e conflito no mundo do pós-Guerra Fria". Para alguns analistas, o Professor de Harvard identifica, pela primeira vez, na história, o centro de poder da política global como multipolar e envolvendo diversas civilizações. Distingue entre modernização e ocidentalização. Enterra o mito de uma só civilização universal e ocidentalizada. Analisa o espantoso progresso econômico, militar e político da Ásia pós-década de 1960 e alerta para a explosão demográfica do Islã.

Nas nove civilizações do mundo, de acordo com Huntington, o Ocidente resumir-se-ía a Europa Ocidental, América do Norte e Oceania. Inventa, então, uma certa "civilização latino-americana", para onde o Brasil é despachado. No outro extremo, haveria, a seu ver,

---

[1] "The Clash of Civilizations", de Samuel Huntington, Simon and Schuster.

uma "civilização budista". Identifica, então, tendências no sentido de confrontos entre civilizações. A seu ver, com o término da bipolaridade ideológica mundial, característica do período da Guerra Fria, na busca do fortalecimento de sua identidade, diferentes povos seriam levados a situações de conflito. O choque se daria, principalmente, no processo de competição entre as civilizações de um Ocidente em declínio e um Oriente emergente, onde se sobressairiam o Islã e o Confucionismo.

Em parte, talvez, como reação às teses do "The Clash of Civilizations", diferentes iniciativas, buscando provocar o efeito contrário do previsto pela obra do professor norte-americano, foram colocadas em prática, já a partir do ano seguinte à publicação do livro.

Wang Meng[2], um escritor chinês, durante Seminário sobre o Diálogo entre Civilizações, Pequim, em setembro de 2001, resumiu em cinco "modelos" sua visão de como ocorrem os relacionamentos entre culturas. Em primeiro lugar, acontece o hegemonismo ou colonialismo cultural, que trata a cultura mais forte como referência a ser imitada pelas demais e se apresenta como destinada a eliminar todas as em posição de inferioridade.

A segunda é a exclusividade ou conservadorismo cultural, que rejeita qualquer idéia nova e repudia compartilhar sistemas de valores ou normas com qualquer outra cultura.

A terceira é o chauvinismo cultural, que focaliza em conflitos entre culturas, sem considerar suas possibilidades de trocas, fusões, complementariedade e promoção mútua. Parcial e obcecada com a confrontação, alimenta hostilidades intra-culturais e desentendimentos.

A quarta é o relativismo cultural, fornecendo justificativas para visões e comportamentos anti-humanitários conduzentes à negação completa da compartilhação de valores do pluralismo cultural.

Finalmente, aparece o modelo relativamente ideal, que advoga o diálogo e troca entre culturas, na busca por lugares comuns, enquanto preservando diferenças, incentivando o aprendizado e entendimento mútuos, na esperança do desenvolvimento do grupo e dos indivíduos.

---

[2] Discurso de Wang Meng, durante o Forum do Século XXI, Seminário sobre o Diálogo entre Civilizações, Pequim, Setembro de 2001.

196 O Diálogo entre o "Jeito Asiático" e a Maneira Brasileira de Ser...

O estudo da influência da cultura como fator de agregação, nos dias de hoje, ademais, tem sido amplamente adotado por pensadores de renome. O livro de Francis Fukuyama, "Confiança"[3], publicado em 1996, por exemplo, defende, entre outras, a idéia de que as nações dependeriam para tornar-se competitivas, cada vez mais, de sua sociedade civil, isto é da capacidade de pessoas trabalharem juntas, visando a objetivos comuns, em grupos e organizações, sustentando-se em hábitos culturais antigos: reciprocidade, obrigações morais, deveres para a comunidade e sobretudo *"confiança"*.

Taiwan no Universo Cultural Chinês

A título de exercício de reflexão sobre formas de interlocução com o "universo chinês", ressalta-se que, "diálogo cultural" para o retorno de Iruan ao Brasil, cabia-me, por um lado, perante a sociedade brasileira, situar a retenção de menino no contexto do "jeito asiático", e, por outro, explicar aos taiwaneses nossa visão do problema, à luz do "jeito brasileiro".

Nunca é demais enfatizar, a propósito, que Taiwan – onde se encontrava retido Iruan – é herdeira de vínculos com a China que criam um marco de referência, incluindo valores, idéias e crenças consolidadas através de uma história compartilhada. Laços foram estabelecidos, assim, a partir do fato de habitantes dos dois lados do Estreito de Taiwan falarem o mesmo dialeto, pertencerem à mesma família ou serem originários de um único povoado, província ou região. A relação de confiança, que tais condições conferem a transações comerciais e financeiras no continente asiático, supera a capacidade de coerção ditada por muitos diplomas legais no Ocidente.

Formou-se, assim, rede regional, com bases étnicas, que atua como intermediária, em termos de agentes financeiros, comerciantes e empresários no caminho de uma reintegração de Taiwan à China. Esta

---

[3] "Confiança – As virtudes e a criação da prosperidade", por Francis Fukuyama, Editora Rocco – Rio de Janeiro – 1996.

é uma condicionante que contribui para que o processo de unificação dos mercados e sistemas produtivos, de ambos os lados do estreito, seja reforçado por laços interpessoais e fatores culturais.

Assim, comerciantes formosinos, por um lado, dispõem de relação de empatia com os nacionais da República Popular da China, por raízes étnicas. Por outro, estão melhor equipados para compreender o que se passa no mundo de negócios no exterior, devido a sua longa exposição a empreendimentos multinacionais.

Nessa perspectiva, nota-se que, entre os mecanismos de cooperação proporcionados pela identidade cultural comum aos dois lados do Estreito de Taiwan, encontra-se a capacidade, demonstrada historicamente, de fazer prevalecer, diante de qualquer adversidade, os valores mais importantes da civilização chinesa.

Assim aconteceu, por exemplo, quando a China foi invadida, durante séculos, em diferentes momentos, por mongóis e manchus. Sempre, aqueles que demonstraram superioridade militar, acabaram sendo absorvidos pela superioridade cultural chinesa. Da mesma forma, voltará a ocorrer, após o período iniciado há cinquenta anos, na medida em que foram preservados laços muito peculiares, consolidados por cultura compartilhada, que servirão de cimento entre as sociedades dos dois lados do estreito, no sentido da integração econômica e política.

O Diálogo Cultural na Prática

Uma vez que o artigo se propõe a relacionar a prática, em Taiwan, do diálogo cultural para o retorno de Iruan ao Brasil, com melhor entendimento do "universo chinês", relato, a propósito dois dos momentos mais importantes do acompanhamento do caso do menino.

Nessa perspectiva, esclareço que, durante os três anos do processo judicial, era necessário, a título de reforço da defesa dos interesses da família brasileira, criar situações que demonstrassem, à família e à sociedade taiwanesa que permanecia o interesse, no Brasil, pelo caso do menino. Dessa forma, seria possível evidenciar que, ao contrário do que os tios taiwaneses procuravam demonstrar, Iruan continuava

198   O Diálogo entre o "Jeito Asiático" e a Maneira Brasileira de Ser...

ligado a sua identidade cultural brasileira e com lembranças vivas da avó materna.

Tal período coincidiu com a realização dos jogos da Copa do Mundo, em 2002, na Coréia do Sul e Japão. Cabia, então, tirar proveito da proximidade da seleção brasileira de futebol de Taiwan.

Em 20 de Junho de 2002, portanto, chegou a Taipé o repórter Ernesto Paglia, da TV Globo, para a filmagem de matéria sobre o fato de que o menor brasileiro estava impossibilitado, na Ilha, de assistir aos jogos da seleção no Campeonato Mundial, então em curso.

O enredo incluiria o registro da continuação de sua brasilidade, torcedor do Grêmio, fã do Ronaldinho e entusiasta da seleção.

No dia seguinte, viajamos à cidade de Tainan, ao Sul da ilha, onde se encontrava o menino – o Sr. Paglia, um cinegrafista, três assessores de meu Escritório e o autor do artigo – para visita ao coleginho onde Iruan estudava.

O garoto brincava animadamente com os colegas no pátio, inclusive com uma bola. Como em encontros anteriores, nos recebeu bem, mas sem falar português.

Os repórteres trouxeram uma máquina que exibiu a Iruan a mensagem que lhe endereçara Ronaldinho. Ele reagiu, murmurando algo a seus colegas, com evidente satisfação. Quando recebeu a camisa assinada pelo ídolo, vestiu-a e saiu chutando a bola com os amigos.

Aproveitei para fazer entrega a ele, também, de cópia de fotos da família, escola e companheiros de futebol no Brasil. Ele mostrou-se visivelmente interessado. Depois guardou as fotos em sua mochila.

Em suma, no final de junho de 2002, fortalecemos os vínculos culturais de uma criança que continuava, principalmente por seu apego à bola de futebol, a declarar-se brasileira.

Em outro desenvolvimento, no dia 28 de novembro de 2003, foi promulgada a sentença final do Superior Tribunal de Taiwan, que concedia a guarda de Iruan a sua avó materna brasileira.

A família taiwanesa, contudo, recusou-se a obedecer à sentença judicial e decidiu continuar a reter o menino, ilegalmente.

Em Taiwan, o cotidiano do menino brasileiro era acompanhado quase que "ao vivo" pelas emissoras de TV locais. Jornalistas gravavam imagens do menino todos os dias na sala de aula, a caminho de casa e mesmo no recinto familiar onde os tios taiwaneses o retinham, havia quase três anos.

Finalmente, no dia 09 de fevereiro de 2004, diante da persistente resistência dos tios em entregar-me o menino, para que o levasse de volta ao Brasil, o Juiz responsável pela aplicação da sentença determinou que a Polícia executasse, se necessário pela força, a apreensão do menor.

Imagens ao vivo da cena de resgate forçado, com os policiais fardados tentando segurar a criança foram transmitidas ao vivo e repassadas por televisões no mundo inteiro.

O garoto me foi entregue, por volta das 11 horas da noite do dia 09 de fevereiro de 2004, no Tribunal. Apesar da exaustão do embate, durante o qual apenas ele agredira os policiais – enquanto estes demonstraram notável controle no emprego da força – Iruan ainda chorou, durante quase duas horas, agarrado à tia que o trouxera, sem querer ir conosco para o hotel. Às 02:30 da manhã do dia 10, finalmente, o levamos ao quarto. Continuou a esconder o rosto, enquanto segurava a mão de parente que o acompanhara até o hotel.

Às quatro da madrugada, peguei uma pequena bola e comecei a trocar passes com o Vice-Consul Chateaubriand, dentro do quarto. Logo em seguida, o menino juntou-se a nós, com grande entusiasmo, jogando e agarrando a pelota. O tal parente foi embora e Iruan nem se deu conta.

Às cinco horas da manhã, coloquei-o em contato telefônico com a avó materna, Dna. Rosa, quando ele repetiu que tinha "saudades da avó" e que a amava. Quase às seis horas da manhã seguinte, ele tomava banho e ía dormir.

No dia 11, vivemos a experiência inesquecível da saída do hotel de Kaohsiung – onde havíamos permanecido durante dois dias com escolta policial em nosso andar – e o deslocamento até o aeroporto, em companhia de carros da Polícia. Ainda estão vivas, em minha lembrança, as cenas de empurrões e virtual combate físico para podermos chegar até à porta da imigração, devido ao assédio da imprensa e pressão de simpatizantes da retenção do menino em Taiwan. Quando o avião decolou daquela cidade, rumo a Hong Kong, foi como se um enorme peso tivesse sido retirado de meus ombros.

Conclusão

Em 12 de fevereiro de 2004, com a chegada a Porto Alegre, encerrou-se processo de quase três anos, enquanto a sociedade taiwanesa travou um debate interno sobre se desejava, diante do caso do menino, aparecer como moderna, respeitadora de sua própias leis e de direitos humanos internacionalmente reconhecidos ou se preferiria aderir a tradições em descompasso com valores que caracterizam um mundo globalizado, onde o indivíduo e seus direitos básicos são respeitados.

Durante os três anos de acompanhamento do processo judicial, enquanto articulava a negociação cultural na assistência consular para o retorno de Iruan, tive em mente que, no Brasil, em comparação com certas nações cuja história é carregada de fortes nacionalismos, temos recebido bem pessoas de diferentes raças e culturas e aceito, com naturalidade, suas diferentes formas de ser. Temos, facilmente, incorporado hábitos e palavras de diferentes culturas. A capacidade "antropofágica" é, sem dúvida, um orgulho nacional.

Em outras sociedades, como a taiwanesa, existem contradições ainda não superadas, como o conflito entre as expectativas de setores mais conservadores – que buscam preservar tradições que implicam em reter um menino de então cinco anos, pelo fato de que, mais tarde, se tornaria um reprodutor de seu clã – e uma parcela de pessoas mais esclarecidas – que entendem que uma criança conta com direitos individuais que devem ser respeitados.

Finalmente, cabe reiterar que, em diferentes momentos de contato com Iruan, o garoto recorreu à bola, seja em desenho, seja para, ao chutá-la, expressar que se sentia diferente dos locais, que não incorporaram o futebol a sua cultura. A bola de futebol fora, assim, o elo cultural que ligava Iruan ao Brasil.

De acordo com uma psicóloga taiwanesa, Professora Nicole Kuo Lai-Fu, que analisou seu caso, o guri buscava, então, expressar "um círculo em que, em seu subconsciente, estariam guardadas imagens de lembranças favoráveis do Brasil. Dessa forma, chama atenção e pede a compreensão de que tem saudades do País. Expressa o desejo de que um dia possa retornar ao Brasil e rever o futebol. Este sonho ou ansiedade quanto à volta, está envolto pelo grande círculo (bola) significando o cerceamento ou restrição a tal satisfação".

Há cinco anos de volta ao Sul do Brasil, nosso bravo Iruan continua a torcer pelo Grêmio e retomou sua identidade gaúcha.

Esperemos, também, que preserve o aprendizado da língua chinesa e hábitos comunitários adquiridos em Taiwan, tornando-se um cidadão capaz de representar síntese entre o jeito asiático e a maneira brasileira de ser. Assim, as bolas que vier a desenhar significariam, doravante, o sucesso do diálogo cultural iniciado em Formosa.

Resumo: O caso da retenção do menor brasileiro Iruan em Taiwan, entre 2001 e 2004, ofereceu interessante oportunidade para o diálogo cultural entre o "jeito asiático" e a maneira de ser brasileira. A paixão do menino pelo futebol, favoreceu o esforço para defender o direito de preservar sua identidade cultural e ser mantido junto ao núcleo familiar que lhe era mais próximo, no Sul do Brasil. O desenrolar do processo evidenciou que, em comparação com nações cuja história é carregada de fortes nacionalismos, o Brasil tem incorporado diferentes culturas, com naturalidade.

Abstract: The retention of the Brazilian boy Iruan in Taiwan, from 2001 to 2004, set in motion an interesting cultural dialogue between an "Asian" and a "Brazilian way". The boy's love for soccer helped the efforts to uphold his right to preserve his cultural identity and be brought back to the family group that had been closer to him, in Southern Brazil. As the case unfolded, it became clear that, in comparison with countries that have a historical legacy of strong nationalism, Brazil has been able to easily absorb different cultures.

Palavras-chave: Diálogo cultural. Iruan. Futebol.

Key words: Cultural dialogue. Iruan. Soccer.

Brasil, China e os Países da CPLP: Uma Proposta de Cooperação no Mundo Pós-moderno

PAULO BORBA CASELLA

A antiga ordem internacional está a ser abalada, o que fornece uma oportunidade para a China na participação e na coordenação nos assuntos internacionais. (...) a China terá que reconhecer o regime internacional, cumprir, utilizar e promover a melhoria do regime internacional, sem desistir dos princípios diplomáticos de independência e autonomia, de igualdade e do benefício mútuo.

WEI DAN, Globalização e interesses nacionais: a perspectiva da China (2006)[1]

En somme, réevaluer la tradition n'est pas la trahir. Combinée à une conception évolutive et pluraliste de la mondialisation, la tradition chinoise pourrait ainsi favoriser les hybridations en réponse aux interdépendances et contribuer à féconder le champ politique dans un esprit démocratique.

MIREILLE DELMAS-MARTY, *Le laboratoire chinois* (2007)[2]

---

[1] WEI DAN, Globalização e interesses nacionais: a perspectiva da China (Coimbra: Almedina, 2006, pp. 399-400).

[2] Mireille DELMAS-MARTY, *Le laboratoire chinois* (no volume La Chine et la démocratie, sous la direction de Mireille DELMAS-MARTY et Pierre-Étienne WILL, Paris: Fayard, 2007, pp. 835-836).

Introdução: uma proposta de cooperação

1.1. A proposta de cooperação entre Brasil, China e os países de língua portuguesa pode ser inovadora, nos seus conceitos balizadores, no seu conteúdo e nos seus desdobramentos, na prática. É possível reinventar o modelo de relação entre estes estados.

Não precisará este quadro balizar-se por parâmetros herdados do passado, mas pode contribuir para a construção de modelo, que leve em conta dados da história, do direito internacional, como da economia, para evitar repetir erros e infames escolhas, consideradas aceitáveis ou mesmo legítimas, no tempo pretérito, para, em lugar de perpetuar esses desmandos, contribuir para construir equilíbrio, que se possa alinhar pelos parâmetros do direito internacional do desenvolvimento sustentável, da proteção internacional dos direitos fundamentais, e da resposta, dada pela prática, que se alinhe por princípios, de respeito mútuo e de equilíbrio das trocas comerciais, diversamente do que historicamente pautou e, todavia, em considerável e ominosa medida, ainda pauta o conjunto das relações internacionais e das trocas comerciais entre os estados.

1.2. Quando se fala em cooperação sul-sul se pensa em modelo, antes cultural que geográfico, por meio do qual se poderiam evitar as distorções conceituais e operacionais, que, historicamente marcaram os modelos tradicionais, pautados pela exploração, marcante nas relações entre os países norte-sul, este modelo, também, antes cultural, que geográfico. Por sua vez, a cooperação sul-sul poderia ensejar lugar para modelo de trocas e de cooperação internacional, legalmente mais justo e economicamente mais eqüitativo.

Este modelo eqüitativo de cooperação, ademais, poderia ser modelo a ser considerado e aplicado, pela comunidade dos estados, como um todo. Tal formulação se harmoniza perfeitamente com certa concepção da natureza jurídica do modelo de cooperação internacional, que daria lugar a relações internacionais baseadas sobre caráter específico: exprime a convicção de que aquelas regras de regência da cooperação têm caráter construtivo.

1.3. Ficaria para trás a mera convivência, como modelo herdado de outras eras, daria lugar a modelo novo, baseado na cooperação, e isto, progressivamente se estenderia, mesmo a estados que não tivessem *expressamente* reconhecido esse modelo como tal, ou seja, a demonstração do caráter universal poderia ser considerada como adquirida, mesmo quando não ficasse estabelecido que o modelo de cooperação foi *expressamente* reconhecido, como tal, por todos os estados, sem exceções. Desejável, porém ainda por ser construído.

Uma coisa é afirmar, que seja tal modelo desejável, outra será conseguir seja este aplicado como tal, nas relações internacionais, inclusive, e muito especificamente, entre estados que, em determinado tempo (histórico) e contexto (cultural), foram, cada um deles, objeto de exploração e de tratamento desigual, por parte dos que então se consideravam como titulares das premissas fundadoras da assim chamada "comunidade internacional dos estados, como um todo", a matriz européia ocidental, que se projetou no passado. Curiosamente, é mais fácil criticar os outros do que se renovar a si mesmo.

As lições da história parecem não ter deixado marcas, no sentido de que mesmo no caso desses estados, que foram objeto de exploração e de tratamento desigual, não se ponham de acordo quanto a considerar – e, ainda que o faça em nome de convergência puramente hipotética e formal – que determinadas formas obsoletas da cooperação, como, tradicionalmente, esta se entendia e se praticava, devem sofrer alteração, em decorrência de visão estratégica, de médio e longo prazo, em lugar da prática convencional. Não há motivo plausível para que fiquem atrelados, esses mesmos estados, a repetir os modelos de exploração e de tratamento desigual, aos quais foram sujeitos no passado.

As lições da história somente podem ser úteis, quando aprendidas

2. As lições da história somente podem ser úteis, quando são aprendidas e são aplicadas. É mais fácil discorrer sobre elas do que aplicá-las.

2.1. Para Oswald SPENGLER, no seu ensaio sobre **a decadência do ocidente** (1923, nova ed. 2007)[3] a consciência do ser a respeito de si

---

[3] Oswald SPENGLER, Der Untergang des Abendlandes: Umrisse eine Morphologie der Weltgeschichte (1918 e 1922, edição definitiva, 1923, nova impressão, Düsseldorf: Albatroz, 2007, XVI + 1250 pp.).

mesmo estaria colocada, como dado específico, do que chama 'civilização ocidental', ou seja, não se colocaria, como tal, nem nas civilizações antigas, nem tampouco, na indiana, ou na chinesa. Seria dado do ocidente atual. Nem sempre se põe como indispensável, para o ser, que este se saiba, individualmente, como tal. Pode ser criativo o conjunto, pode alcançar resultado de construção relevante, para a história, igualmente, a civilização, que se vê como todo, mais que agregado de individualidades.

2.2. A mesma percepção do conjunto, acima de todas as individualidades, é dado, até hoje, característico da civilização chinesa. Em clássico a respeito da matéria, Marcel GRANET, **a civilização chinesa** (1929)[4] enfatiza como a percepção do coletivo prima sobre o individual, e o interesse do grupo, normalmente, se sobrepõe, em relação aos interesses de cada um – exceto quando se tratar de dirigente, que imponha o seu dado, como o referencial, a ser observado e aplicado – e este será eixo cultural estável, desse contexto humano e histórico.

O descompasso entre visão que privilegie os interesses e os direitos individuais e os coletivos, por exemplo – sob reserva de boa fé, de parte a parte – se põe, freqüentemente, em relação às críticas, tantas vezes feitas, pelo ocidente, em relação à China, por exemplo, no tocante à questão das restrições ao número de filhos por casal, com as penas severas que podem daí decorrer e a questão das meninas, por vezes abandonadas, porque se prefere o filho único homem, como seguro para cuidar dos genitores na velhice destes, porquanto a filha se unirá e passará a integrar a família do futuro marido. São estes dados culturais ou são práticas atentatórias aos direitos fundamentais do ser humano? A habitual resposta chinesa se põe, no sen-

---

[4] Marcel GRANET, La civilisation chinoise: la vie publique et la vie privée (ed. orig. 1929, Paris: Albin Michel, 1968). Essa obra madura e tranqüila de M. GRANET mereceria ser mais conhecida e refletida, como se dá, no Brasil, quando tanta gente se põe a estudar mandarim, e a pretender compreender a China, sem nada entender dos fundamentos dessa civilização. A advertência é claramente formulada, no primeiro parágrafo da introdução: « La civilisation chinoise mérite mieux qu'un intérêt de curiosité. Elle peut paraître singulière, mais (c'est un fait) en elle se trouve enregistrée une grande somme d'expérience humaine. Nulle autre n'a pendant autant d'années, servi de lien à autant d'hommes. Dès qu'on prétend au nom d'humaniste, on ne saurait ignorer une tradition de culture aussi riche d'attrait et de valeurs durables».

tido de que os direitos coletivos passam à frente dos direitos individuais, e ante o risco de que todos passem fome – como foi dado histórico desta civilização – mais vale restringir escolhas pessoais, em favor do todo.

2.3. O conflito entre os argumentos mostra duas visões distintas da vida do ser e da vida da sociedade. Mostra, justamente, a necessidade da compreensão de valores e de modelos culturais e sociais. Também como questão da vida (a existência) e da consciência desta, e da questão dos valores[5].

A *existência* humana se perfaz na *consciência dessa existência*, ou seja, há que haver *consciência* para que se perfaça a *existência*. Para completar-se a *existência*, cumpre ocorra igualmente a *consciência* desta. E a interação entre a vida individual e a vida da sociedade. Como da vida entre as sociedades, conforme regula o direito internacional.

Na relação entre a vida, e a reflexão a respeito da vida, se inscrevem o papel da história, da filosofia, como também da política, e do direito, e especificamente, do direito internacional. Aí se há de situar também a sociologia, e o conjunto das assim chamadas 'ciências humanas', que se põe em relação direta com a vivência humana. Entenda-se a relação direta da vida e da reflexão sobre a vivência.

2.4. Falar em relação direta entre a reflexão e a vida, e na necessidade de interação, entre a vida, e a reflexão sobre a vivência humana, pois, não é, nem pode ser vista, nem compreendida, como fim em si mesma, ou como conjunto abstrato: a reflexão faz parte da vida, e se faz em relação direta com esta, e com esta tem de ser vivida e interpretada. Reflexão, desligada da vida, pode tornar-se desumana, e ser fator de desumanização da vida individual, como da vida em sociedade.

2.5. Na interação indispensável, entre reflexão e vida, se põe grande discussão. Curiosamente, não há distância, nem contradição, entre duas dentre as correntes de concepção do sentido da vida: que se veja quanto tudo muda na vida, como o único dado certo, de tudo quanto possa a nossa humana percepção compreender e captar, como dado

---

[5] A respeito, v. P. B. CASELLA, ABZ – ensaios didáticos (São Paulo: Imprensa Oficial do Estado, 2008, especialmente o ensaio 'valores e suas conseqüências', pp. 279-298).

vital central, para que seja a experiência humana avaliada. Basicamente podem ser apontados os elementos principais, para permitir a compreensão, dessas diferenças essenciais, quanto ao conteúdo, quanto ao modo de operar, e quanto aos fins, para os quais se destinam. Os modelos culturais podem ser válidos para construir respostas aos desafios do tempo presente.

SIMA QIAN pode ser guia para a orientação das relações internacionais, no contexto pós-moderno

3. A concepção de que tudo muda e, ao mesmo tempo, de que em nada se inova, se põe no *Eclesiastes*, e marca a tradição judaico-cristã: *nihil sub sole novum* – não há nada de novo sob o sol. E existe tempo para cada coisa. Na vida e no mundo.

3.1. O grande historiador chinês SIMA QIAN (140-90 a.C.) nos legou a mesma percepção, conforme aparece no *Shi-ji* (literalmente, *Registro da história*). Esta grande obra, publicada pelo neto, algumas décadas depois da morte do autor, até hoje se republica e permanece presente, como dado relevante para o estudo, e a compreensão do mundo, na tradição chinesa.

Uma das lições de SIMA QIAN se põe no sentido de que tudo muda, e a única coisa certa, é a percepção das mudanças. Daí, a conseqüente necessidade de adaptação, de nossa percepção, à mudança, para permitir a compreensão do mundo. Terá de mudar a nossa percepção, conforme mude o mundo. E nós neste.

3.2. Não é outra a concepção de Nicolau MAQUIAVEL, no *Príncipe* (1513) onde este nos traz a lição, que tanto foi distorcida, mas se pode resgatar, dentro de seu contexto, e cabe, a partir daí, compreender a responsabilidade de cada um, pelo que diz, como pelo que faz. E sempre tem de ser vista a experiência, como dado, a ser relacionado, com o ser humano, com o conjunto da vida, de cada um, e relacionado com a vida, em sociedade: o que faz, cada um, com a sua vida? Como vê e como vive a vida? O que faz, para a vida? E da vida?

Na vertente de percepção da mudança em que se inscreve, MAQUIAVEL enfatiza o papel da indispensável visão humana, como dado para a condução pessoal, como para a regulação da vida, em sociedade.

É preciso, sempre, ter presente quanto muda a vida, e, isso vale para todos, mas, sobretudo, se faz urgente e necessário perceber, quanto muda a vida, da sociedade.

3.3. A lição de realismo político, se puder ser validamente aplicada, o será no sentido da permanência da mudança, ou da compreensão desta, como o padrão, quiçá o único dado estável, no exame da condição humana e das condições da vida em sociedade. O imperativo reconhecimento de que as coisas mudam, e pretender que as coisas sejam de outro modo é a pior forma possível de julgamento político.

A *mutação* se põe, assim, como dado presente, mesmo no direito, que se pretende estável. Em nosso contexto social e cultural, mesmo quando travestida por outros nomes, muito circula, entre nós a pretensão da estabilidade: somente para dar lugar à percepção inevitável da mudança. Isto se mostra em várias facetas. Desde vários pontos de vista e diferentes campos do conhecimento se poderia descer a mais detalhes – mas não é isso o que mais interessa, e sim ver os desdobramentos da mente e da condição humanas, aplicadas a agregar valor, e conferir maior dimensão à vida, mediante a percepção da mudança, e a adaptação da compreensão do mundo.

3.4. Como e de que modo à vida se possa agregar sentido? De que modo e meio fazer que esta se estenda além dos limites físicos, materialmente limitados, de cada existência humana, em seu dia-a-dia, e nas fugazes lembranças, que possam deixar para trás, os que se vão.

Muitos tentaram, de diferentes modos, responder a esta essencial e existencial angústia. A reflexão de BISMARCK, quanto ao ser humano como o pó que se deposita no interior dos aros da roda da história, pode ser posta em paralelo à de PÍNDARO, dois mil e quinhentos anos antes, quanto a ser o homem a sombra de um sonho.

3.5. O sentido da vida está entre as grandes questões que a filosofia há séculos se empenha em responder, porquanto se inscreve entre as recorrentes indagações, que permeiam as inquietações da mente humana, e sempre poderá ser renovada, em sua angústia, ou em sua entrega confiante, quanto ao que possa ser esperado, nesta como em outra, possível futura vida eterna – com a grande diferença que faça, quem puder crer na expectativa de estar destinado a passar da contingência desta, para a imanência da última, e imutável, versão desta.

210 *Brasil, China e os Países da CPLP: Uma Proposta de Cooperação...*

A seu modo, também a história, ou o direito, visam responder a esse anseio de estabilidade, em meio à mutação. O sentido da vida poderia perfazer-se, assim, na espera?

Pode a vida ganhar sentido, na medida em que se lhe agregue a espera. Saber esperar, saber construir, o que, todavia, não se veja, mas se sabe que vale a pena, e pelo qual se luta, pra conseguir. A espera, que se coloca fora da vida, lhe conferiria outra e mais alta dimensão, que o simples viver, enquanto tal, não se lhe confere. Viva-se, mas saiba-se que, além da vida, exista a espera, que se traduza, como esperança, como fé, como expectativa, como dimensão humana, que se agrega à vida, enquanto dado físico, porquanto será este o dado que à vida confere a dimensão, que transcenda o dia-a--dia de cada um de nós, e as contingências das coisas, que passam.

3.6. Na medida em que possamos viver a espera, poder-se-á mais e melhor viver a vida. Pode ser conferida à existência, como a têm também as plantas e os animais, a sua dimensão mais humana, de reflexão sobre a vida, sobre o sentido e o conteúdo desta, e de tudo o que a pode compor, para que se faça mais plena e ganhe sentido, que transcenda o viver físico e a existência, simplesmente tomada como dado fático. A consciência da vida e na vida, a reflexão sobre a vida, o sentido da espera, como a percepção da mudança, e compreensão da mudança, como padrão, pode contribuir para dar sentido à vida.

As reflexões precedentes têm o sentido de alertar para a necessidade de repensar os modelos, ante as mutações que ocorrem na vida em sociedade, como da vida entre as sociedades. O adensamento das relações internacionais em decorrência da crescente interdependência entre os estados somente torna mais presente e premente um novo modelo.

Possibilidade de construção de novo modelo nas relações internacionais?

4.1. A China, como também o Brasil e os demais países, integrantes da CPLP, a Comunidade de Países de Língua Portuguesa, na condição de antigos explorados e espoliados, pelo antigo sistema vigente de trocas internacionais, têm série de lições a tirar do passado, dentre as quais uma das mais importantes, será, justamente, a responsabilidade por não repetir, quando novas relações internacionais se instaurem, o que de mal, com cada um destes, foi feito, por outros, no passado. Destes países, com especificidades da história, cada um sofreu com imposições 'coloniais' ou quase coloniais, no passado, e tem o dever de evitar repetir, com outros, o que lhe fizeram os que a estes impuseram modelos de força e de subordinação.

4.2. Brasil foi colônia de Portugal, desde o 'descobrimento', até a independência, em setembro de 1822, que se formaliza, por meio do tratado de Lisboa, de agosto de 1825, por meio do qual se formaliza o reconhecimento do fato da independência e se insere o Brasil como sujeito de direito internacional, no sistema da época posterior ao Congresso de Viena, de 1815. A partir daí passam por sucessivas fases as relações entre os dois estados.[6]

A presença e influência britânicas passam a ser para o Brasil, equivalentes ao quanto já o eram em Portugal, quase caracterizariam modelo de relação metrópole-colônia, quanto ao equilíbrio das trocas e configuração de papéis internacionais. E isto se dá em ambos os casos.

O modelo predatório e colonialista do direito e das relações internacionais do passado deve ser lembrado, para ser evitado. Cuidadosamente evitado.

A respeito das relações com o Brasil, observava Álvaro de VASCONCELLOS (1997), "fica-se com a idéia de que ao menos a concertação e mais dificilmente a convergência entre as duas diplomacias só raramente e, mais por obra de indivíduos que por desígnio estratégico, se manifestou".[7]

---

[6] Roberto Cavalcanti de ALBUQUERQUE e Antonio ROMÃO (orgs.), Brasil – Portugal: desenvolvimento e cooperação – o diálogo dos 500 anos (Rio de Janeiro: EMC Edições, 2000); José Calvet de MAGALHÃES, Relance histórico das relações diplomáticas luso-brasileiras (Lisboa: Quetzal Editores, 1997).

[7] Álvaro de VASCONCELOS, *O cais do lado de lá* (prólogo ao livro Relance histórico das relações diplomáticas luso-brasileiras, de José Calvet de MAGALHÃES, Lisboa: Quetzal Eds., 1997, pp. 7-9): "E, no entanto, as relações luso-brasileiras tem tudo para dar certo. A mesma língua. O assumir tranqüilo da história comum. Laços humanos enraizados numa comunidade cultural, numa comunidade de afecto. Diz Hélio JAGUARIBE que a comunidade cultural 'se sobrepõe, nitidamente, às especificidades e diferenciações

Da análise combinatória de vários quadros bilaterais podem as relações internacionais entre esses estados, aqui considerados serem pensadas como modelo. Esse poderia ser denominado um modelo sul-sul de cooperação internacional. Modelo este antes cultural que geográfico: inovaria pelo seu conteúdo e pelas premissas a partir do qual se construa, mais que pela repetição de dados já conhecidos e manejados.

4.3. De privilégio de capitulação na China, gozou o Brasil, por efeito do tratado celebrado em Tien-Tsin a 3 de outubro de 1881. Desde 1929, declarou o Brasil estar disposto a colaborar com os demais países interessados a fim de chegar a acordo para a supressão do privilégio da extraterritorialidade. Em agosto de 1943, foi celebrado tratado com o governo chinês, pelo qual se pôs fim ao privilégio[8].

Tratado semelhante, celebrado entre Bélgica e China, em 2 de novembro de 1865, torna-se caso, submetido à Corte permanente de justiça internacional, encerrado, sem julgamento de mérito em 1929.[9] Esse tipo de acordo desaparece da prática internacional, como excrescência de outras eras, suplantada pela evolução do direito internacional, no contexto pós-moderno.

4.4. A construção de modelo de cooperação sul-sul, não predatório e não explorador, pode se socorrer de fundamentação histórica: lembrar o exemplo do que foi feito no passado, e evitar repetir o modelo; pode se socorrer de fundamentação jurídica: há de ser encontrada no campo do direito, e a partir do reconhecimento da existência de valores e de princípios deste, fazer operar o direito internacional, de modo mais consentâneo com os fins de preservação e de promoção da dignidade humana e do bem estar, e deste extrair, depois de

---

que vieram a se constituir no desenvolvimento de ambos os países ... e constituiu uma realidade histórica que se impõe por si mesma, seja qual for a acusação dos respectivos estados'."

[8] H. ACCIOLY – G. E. do NASCIMENTO E SILVA – P. B. CASELLA, Manual de direito internacional público (São Paulo: Saraiva, 16ª ed., 2008, item 2.7.4. 'capitulações', pp. 340-342).

[9] C.P.J.I., Denúncia do tratado de 2 de novembro de 1865, entre Bélgica e China. Em 25 de maio de 1929, a Corte, considera a intenção, manifestada pelo governo do reino da Bélgica, no sentido de não mais dar continuidade ao caso, e decide encerrar o procedimento, com determinação de remoção deste da lista de casos da Corte.

caracterizado o requisito da existência, como o da validade, e o da eficácia, para construir modelo mais eqüitativo de cooperação entre estados[10]; e pode, ainda, encontrar fundamentação no campo econômico: o equilíbrio das trocas pode contribuir para a durabilidade e a estabilidade das relações entre estados. E que estas se sustentem, não obstante as diferenças culturais, políticas e sobrevivam ao mais desagregador, de todos os fatores: a inexorável passagem do tempo.

4.5. Assim, tanto por razões históricas, quanto jurídicas e econômicas, poderia fazer sentido a adoção de modelo de cooperação não exploratório, e não predatório, entre Brasil, China e os demais países da CPLP. A Comunidade de países de língua portuguesa[11] é antes pólo de convergência política, do que organização internacional, propriamente dita. Mas pode ter papel interessante a desempenhar, no contexto internacional, presente e futuro[12].

Ao menos em teoria, poderia essa proposta de cooperação no mundo pós-moderno fazer sentido, entre estados que já estiveram ou ainda se

---

[10] Intencionalmente se reporta e se faz paralelo com os três planos jurídicos da *existência*, da *validade* e da *eficácia*, cf. Antonio Junqueira de AZEVEDO, Negócio jurídico: existência, validade e eficácia (São Paulo: Saraiva, 3ª ed., 2000), transposto do 'negócio jurídico', no plano interno, para o direito internacional pós-moderno.

[11] Estatutos da Comunidade de países de língua portuguesa, assinados em Lisboa, em 17 de julho de 1996. Criada por ocasião da reunião de chefes de estado e de governo, realizada em Lisboa, nos dias 17 e 18 de julho de 1996, "veio conferir uma moldura institucional à lusofonia" A CPLP engloba os seguintes países: Angola, Brasil, Cabo Verde, Guiné-Bissau, Moçambique, Portugal, São Tomé e Príncipe, aos quais se agregou Timor Leste, após a independência deste. O idioma português, terceiro mais falado no Ocidente, é o elo de aglutinação da comunidade, a qual tem ainda, como elemento distintivo, as afinidades étnicas, históricas e culturais, de onde adviria o "seu poder catalisador e mobilizador de energias". O governo brasileiro foi o proponente do projeto comunitário e a explicação oficial, quiçá intencionalmente, se formula de maneira um tanto vaga: "A sua gestação foi longa, pois cumpria refletir cuidadosamente sobre as idéias e princípios gerais, que norteariam a ação diplomática brasileira, no interior da comunidade".

[12] Carlos Henrique CARDIM e João Batista CRUZ (organizadores), CPLP: oportunidades e perspectivas (seminário "Comunidade de Países de Língua Portuguesa – CPLP: oportunidades e perspectivas", Brasília, 2002: Departamento da África e Oriente Próximo / IPRI: Instituto de Pesquisa de Relações internacionais, Brasília: IPRI, 2002).

encontram na condição de explorados e de vítimas de sistema não-
-eqüitativo de trocas internacionais. Infelizmente, não é o que se vê.

4.6. A construção de modelo de cooperação, historicamente mais
consentâneo com a relativização das posições no cenário internacional, onde os estados deixam de ser os únicos agentes do sistema
internacional[13], pode ser legalmente mais justo, e economicamente
mais eqüitativo, pode ser concebido, teoricamente, e pode ser posto
em prática. Mas exigiria a presença de critérios norteadores, e a convicção de sua necessidade, como de sua adequação. Poderia ser o
modelo, para reger a cooperação sul-sul, mas este não ocorrerá por si
mesmo: terá de ser construído, para que possa, como tal, ser aplicado.

Pode-se conceber e aplicar modelo, mais adequado, nas trocas e
nas relações internacionais? A questão não é mera hipótese acadêmica, mas pode ser dado inovador, para a construção de modelo,
mais consentâneo com o mundo, no qual se enfatize o imperativo de
conjugar desenvolvimento e sustentabilidade. A construção de direito
internacional do desenvolvimento sustentável é dado a ser levado em
conta pelos estados, tanto nos respectivos planos internos, como também no modelo adotado, para as trocas e as relações internacionais.

Pode-se indagar se e em que medida se terá condição de invocar
a aplicação de modelo teórico, baseado no equilíbrio, e no caráter
eqüitativo das trocas comerciais, contra estados que, sistematicamente,
tenham se oposto a estas, e negado a sua existência como norma de
conduta das trocas e das relações internacionais: esse não pode ser
modelo, que venha imposto de fora, mas somente pode e deve ser
reconhecido por todos os estados, que em tal forma de construção das
trocas comerciais e das relações internacionais se engajem com a
consciência de ser imperativa a sua adoção, de modo absoluto, e se
torna inviável, se diversos estados não forem da mesma opinião.
Na linha dessa interpretação, são muitas vezes lembrados os seguintes exemplos de normas imperativas de direito internacional geral: a

---

[13] Raymond RANJEVA, Les organisations non-gouvernementales et la mise en oeu-
vre du droit international (RCADI, 1997, t. 270, pp. 9-105).

proscrição da escravidão, do tráfico de seres humanos, do genocídio[14] e da agressão.[15]

Em razão de absoluta necessidade, está em curso a revisão dos modelos de relações internacionais entre os estados. E a construção de novas redes e parâmetros mais diversificados de estruturação destas.

---

[14] P. B. CASELLA, Fundamentos do direito internacional pós-moderno (prólogo de Hugo CAMINOS, São Paulo: Quartier Latin, 2008, itens i, 'construção do direito internacional e contexto pós-moderno', e ii, 'precisões terminológicas e valorativas'), com referência à Convenção para a prevenção e a repressão ao crime de genocídio (Nova York, 1948), cujo art. 2º determina o entendimento a ser conferido ao termo, para os fins da Convenção: "entende-se por genocídio qualquer dos seguintes atos, cometidos com a intenção de destruir, no todo ou em parte, um grupo nacional, étnico, racial ou religioso, tal como: / (a) assassinato de membros do grupo, / (b) dano grave à integridade física ou mental de membros do grupo, / (c) submissão intencional do grupo a condições de existência que lhe ocasionem a destruição física total ou parcial, / (d) medidas destinadas a impedir os nascimentos no seio do grupo, / (e) transferência forçada de menores do grupo para outro grupo"; bem como o texto da Resolução do Instituto de direito internacional adotada na sessão de Cracóvia, em 26 de agosto de 2005, sobre La compétence universelle en matière pénale à l'égard du crime de génocide, des crimes contre l'humanité et des crimes de guerre / Universal criminal jurisdiction with regard to the crime of genocide, crimes against humanity and war crimes (Le texte anglais fait foi. Le texte français est une traduction.) 17e. Commission / 17th. Commission Relator: Christian TOMUSCHAT; v. tb.: Dalmo de Abreu DALLARI, O genocídio repensado (in Direito e comércio internacional: tendências e perspectivas: estudos em homenagem ao prof. Irineu STRENGER, org. L.O. BAPTISTA, H. M. HUCK e P. B. CASELLA, São Paulo: LTr, 1994, pp. 463-477); Victoria ABELLÁN HONRUBIA, La responsabilité internationale de l'individu (RCADI, 1999, t. 280, pp. 135-428, sobre o crime de genocídio, esp. pp. 320-331, cit. p. 323): a identificação das vítimas é essencial para a caracterização do crime de genocídio, na medida em que o ato se cometa contra determinado indivíduo ou grupo "porque esse ou esses indivíduos eram membros de grupo específico e em razão do fato de pertencerem a tal grupo", de tal forma que "la victime du crime de génocide est le groupe lui-même et non pas seulement l'individu. C'est-à-dire que l'accent est mis sur le caractère 'collectif' du bien juridique protégé".

[15] V. ABELLÁN Honrubia (op. cit., 1999, cap. v, 'la qualification des crime de droit international', item i, 'crime d'agression', pp. 309-320); v. tb. W. KOMARNICKI, La définition de l'agresseur dans le droit international moderne (RCADI, 1949, t. 75, pp. 1-114).

Direito internacional pós-moderno e revisão
dos modelos institucional e normativo

5.1. Do ponto de vista do direito internacional pós-moderno, constata-se que o reconhecimento de normas imperativas, para a determinação de critérios para a conduta dos estados interessa a todos sob, pelo menos, três pontos de vista:

(i) o procedimento técnico convencional não é apto, como tal, nem a estabelecer regras, de conteúdo eqüitativo: estas se constroem a partir da escolha de modelos, da adoção de critérios, para nortear as relações entre estados, segundo o direito internacional público: o tratado que estiver em contradição com os propósitos de construção de modelo mais justo e mais duradouro pode ser revisto ou substituído; esses novos instrumentos podem estar na origem de norma costumeira, como previamente estabelecida, mas é pelo processo de escolha de modelo, comportando o elemento de escolha política, quanto ao conteúdo a ser determinado, que a norma inovadora poderá se colocar, e não em decorrência do mecanismo convencional que a precedeu ou acompanhou;

(ii) a construção desse modelo sul-sul de cooperação, também pode se valer de concepção de fundamentação histórica: lembrar o exemplo do que foi feito no passado, e evitar repetir os erros do passado e as distorções odiosas do modelo, que foi praticado e aplicado, em relação a esses mesmos estados, pelos antigos 'colonizadores', no passado – a construção de modelo novo se inscreve como possibilidade – as lições da história podem fazer sentido quando sejam aprendidas e sejam aplicadas;

(iii) economicamente a observância de modelo equilibrado de regência das trocas comerciais e das relações internacionais, pode autorizar o estado, vítima do passado, a se eximir, em decorrência do princípio da reciprocidade, da observância dessa regra em relação ao estado, responsável pela violação? Essa questão fundamental faz passar de problema de validade dos acordos comerciais, para problema de não-aplicação. Baste assinalar que essa questão põe em cheque o próprio pressupostos da sustentabilidade são dados que vieram para se integrar, duradouramente ao sistema institucional e normativo internacional.[18]

Conclusões

6. A consolidação de modelo, legalmente justo e economicamente eqüitativo, é mera possibilidade. Esta não ocorrerá por acaso, nem se dará por simples inércia, entre os países interessados.

Dado o caráter essencialmente inovador e transformador da adoção de modelo como esse, somente em decorrência de engajamento consciente e firmemente aceito, primeiro aceito conceitualmente, e depois construído na prática, é que se poderá chegar a, com este, pretender passar da retórica à realidade. Um modelo simultaneamente eficaz e eqüitativo de relações internacionais entre estes países pode ser desejável, mas terá de ser construído, a partir da convicção da sua possibilidade e do interesse de todos os participantes.

Será, assim, difícil, mas não impossível. Pode ser construído e os países em questão, o Brasil, a China e os demais integrantes da CPLP poderiam dar contribuição relevante, não somente para os próprios estados interessados, como para a fixação de modelo inovador de relações internacionais, construído com base em princípios de justiça, de eqüidade, e de alinhamento pelos ditames do direito internacional do desenvolvimento sustentável.

Ao menos se pode esperar que esse modelo seja viável, e possa ser implementado. Exigirá homens íntegros e líderes dotados de visão além do curto prazo, para que se possa implementar estratégia de duração além das próximas eleições ou crise econômica seguinte,

---

[18] Lígia Maura COSTA, O direito internacional do desenvolvimento sustentável e os códigos de conduta de responsabilidade social: análise do setor do gás e do petróleo ("tese apresentada à Faculdade de Direito da Universidade de São Paulo como exigência parcial de concurso à livre docência", São Paulo, 2008, 336 p.) pode ser referido como estudo dedicado à determinação dos elementos principais do que seja o direito internacional do desenvolvimento sustentável e da operacionalidade deste, em relação aos parâmetros institucionais e normativos clássicos.

neste nosso mundo conturbado, pela percepção da instabilidade e da mudança, como já percebiam e aplicavam SIMA QIAN, como outros autores, nas diferentes tradições, oriental como ocidental.

Exemplos como estes merecem ser meditados. Não somente pelos princípios do passado, mas também pelas lições que dos ensinamentos deles pudermos extrair para o presente e para o futuro.

A alternativa à mutação dos modelos de relações internacionais será a repetição dos erros do passado. Com o agravamento das conseqüências, decorrentes da crescente interdependência e da necessidade de institucionalização das relações, além dos estados, também dos demais agentes internacionais, como as organizações internacionais, as organizações não-governamentais, e a sociedade civil como todo, cuja crescente presença e relevância não mais podem ser negligenciados.

A *"Linha da Frente"?* Do Sudoeste dos Balcãs à Ásia Central o Futuro do Relacionamento da China com o Mundo Lusófono

ARMANDO MARQUES GUEDES

A globalização[1], com as suas "deslocalizações" e "contracções do espaço e do tempo", pareceu a muitos confirmar tacitamente a irrelevância crescente da geopolítica. Num ápice, análises geopolíticas, num mundo que parecia já não dividido mas cada vez mais interligado, ficaram *demodées*. O refluxo foi porém sol de pouca dura: as modelizações deste tipo iriam voltar em força, à medida que um novo rearranjo da ordem internacional foi cristalizando a partir da desordem inicial que acompanhou o desmoronamento da ordenação em dois grandes pólos: com a emergência rápida de novas criaturas "regionais", muitas delas centradas nos famigerados *hinterlands* – enquanto, outras, não – e com recuperações francas de largas fatias adormecidas de um Mundo novo, solto e disponível para ir sendo redistribuído. A geografia voltara, ainda que sob novas vestes, às unidades menos amplas e mais variadas. Acordámos: afinal, configurações do tipo das antigas perduram ainda.

Não será grande a novidade na asserção de que temos de conviver com ameaças convencionais e não-convencionais nos palcos internacionais contemporâneos. Nesse sentido, o Mundo em que com dificuldade crescente contracenamos uns com os outros é híbrido. Nem suscitará surpresa a convicção de que o bloco transatlântico (o "Ocidente") constitui o fulcro em cujo redor se concentram ameaças e tensões, dada a centralidade que tem e os desafios que isso coloca às

---

[1] Uma versão anterior, muitíssimo mais longa deste artigo, foi publicada em Armando Marques Guedes (2007), "A 'Linha da Frente'. Do Sudoeste dos Balcãs à Ásia Central", *Geopolítica*, 1: 19-77, Centro Português de Geopolítica, Lisboa.

comunidades políticas que, à sua volta, insistem em manter acesos os seus próprios projectos hegemónicos. Simplificando: por um lado, o terrorismo e a proliferação de armas de destruição em massa; e, por outro, desafios mais "clássicos" ligados ao *security dilema* em que vivemos de maneira explícita desde a Paz de Westphalia e de que temos porventura consciência desde a Guerra do Peloponeso. Aquilo que há de novo é que as novas e velhas ameaças parecem hoje em dia convergir mais do que alguma vez o fizeram, juntando, num *mélange* novo, complexidade orquestral e profundidade harmónica. Quero argumentar que (de um ponto de vista geopolítico pelo menos) tal convergência existe e pode vir a ter implicações sérias.

Na minha apresentação, tentarei delinear, explicitando-a, aquela o que considero ser a principal *linha da frente* dessa nova confluência. O que me proponho fazer é escrutinar as tensões e a dinâmica conflitual do segmento mais problemático dessa "linha": a clivagem que vai do Kossovo, nos Balcãs sul-ocidentais, à Ásia Central, passando pelo Mar Negro e pelo "Grande Médio Oriente", este último um conceito relativamente recente de interdependência regional que tentarei a par e passo, naquilo que se segue, esmiuçar nalgum pormenor. A minha finalidade primeira é a de mostrar a utilidade de uma perspectivação geopolítica para uma melhor arrumação – e, por conseguinte, para uma melhor compreensão – do que de outra maneira seríamos levados a considerar como factos e acontecimentos avulsos e desligados uns dos outros. De maneira mais indirecta, quero enquadrar em termos gerais o pano de fundo global de muito do relacionamento crescente entre a China e o mundo lusófono.

É difícil fazer o balanço de uma situação tão dinâmica, e ainda em curso, como é a existente na região sobre a qual me vou prioritariamente debruçar. O que parece certo é que a mecânica conflitual em causa constitui uma questão central no que diz respeito aos balanços gerais que têm vindo a ser equacionados. Numerosos trabalhos lhe têm sido dedicados. O exemplo mais influente é decerto o do estudo de Ronald D. Asmus, F. Stephen Larrabee e Ian O. Lesser que, em meados dos anos 90, viram esta região como o segundo "arco de crise", horizontal - um "eixo" que incluiria "o Médio Oriente, os Balcãs, a região do Transcáucaso" e que intersectaria um "primeiro arco", esse vertical, que dividiria a Alemanha da Rússia, começando nos Estados Bálticos e descendo até aos mesmos Balcãs. Segundo este trio de analistas norte-americanos, os riscos de um conflito seriam particularmente agudos no lugar de intersecção destes dois arcos: o dos Balcãs e o da bacia do Mar Negro, até ao Cáspio[2].

É, de algum modo, precisamente sobre este modelo que pretendo elaborar a minha comunicação. Como espero vir a tornar claro, concordo no essencial com a leitura equacionada em 1996, e parece-me que o muito que entretanto ocorreu nestes dois "arcos de crise" a corrobora. Parece-me também, no entanto, que podemos e devemos pormenorizar mais e melhor a modelização delineada há uma década: é o que tento aqui fazer. Presto especial atenção ao "arco sul de crise", o horizontal. Faço-o de um "modo geopolítico", por assim dizer. Aproveito a oportunidade para formular algumas considerações, que apesar de pouco ambiciosas me parecem úteis – sobretudo tendo em vista o contexto desta minha comunicação – sobre a natureza das explicações "geopolíticas", com vista a ultrapassar os limites deterministas a que o materialismo positivista de inspiração geográfica oitocentista as tem vindo a condenar. A modelização que esboço, em consonância com isso, é aberta e multicausal.

Divido a minha exposição em três partes. Num primeiro passo, mostro como as grandes potências têm vindo a centrar cada vez mais a sua atenção na "linha da frente" a que aludo, e como têm vindo a fazê-lo de um modo "institucional": o que tem vindo a ocorrer na Geórgia, no Afeganistão, no Paquistão, no Irão, ou no Quirguistão redunda em exemplos disso mesmo. Ou seja, preocupar-me-ei, de início, com uma breve demonstração da importância crescente de uma linha divisória emergente. Num segundo passo, ensaio uma primeira abordagem, ou melhor, tento dar uma primeira demão quanto às coordenadas da divisão geopolítica maior que vejo surgir. Faço-o numa referência ao que considero serem com toda a probabilidade os grandes âmbitos em que essa clivagem se expressa. Sou, aí, deliberadamente especulativo. As previsões que esboço são, no entanto, previsões controladas: não faço mais do que tentar uma leitura sen-

---

[2] Ronald D. Asmus, F. Stephen Larrabee e Ian O. Lesser (1996), "Mediterranean Security: new challenges, new tasks", *NATO Review*, vol. 44, no. 3: 25-31.

sata, sem me aventurar muito longe em especulações futurológicas. Num terceiro passo, resolvo imagens dessas clivagens em maior pormenor, sem nunca, no entanto, abandonar a minha perspectivação geopolítica. Limito-me a focar a atenção na progressão dos relacionamentos sincrónicos e diacrónicos que me parecem mais importantes na cristalização da linha de clivagem que identifico – ou seja: sem verdadeiramente baixar aos factos e acontecimentos, que tomo como simples expressões, variáveis, das divisões sistémicas que nas duas primeiras partes da minha exposição tento desenhar. Concluo com algumas considerações gerais.

1.

Num primeiro segmento, e recapitulando o que escrevi já noutro lugar[3], cabe-me então, no âmbito do que me propus levar a cabo, mostrar a emergência progressiva, de uma longa e complexa "linha da frente" no Mundo pós-bipolar, uma linha que dá corpo a uma clivagem de fundo no sistema internacional contemporâneo. Por outras palavras, gostaria de perder uns momentos na construção-abertura de uma linha de separação que ainda está a ser erigida. Visto já o ter feito noutros sítios, e tal não constituir senão um pressuposto do que na presente comunicação forma o tema central, não irei perder muito tempo com o processo de construção que resumo. Evito, em consequência, pormenores que relevam mais de minudências do que questões geopolíticas *estruturais*. Serei, por conseguinte, pouco mais do que indicativo no que redunda numa delineação simples e a traço carregado.

Começo por notar que tanto a NATO quanto a União Europeia têm tido nos últimos anos os maiores alargamentos da sua história. Anoto, de seguida, que tais alargamentos têm sido como que coorde-

---

[3] Fi-lo, designadamente, no artigo que publiquei primeiro na revista *Nação e Defesa* e tornei depois a editar, numa colectânea de estudos que coligi como segundo volume da Série B da Biblioteca Diplomática do Ministério dos Negócios Estrangeiros,, em Armando Marques Guedes (2005, original de 2001), "Sobre a NATO e a União Europeia", em *Estudos sobre Relações Internacionais*, Instituto Diplomático, Ministério dos Negócios Estrangeiros, Lisboa: *op. cit.*.

nados uns com os outros. Um rápido *tour d'horizon* mostra-nos algumas das regularidades que exibem. Como argumentei noutro lugar, estes dois processos de expansão estão também umbilicalmente interligados; trata-se, argumentei, de duas faces de uma mesma moeda: o processo de "constitucionalização" do "Ocidente". Em minha opinião, a UE e a NATO são uma espécie de "irmãs gémeas"; como escrevi em 2003, "não é, por isso, surpreendente que existam algumas ressonâncias e paralelismos múltiplos nas várias fases da progressão histórica e geográfica da NATO e nas da União Europeia: já que esta última não seria em boa verdade, num sentido estrutural e material, inteiramente viável sem a primeira"[4]. Em terceiro lugar, quero dar realce ao facto de os alargamentos da NATO e da União Europeia não terem tido lugar de uma forma desordenada e desligados uns dos outros; bem pelo contrário: de um ponto de vista geopolítico, os alargamentos têm vindo a ganhar uma coerência indubitável.

Não me parece necessário insistir muito neste ponto, de tal modo é evidente; e, em qualquer caso, fi-lo já noutro lugar. Com o intuito de pôr em relevo as implicações geopolíticas da evolução conjunta NATO-UE, é possível, no entanto, dar o devido realce à evidência que os alargamentos sucessivos e coordenados que têm vindo a ter lugar, ainda que se possa não ver neles um planeamento estratégico conduzido com deliberação, dão corpo a consequências geopolíticas evidentes. Para o tornar nítido, basta encarar num quadro geopolítico alargado a expansão de uma e outra destas duas entidades nos últimos anos.

Comecemos, para tanto, no extremo norte da Europa, onde a Noruega (membro *ab initio* da NATO embora tenha recusado pertencer à UE) envolve a Suécia e a Finlândia a sul do Mar de Barents (ambas Estados-membros da União Europeia de cepa recente). Descendo – movendo-nos para sul – verificamos que este bloco escandinavo confina com as três Repúblicas Bálticas, a Estónia, a Lituânia, e a Letónia, todas elas recentemente entradas tanto na NATO como na UE. Logo abaixo está Polónia, também ela recém-chegada a ambas as organizações. A sul, a República Checa e a Eslováquia, com o

---

[4] *Op. cit.*: p. 233.

mesmo duplo estatuto recente, seguidas pela Áustria, a Eslovénia, a Roménia e a Bulgária, todas elas também membros tanto da União como da Aliança. Seguem-se-lhes a Grécia, Malta, e Chipre, de igual modo Estados-membros das duas organizações. Por último a Turquia, que tal como a Noruega faz parte da NATO e não (ou, pelo menos ainda não) membro da UE. Para além destes, cabe ainda nomear a Croácia, já em fase avançada de adesão – ao contrário de diversos outros Estados do sudoeste da península balcânica – e vários Estados em negociação com vista a uma eventual adesão: designadamente a Ucrânia e a Geórgia, ambas localizadas em territórios adjacentes aos dos outros Estados-membros das nossas duas organizações internacionais.

Se se adicionarem a este duplo processo de adesão-inclusão as intervenções políticas e militares das duas organizações em áreas limítrofes, dos Balcãs ao Afeganistão, passando pela zona do Cáucaso, é difícil não entrever uma *ratio* estratégica[5]. Aquilo que vemos emergir – pelo menos na fronteira leste da Europa e, mais ao sul, na região caucasiana que ladeia a Turquia e ao longo das zonas de influência túrquica que se seguem para Oriente – sensivelmente ao longo da antiga Rota da Seda e ao redor da *soft belly* da ex-URSS – é um esforço obstinado de construir uma espécie de "muro" defensivo, uma *buffer zone*, ou em todo o caso uma linha avançada, face a arcos de risco e uma tomada geopolítica de medidas preventivas de contenção face a tensões conflituais esperadas. É irrelevante para o meu argumento se se trata de uma construção deliberada se de um mero somatório de decisões avulsas e independentes umas das outras: o facto é que o processo de edificação está em curso, tendo implicações materiais incontornáveis e prestando-se a leituras muito concretas.

Irei defender que há diferenças de monta entre o "eixo" vertical que vai do Mar de Barents, a norte da Escandinávia, aos Balcãs, e o

---

[5] Do lado ocidental, a tendência estratégica para conter um adversário rodeando-o de alianças militares é antiga: nos anos do pós-guerra, numa zona parcialmente "equivalente" à *frontline*, os EUA criaram, por exemplo, diversas coligações – a CENTO e a SEATO, respectivamente na Ásia Central (a que, e.g., o Paquistão aderiu em 1954, o que levou J. Nehru a declarar a Índia '"não-alinhada") e na Ásia do Sudeste – com a finalidade de cercar a URSS.

"eixo" horizontal que parte dos mesmos Balcãs e corre até à fronteira chinesa. A geopolítica do "arco de tensão" Este-Oeste é, por isso, diversa da do "arco" Norte-Sul. Mas, de um ponto de vista da segurança e da defesa, é minha tese que formam um complexo dificilmente dissociável de riscos e tensões.

2.

Para num momento analítico posterior melhor avaliar, prospectivamente, em que escala se pode esperar turbulência nos tempos que estão para vir, vale a pena que nos debrucemos com mais pormenor sobre alguns pontos nevrálgicos da "linha avançada". Como referi já, a minha finalidade central, no passo que se segue, é tão-só a de mostrar constantes, linhas de força e variações sincrónicas e diacrónicas no relacionamento entre *o lado de lá* e *o lado de cá* da linha de clivagem ou (para usar uma terminologia tectónica mais atreita a Samuel Huntington ou a Michael Klare) da *fault line* que esboço[6]. Ou seja, preocupo-me, no essencial, com a topografia das diferenças mais incendiárias que vislumbro. Antes de concluir com algumas especulações mais teóricas, permito-me assim equacionar o que serão decerto análises geopolíticas "clássicas" quanto a alguns pontos paradigmáticos do segmento da "linha da frente" sobre que me tenho vindo a debruçar.

À guisa de ilustração, limito-me a três muito breves exemplos, que trato de maneira muitíssimo superficial e de modo apenas sugestivo. Ficam para outras núpcias eventuais desenvolvimentos. O que quero ensaiar é uma modelização geopolítica genérica. Visitarei brevemente, em primeiro lugar, e como enquadramento maior, a bacia Leste do Mediterrâneo e os seus arredores continentais; em segundo, a região

---

[6] Refiro-me, naturalmente, aos estudos sobejamente conhecidos de Samuel Huntington (1993) e de Michael Klare (2001). Apesar de muito diferentes um do outro, estes dois trabalhos de modelização de conflitos e da sua eclosão delineiam "blocos" – no primeiro caso "civilizacionais", no segundo "de distribuição de recursos" – semelhantes às placas tectónicas dos geólogos estruturais; as lógicas explanatórias utilizadas num e noutro caso, aliás (designadamente na teorização implícita de causalidade a que recorrem) não se afastam muito das dos geólogos que ganharam hegemonia a partir da segunda metade do século XX.

geral do Mar Negro; e, por último, na Ásia Central, o chamado *soft belly* da antiga União Soviética, até à fronteira da China e ao seu interior oeste. Uma região que, como iremos ver, se tem vindo a afirmar como um novo espaço de interdependências, a qual, por isso, os anglo-saxónicos começaram há já alguns anos a chamar o *broader Middle East*. Repito: limito-me naquilo que se segue a generalidades. A minha finalidade é apenas a de esquissar hipotéticas mecânicas locais e materiais (no sentido em que habitualmente falamos de *geopolíticas*) de deflagração de conflitos, todas elas perfeitamente evitáveis.

Não posso, a este respeito, deixar de formular um rápido comentário prévio. Comentário que se impõe, a propósito do enorme grau de interdependência que os processos a que vou aludir têm uns em relação aos outros; a divisão que opero, entre três cenários, resulta de mera conveniência expositiva. As questões a que irei aludir estão todas, embora em grau variável, interligadas. Tal é particularmente verdade no que toca às regiões do Médio Oriente e à Ásia Central que com ele confina em termos geográficos, culturais, políticos, e também relativamente a recursos.

Uma primeira visão de conjunto

Quero então focar a minha atenção no Leste do Mediterrâneo, alargando q.b. - em círculos cada vez mais amplos – o meu ângulo de visão. Tudo se passa como se o que Clausewitz chamaria decerto o "centro de gravidade" tivesse, de facto, migrado para leste. Em consequência, o Leste do Mediterrâneo e os *hinterlands* próximos (a minha *frontline*) passaram de uma preocupação periférica a uma questão central do debate estratégico contemporâneo, tanto do ponto de vista da Europa, como de Washington. É importante ter em mente a dimensão *prática* e *muito concreta* desta nova e crescente centralidade: na última década têm tido lugar, em ritmo acelerado, intervenções militares na Bósnia-Herzegovina, no Kossovo, no Afeganistão, no Iraque, e no Líbano; e uma tensão política *hard* tem vindo a crescer relativamente à Síria e ao Irão. Em toda esta região, aliás, tem vindo a fazer-se sentir a ausência de uma boa arquitectura de segurança e defesa. A ausência que, naturalmente, resulta da intratabilidade de uma situação complexa e altamente dinâmica, como tentei mostrar. No que toca à União Europeia, o famigerado Processo de Barcelona e a vertente sul da mais recente Política de Vizinhança têm sabido a pouco; tal como, aliás, é o caso com o chamado Diálogo Mediterrânico desencadeado no quadro da NATO. Também a *Broader Middle East Initiative* norte-americana está ainda para dar os seus frutos. O que não é bom, se considerarmos o potencial de *spillover* gerado pela interdependência a que aludi.

Começo por notar que toda esta "região", todo o arco assim definido, entrou no que talvez possamos apelidar de *um terceiro momento geopolítico*. Vale a pena enunciá-los. O primeiro foi o da Guerra-Fria, um período em que a zona disponibilizou um autêntico campo de confrontação – em formato de *proxy wars* – para as duas grandes superpotências. Sem quaisquer reduções simplistas, obviamente, a Crise do Suez de meados dos anos 50 e as intermináveis e cíclicas guerras israelo-árabes são disso exemplos paradigmáticos.

Um segundo tempo viu-se marcado pela intervenção – ainda antes do fim do Mundo bipolar – de actores externos, designadamente os Estados Unidos e (em muito menor escala) a União Europeia, que laboriosamente se esforçara por tentar garantir o que no fundo redundava numa compartimentalização tão enxuta quanto possível das várias crises político-militares que se sucediam em catadupa no Médio Oriente da época. Os Acordos de Oslo – sobretudo estes últimos, apesar de ter havido outras movimentações – deram início a uma sequência mais ou menos bem encadeada de circunscrições do conflito israelo-palestiniano, com o intuito de evitar "contaminações".

A ideia-guia, neste segundo momento, foi a de criar uma dinâmica que levasse a outros acordos e, eventualmente, a uma pacificação da situação regional. Apesar dos avanços e recuos havidos, em particular com raptos periódicos e com duas *Intifadas*, este segundo tempo não foi inteiramente falhado, como o mostraram as cimeiras (tentativas, é certo, mas inovadoras) de Charm el Sheik e de Camp David. Foi conseguido, designadamente, manter intramuros as crises paralelas que estavam a ter lugar na Síria e no Líbano e, bem assim, isolar, contendo-as, as pretensões de hegemonia regional então agitadas pelo Iraque e pelo Irão.

O terceiro tempo[7], aquele em que ainda hoje nos vemos, é mais difícil de delinear. Aquilo que, como traço distintivo, caracteriza a nova configuração geopolítica existente é uma extensão (tanto geográfica com política) enorme do que talvez convenha chamar o *arco da crise*. Novas entidades apareceram no nexo, como por exemplo, o Afeganistão, o Paquistão, o Iraque, o Irão, a Síria, e vários dos muitos novos Estados "túrquicos" da região centro-asiática incluída na antiga URSS até princípios dos anos 90. Esta nova marca distintiva tem uma natureza sobretudo sistémica – no sentido de que nela actuam, com a nitidez possível nestas coisas, o que Pierre Renouvin apelidou de *forces profondes*.

Em que sentido? Até esta terceira fase, estavam presentes regularidades de funcionamento que redundavam noutras tantas regras de um jogo em que um conjunto restrito de actores locais, regionais, e globais, agia em enquadramentos comparativamente bem definidos, enquanto, naturalmente, lhe tentavam alterar os limites. Hoje em dia, toda essa matriz foi ultrapassada e, basicamente, desapareceu, explodindo. O que não augura nada de bom.

Aumentando e arrumando: quatro grandes eixos de *tensão de radicalização* parecem-me ter emergido em lugar dela, num esboço do que talvez se venha a tornar nas novas coordenadas matriciais do alargamento-rearrumação em curso. Por mera conveniência analítica, equaciono-as em separado, com a salvaguarda de que se trata, em boa verdade, de quatro eixos profundamente interligados uns aos outros. Quero enumerá-los.

Por um lado, o Islão político, corporizado por uma ascensão violenta dos xiitas, a actuar sob a égide do Irão em zonas tão díspares como o Líbano, a Síria, e o Iraque, e que tanta apreensão está a causar nas monarquias do Golfo e nos sectores ocidentais mais atentos. Por outro lado, assiste-se à implantação, numa área muito mais extensa,

---

[7] Utilizo, aqui, uma periodização não muito diferente, pelo menos no plano macro, da usada por Pierre Levy (2006), *Le Moyen Orient*, Les Carnets du CAP (Centre d'Analyse et Prévision du Ministére des Affaires Étrangéres), Paris. A um nível mais micro, discordo porém de algum do reducionismo "político-pragmático" de P. Levy e dos seus colaboradores do Quai d'Orsay e incluo, por exemplo, uma dimensão económica e outra militar na equação que alinho.

de um radicalismo sunita integrista, uma outra versão do Islão político – neste caso menos apoiado em quaisquer entidades estaduais – de que a al-Qaeda de Osama bin Laden e os seus apaniguados constituem o símbolo central. Um terceiro eixo de tensão de radicalização é o que se agrega ao redor do nacionalismo "tradicional" que encontrou na causa comum palestiniana e anti-israelita (quando não assumidamente anti-semítica) um ponto focal de convergência. Em quarto e último lugar, uma dupla reacção soberanista, a qual, por toda a nova faixa que vai do Magreb Central ao lado de lá do Mar Cáspio, está ciosa de manter um controlo tão estreito quanto possível sobre recursos (sobretudo petróleo e gás natural) que os países industrializados, ou em vias de tal se tornarem, cobiçam. Em Outubro de 1999, o *Department of Defense* norte-americano reafectou ao *Central Command* as forças militares prontas a intervir em áreas centro-asiáticas, com responsabilidades na faixa que vai dos Montes Urais à fronteira ocidental da China[8]; em 2001, os EUA intervieram no Afeganistão dos *taliban* que davam guarida à al-Qaeda, e em 2003 uma coligação político-militar liderada pela Administração de Washington invadiu o Iraque.

Antes de passar à minha próxima demão, uma espécie de ampliações "sub-regionais" que visam melhor pormenorizar aquilo que podemos esperar venha a ser a progressão futura das coisas, gostaria de tornar a sublinhar a interdependência destes eixos de radicalização e dos conflitos que constantemente aqui e ali eclodem ao longo de todo este arco, em resultado da profunda interacção que estes quatro eixos exibem. Mas, mais do que isso, não gostaria de deixar em branco uma preocupação de fundo, que mais à frente haverei de retomar. Uma preocupação prospectiva – haverá outras? – de natureza sistémica.

Disse atrás que o verdadeiro *deslassamento* – chame-se-lhe isto – da "linha da frente" definida por este arco não augura nada de tran-

---

[8] Michael Klare (2001), *op. cit.*: 49. Nas páginas que se seguem (sobretudo na parte 3. da minha comunicação) fornece algum contexto que, em minha opinião, torna esta aposta norte-americana mais inteligível. Para uma visão geral, focada na economia, ver o muito complete Sergej Mahnovski, Kamiljon T. Akramov e Theodore W. Karasik (2006), "Economic Dimensions of Security in Central Asia", RAND Corporation.

quilizante. A minha preocupação é a seguinte: o desaparecimento – ou a explosão – das regras do jogo em que um conjunto limitado de actores locais, regionais, e globais, agiam *tant bien que mal* em enquadramentos comparativamente bem definidos, criou uma nova situação estrutural em que as dinâmicas dos acontecimentos parecem escapar tanto às potências e entidades externas à "região", quanto aos actores locais, estaduais ou outros. O caos no Iraque e no Afeganistão, o impasse quanto ao Irão, a ingovernabilidade do Hezbollah, e os conflitos intra-Palestinianos que opõem a Fatah ao Hamas, são outros tantos sintomas dessa perda de controlo e de governabilidade. Sem querer ser catastrofista, a impressão que tenho é a de que na primeira década e meia do século XX, a chamada *Belle Époque*, e nas *Années Folles* dos anos 20 e 30 que se seguiram as dinâmicas internacionais, não terão sido muito diferentes. E que seria irresponsável, por conseguinte, não atender aos sinais que se perfilam num horizonte cada vez mais carregado, sobretudo com a invasão da Geórgia em 2008, e com a degeneração das conjunturas político-militares no Afeganistão e no Paquistão.

Da bacia do Mar Negro até ao Mar Cáspio

A "região" em redor do Mar Negro constitui aquilo que os anglo-saxónicos apelidam de *a good case in point* destes sinais de alarme. No período bipolar a região do Mar Negro foi objecto de uma espécie difícil de partição entre a NATO e o Pacto de Varsóvia. *By and large,* o Mar Negro estava como que embutido na esfera soviética; a excepção era a sul, já que o Mar Negro faz fronteira com a Turquia e, na região de Istambul está o Bósforo, um canal natural estreito e muitíssimo profundo que cria um sistema de vasos comunicantes com o Leste do Mediterrâneo. A pertença da Turquia à NATO, bem como grande parte da sua utilidade geopolítica no interregno bipolar provinha daí – e do facto, suplementar, de na época o extenso e poderoso rectângulo turco ajudar a proteger o flanco oriental da Europa Ocidental dos "estões" então integrados na URSS.

Tudo isso se alterou, naturalmente, com a atomização do flanco sul e leste da ex-URSS, e a emergência de Estados independentes nesses dois "rebordos".

Num plano geopolítico, as reconfigurações de fronteiras foram significativas. Ao invés daquilo que durante quase oitenta anos tinha sido o caso, o Mar Negro passou a confinar com numerosas entidades políticas diferentes: a Rússia, a Turquia, a Ucrânia, a Roménia, a Bulgária, e a Geórgia; a Moldávia, a Grécia e a Arménia, embora não façam fronteira exactamente no litoral do Mar Negro, estão dele próximas e essa proximidade tem importância central para qualquer deles. A eclosão de conflitos localizados na bacia tem sido uma constante; para o entrever bastará referir exemplos como o da Chechénia, da Ossétia (norte e sul), da Abcásia, do Nagorno-Karabakh, da Transdniéstria moldava, da Ucrânia, da Geórgia, ou dos Curdos na Turquia.

Uma nova geometria de distribuição sub-regional do poder emergiu. A centralidade geopolítica nova de um Mar até aí largamente particionável em duas metades assimétricas (a da NATO e a do Pacto de Varsóvia) aumentou ainda mais à medida que muitos destes Estados começaram a proceder a realinhamentos e reorientações desfavoráveis aos interesses que até aí a Rússia tinha em mão. Como é bem sabido, a Rússia tem vindo a reagir, com um misto de pressões político-militares sobre a região, contra esses realinhamentos, e usando armas económico-energéticas – porque as tinha disponíveis e porque a sub-região do Mar Negro é diacrítica no que toca tanto a rotas de distribuição de petróleo como de gás natural.

Podemos, agora, recorrer a um enquadramento analítico mais amplo, o que, aliás, me parece imprescindível. A preocupação a que quero dar voz é de novo aquela que antes enunciei em relação a todo este arco sul de risco, tensão, e clivagem: com efeito, o desaparecimento – a explosão – das regras de um jogo em que um grupo limitado de actores, primeiro apenas globais, e depois também locais e regionais, que agiam em enquadramentos bem definidos, criou uma situação estrutural nova em que as dinâmicas dos acontecimentos parecem escapar tanto às potências e entidades externas à "região", quanto aos actores locais. O que não deixa de ter implicações fortes. Habituámo-nos a encarar a bacia do Mar Negro como uma região relativamente periférica à Europa e ao Ocidente. Já não é esse o caso, e a entrada de Moscovo na Geórgia em Agosto de 2008 tornou-o evidente. O Mar Negro transformou-se num espaço intrincado de intersecção de fronteiras e limites geopolíticos e geo-económicos cruciais. Tornou-se, também, num lugar central para *a afirmação*, presente e futura, da Aliança Atlântica e da Rússia de Vladimir Putin e de Dmitry Medvedev. É um espaço frágil e vivo, como bem o mostram as recentes crises russo-norte-americanas relativas ao reforço do sistema de defesas anti-mísseis balísticos na Polónia e na República Checa, e o recrudescimento das tensões na Ucrânia e numa Geórgia hoje desmembrada. Não será porventura exagerado enfatizar que em nenhuma outra zona de fronteira da NATO está tão alta a parada de segurança e defesa. É também um espaço marcado por uma grande imprevisibilidade, e por isso o grosso dos esforços aí empreendidos vai no sentido de tentar aumentá-la.

A sub-região da Ásia Central

Um outro – o meu derradeiro – *zoom* sub-regional, como os apelidei, constitui mais uma vez *a good case in point* dos sinais de alarme geopolítico que faço questão de suscitar. Refiro-me ao extremo leste da minha "linha da frente", a faixa ampla e desigual que vai do Cáucaso à fronteira chinesa e inclui os "estões", bem como a região geral do centro e norte do Golfo Pérsico e das suas *hinterlands*, do Iraque à Síria e ao Irão e Afeganistão, sem esquecer o Paquistão e a própria Arábia Saudita (ver figura 4.). Quanto a este último exemplo serei muito mais sucinto. E a razão disto parece-me intrinsecamente importante e esclarecedora: não se pode senão ser breve no esmiuçar de linhas estruturais de força quando há pouco de previsível numa dada dinâmica política.

O que me parece manifestamente ser aqui o caso. É, com efeito, difícil nesta grande área ver um qualquer grande sistema que consista em mais do que um mero agregado de Estados envolvidos num complexo e altamente cambiante *balance of power* regional, com ramificações amplas em várias direcções. Trata-se, com toda a evidência, de uma vizinhança e relacionamentos internos e externos muitíssimo tensos, limites fluidos, uma enorme vulnerabilidade face a exteriores mais distantes, e na qual se misturam factores "étnicos", religiosos, políticos e económicos indissociáveis uns dos outros – mas também não miscíveis entre si. Com tais eixos de tensão de radicalização e tal interdependência, é virtualmente impossível formular quaisquer previsões minimamente credíveis. Tudo se passa como se a conjuntura fosse *líquida* neste canto da *frontline* que desenhei no início da minha comunicação.

Monitorizar e preparar-se para o inesperado são, por norma as melhores soluções para situações conjunturais deste tipo. Sem surpresas, constate-se que tem sido precisamente isso o que tem vindo a acontecer[9].

Sem querer entrar em discussões tão localizadas quão perecíveis e espúrias, um só exemplo, a que já fiz antes alusão: o exemplo da reacção político-militar norte-americana aos riscos pressentidos nesta extensa segunda sub-região. A reacção tem sido significativa.

Comecemos por notar que, em 1983, a Administração norte-americana, preocupada com a invasão soviética do Afeganistão um ano antes, estabeleceu o chamado *United States Central Command* (o acrónimo escolhido foi CENTCOM). À época, o *Central Command* – um de apenas cinco *Unified Combatant Commands* globais, dedicado a um "teatro de operações" e originalmente concebido como constituído por *rapid deployment forces*, e logo colocado sob a dependência directa do *Secretary of Defense* – tinha como área de jurisdição o Médio Oriente *stricto sensu*, a África Oriental, e a Ásia Central. A este CENTCOM se deve a participação norte-americana em numerosas operações militares, da Primeira Guerra do Golfo em 1990 ao ataque ao Afeganistão em 2001-2002, à invasão do Iraque em 2003. Forças militares afectas ao *Central Command* estão estacionadas em variadíssimos Estados da região. Ao contrário da maioria dos outros "comandos regionais unificados" norte-americanos, o centro de

---

[9] Também a al-Qaeda atribui enorme importância e esta região mais centro-asiática, como o demonstra a densidade de actuações que aí tem vindo a empreender. Parece plausível supor que a organização de bin Laden o não faz por doutrina geopolítica, mas apenas por "colagem negativa" às doutrinas russa e norte-americana que está apostada em contrariar. Com efeito, embora importante, o controlo da Ásia Central não será provavelmente imprescindível para uma eventual reconstituição do Califado. Mas os *timings* e os motivos aduzidos para as actuações da al-Qaeda na região articulam-se com facilidade e nitidez como contra-ponto às movimentações estratégicas norte-americanas ou russas (e antes soviéticas) nesses cenários geopolíticos.

comando do CENTCOM *não está* localizado na região sobre a qual tem competências jurisdicionais, mas sim na Base MacDill da Força Áerea, instalada com segurança em Tampa, na Flórida[10].

As particularidades distintivas da reacção norte-americana na Ásia Central nesta segunda fase pós-ataque ao Afeganistão dos *taliban* relevam, seguramente, das especificidades próprias dos riscos soletrados por esta longa faixa oriental da *frontline*. Um mínimo de atenção mostra-nos as enormes diferenças *estruturais* existentes entre este arco de crise e o do Norte-Sul, aquele que vai do Mar de Barents aos Balcãs: enquanto aí se trata de uma linha divisória relativamente enxuta, entre a Rússia e a Europa (a da UE e a da NATO, duas entidades cujas fronteiras, nessa região, tendem – como vimos – a confundir-se), neste segundo caso (o do "arco de crise" horizontal), a caracterização tem de ser muito mais complexa. Trata-se, desta feita, de uma faixa ampla, só por analogia comparável a uma verdadeira fronteira – embora para alguns efeitos o seja de facto – e em muitos sentidos mais facilmente inteligível como uma série de bolsas que albergam entidades, quantas vezes difusas, relacionadas umas com as outras segundo princípios tensos de um *balance of power* instável, num patamar mais alto interligadas por um outro regime, também esse tenso e multipolar, de um *balance of terror* mais inclusivo. Mais ainda, em termos comparativos, trata-se de uma "linha da frente" de geometria altamente variável[11].

---

[10] O único outro dos cinco que também não está *in loco suo*, por assim dizer, é o *Southern Command*, cujos *general headquarters* estão sedeados também na Flórida, mas desta feita em Miami.

[11] Tanto esta multiplicidade quanto a enorme interdependência regional a que fiz alusão se tornam manifestas na própria variedade de circunscrições a que a sub-região se tem visto sujeita. O conceito de "Ásia Central" foi introduzido em 1843 por Alexander von Humboldt; a referência era apenas genérica. Durante os cerca de oitenta anos de existência da URSS a região era referida por um de dois termos: o de *Srednyaya Azia* ou "Ásia do Meio", uma delimitação estreita que incluía apenas os terrritórios centro-asiáticos tradicionalmente não-eslavos; e o de *Tsentral'naya Azia* ou "Ásia Central", que abarcava, para além desses, territórios que nunca fizeram parte do Império Russo. Em meados dos anos 90, o Cazaquistão passou a ser incluído na nova definição russa de "Ásia Central". A UNESCO, numa história da região produzida em finais dos anos 80, redefiniu a região de maneira muito mais ampla (incluindo partes da China e da Mongólia, por exemplo), visto por a basear em critérios climáticos.

É fácil confirmá-lo, mesmo que nos mantenhamos no plano estrito e estreito da percepção de risco que dela têm os norte-americanos[12]. Mantendo a atenção apenas no plano do dispositivo militar considerado imprescindível por uma Administração de Washington preocupada com a segurança da sub-região, e sem entrar em quaisquer pormenores relativos, por exemplo, aos riscos inerentes a uma nuclearização do Irão, à "perda" do Afeganistão ou do Iraque, ou a uma intervenção militar robusta de Israel nesta imensa região tão volátil e interdependente, gostaria de dar realce ao facto – de alcance mais directamente sistémico – de que uma mais clara circunscrição geopolítica da minha *frontline* oriental está prestes a ocorrer. Com efeito, em Fevereiro de 2007 foram tornados públicos os planos da Administração Bush paara a criação de um novo *United States Africa Command* (o USAFRICOM), para o qual serão em breve transferidas as responsabilidades no CENTCOM em toda a África, com a curiosa, mas significativa, excepção do Egipto.

Segundo as próprias Forças Armadas norte-americanas, as preocupações estratégicas dos EUA relativamente a África prendem-se, no curto-médio prazo, com o terrorismo internacional, com a diversificação em curso das fontes de petróleo, e com os cuidados a ter face à penetração crescente, no continente, de uma China em expansão e emergência global. Mais interessante para aquilo sobre que aqui tenho como tema é o que essa transferência de responsabilidades significa para o CENTCOM: e soletra – é o termo – uma definição geopolítica cada vez mais enxuta de teatros operacionais dispostos ao longo de uma *frontline* cada vez mais nítida.

Seria absurdo presumir que tal não tenha um significado geopolítico importante, ou não ligar o facto aos novos acordos relativos à

---

[12] Não seria árduo fazê-lo a respeito dos interesses estratégicos crescentes que a China e a Rússia têm na sub-região. Para duas discussões sobre estes temas, ver Matthew Oresman (2004), "Beyond the Battle of Talas. China's re-emergence in Central Asia", *In the Tracks of Tamerlane*: 401-424, National Defense University Press, e Ariel Cohen (2005), "Competition over Eurasia. Are the U.S. and Russia on a Collision Course?", *Heritage Lecture* 901, The Heritage Foundation, em www.heritage.org/Research/RussiaandEurasia/upload/84321_1.pdf. Apesar do seu foco económico porventura excessivo, vale a pena tornar a referir, para uma visão de conjunto, o trabalho de Sergej Mahnovski, Kamiljon T. Akramov e Theodore W. Karasik (2006), *op. cit.*.

transferência de tecnologias nucleares que George W. Bush acordou em Dezembro de 2005 com a Índia, num périplo que o levou também à Mongólia para estabelecer com essa República da Ásia Oriental um novo pacto político-militar, e à região do Pacífico norte que confina com o Japão e as Coreias, onde negociou um reforço considerável de meios navais. Já em 2001, na antecipação do ataque ao Afeganistão, os Estados Unidos tinham bilateralmente acordado estabelecer duas bases militares na Ásia Central, uma na Quirguízia, outra no Uzbequistão. Ambas lá continuam, apesar da oposição veemente da chamada *Shanghai Cooperation Organization*, um corpo de segurança regional que inclui a China, a Rússia, o Cazaquistão, a Kirguízia, o Tajiquistão e o Uzbequistão; Washington recusou[13]. Não se trata de bases pequenas: cada uma delas tem mais de mil efectivos militares permanentes. As posições estratégicas que ocupam tornam-nas ora alternativas ora complementos a Incirlik na Turquia (distantes e cuja utilização nem sempre é autorizada pela Turquia, como se viu em 2003) e à Diego Garcia britânica, muito a sul, no Índico, sem esquecer as numerosas bases dispostos ao redor da sub-região, em vários pontos do Golfo Pérsico (do Qatar ao Kuwait, passando pelo Iraque, pelos Emiratos e pela Arábia Saudita)[14].

A geografia – não a geografia pura e dura do mundo bipolar, mas antes uma nova conceptualização, muitíssimo mais sociológica e multifacetada, do posicionamento, das relações locais de força, do

---

[13] Ainda a 5 de Julho de 2006, foi produzida uma declaração conjunta pedindo uma *timetable* para uma retirada faseada dos norte-americanos, que Washington se recusou liminarmente a cumprir. Com estes e outros indícios, é de prever um agravamento das tensões na zona; vários Estados acederam já ao estatuto de observadores *Shanghai Cooperation Organization*, entre os quais a Índia, o Paquistão, a Mongólia e o Irão. Embora insista nas suas características não-militares, a Organização inter-governamental é amplamente encarada como um esboço de criação de um contrapeso regional à eventual hegemonia da NATO e dos EUA na sub-região. Para uma discussão já com meia dúzia de anos sobre temas que têm afinidades com estes, é útil a leitura do curto artigo Sean L. Yom (2002). "Power Politics in Central Asia. The Future of the Shanghai Cooperation Organization", *Harvard Asia Quarterly* 6 (4): 48-54.

[14] Para além, naturalmente, das numerosas bases americanas e britânicas dispostas num segundo círculo, mais distante e amplo, de Chipre à Alemanha e aos Balcãs, para só nomear umas poucas. A *frontline*, deste ponto de vista, está cada vez mais bem coberta.

coagular de alinhamentos regionais e de linhas divisórias que os agregam em blocos maiores – voltou à ribalta: ao que tudo indica, a geopolítica está de volta *with a vengeance*. Não posso deixar de sublinhar que tal tende a acontecer quando, no limiar de tensões sitémicas de difícil resolução e ambições concorrentes, as grandes potências se posicionam e tentam encontrar, em simultâneo, um enquadramento e uma racionalização com o fim de minimizar perdas e maximizar ganhos perante conjunturas de risco e tensão.

O que parece ser de prever são deflagrações regulares, de baixa-média intensidade, localizadas e espacialmente circunscritas, é certo, mas difíceis de conter dadas múltiplas interdependências patentes na sub-região e os vários níveis de causalidade actuante. Em todo o caso, o prognóstico face a uma situação conjuntural deste tipo não é famoso, tanto mais que o perigo aumenta caso a *frontline* não seja reconhecida enquanto tal. Talvez o conceito de 'complexo regional heterogéneo de segurança', da chamada Escola de Copenhaga[15], segundo o qual vários tipos de actores se encontram em relações securitariamente interdependentes, tratando em rede diferentes sectores e objectos referentes de segurança, se afigure com alguma utilidade analítica para o meu argumento: a "linha da frente", a faixa a que tenho vindo a aludir, atravessa, do ponto de vista geográfico, vários complexos regionais e sub-regionais de segurança, o que enriquece a trama securitária bem como o peso dos riscos. Se, porventura, os actores envolvidos ao longo dos vários complexos que identifiquei sub-regionalmente tardarem em rever-se como partes de um todo – que é a "linha da frente" – o securitizá-la e o construí-la socialmente como formando um complexo regional de segurança 'macro' pode levar a que os riscos incorridos eventualmente se multipliquem. Talvez não seja abusivo argumentar que é precisamente isso aquilo que está, já, a acontecer, sobretudo depois da invasão da Geórgia pela Federação Russa em Agosto de 2008.

---

[15] Ver, por exemplo, Barry Buzan, Ole Waever e Jaap de Wilde (1998), *Security: A New Framework for Analysis*, London: Lynne Rienner.

3.

Não quereria terminar sem algumas breves reflexões de natureza mais genérica e teórico-metodológica. À guisa de conclusão, umas rápidas e breves palavras sobre geopolítica. E, sobretudo, no que toca à interface crescente entre a China e o mundo lusófono. Com um mínimo de recuo, parece evidente que a maioria dos modelos geopolíticos clássicos pecam pelo marcado essencialismo que exibem. Ao postular uma grelha formal e imutável, o grosso das modelizações disponibilizadas presume uma invariabilidade das condicionantes geográfico-materiais difícil de defender face às mudanças a que as relações estratégicas estão obviamente sujeitas.

Sem querer entrar em grandes pormenores, note-se que o essencialismo da Geopolítica "tradicional" não faz grande sentido. Um *thought experiment* limite põe-no bem em relevo: caso, por exemplo, a evolução tecnológica venha a reduzir de maneira drástica os transportes e comunicações por via aérea, tornando-os mais fáceis e baratos do que os marítimos – o que de modo nenhum é impensável – o balanço das desvantagens e das vantagens comparativas dos *heartlands* em relação aos *rims* alterar-se-ão em consonância; e não é impossível imaginar que se venham mesmo a inverter. Podemos refinar ainda mais a questão, notando que as dificuldades correntes ao nível dos transportes aéreos radicam, no essencial, no seu preço proibitivo (se comparado com o dos transportes marítimos) e, no que toca a esse preço, sobretudo nos custos associados ao transporte dos materiais a carregar. O que significa que, caso ocorram desenvolvimentos tecnológicos que façam cair em flecha os custos dos transportes aéreos por unidade de peso, desaparecerão as principais desvantagens comparativas das *heartlands* em relação aos *rims*.

Podemos ir mais longe. Aquilo que pode ser uma geopolítica moderna fica também reconfigurado por *releituras* geográficas inovadoras, mesmo que se não verifiquem alterações tecnológicas significativas o que redimensiona de um outro modo o uso da "geografia", tornando-o muito mais num enquadramento relacional do que "positivo". Dou um rápido exemplo, no seguimento daquilo que antes afirmei quanto a África. A "linha da frente" é, como tenho vindo a insistir, uma frente de crise, e envolve perigos acrescidos de vários tipos; com a finalidade última de evitar (ou pelo menos diminuir) riscos, o Ocidente está a tentar obter energia fóssil de locais outros que não os tradicionais. Não constituiria surpresa se, nos próximos anos, se acentuasse a tendência, já sensível, para que o Golfo da Guiné se torne no novo "Golfo". Com um *output* agregado de cerca de 4 milhões de barris por dia, a produção da Nigéria, do Gabão, e de Angola – todos eles com um enorme potencial de crescimento – é sensivelmente o mesmo que o *crude* extraído pelo Irão, a Venezuela, e o México juntos. E há mais Estados da região que são potenciais grandes produtores: designadamente São Tomé e Príncipe e a Guiné Equatorial. Até 2015, os EUA planeiam aumentar dos 16% correntes para 25% a parcela do petróleo da região que importam.

Não se trata apenas do facto de que, porventura, 8% das reservas mundiais de petróleo se encontram na região do Golfo da Guiné. De uma perspectiva de segurança, os campos petrolíferos do novo Golfo apresentam uma vantagem decisiva: estão quase todos localizados *offshore*, e por isso relativamente insulados da instabilidade crónica que assola uma área continental que inclui vários Estados frágeis, outros claramente falhados, e uma maioria corroídos por teias de corrupção e ineficácia. Não há qualquer pessimismo na asserção segundo a qual não é previsível que tensões políticas, que irão de rivalidades religiosas e "tribais" a lutas pelo poder e ascendente local e regional, se vão manter na África sub-saariana nas próximas décadas. Sem quaisquer determinismos, parece difícil separar tudo isto do interesse cada vez maior demonstrado pelos EUA e pela China na região – para só dar os dois exemplos mais óbvios de um "acordar tardio para a África".

Embora a ligação possa parecer indirecta – e em larga medida é-o – este constitui, seguramente, um dos panos de fundo em que iremos ter de analisar a progressão do relacionamento entre Portugal, a China, e um mundo lusófono largamente localizado ao redor da bacia do Atlântico.

Corrupção / Improbidade
Reflexão
Ponto de Inflexão

MARCELO FIGUEIREDO

I. Introdução

"Um cristão passou por aqui"

No dia em que o Brasil comemorou seus quinhentos anos de descobrimento, um dos principais jornais do País, publicou uma charge emblemática: Havia nela um nobre português e um cacique brasileiro dialogando; o fidalgo português entregava um facão ao índio dizendo-lhe: "Tome; é corrupção, mas ninguém precisa saber; será a primeira e a última".

Haveria um atavismo, uma fatalidade geográfica ou emocional no brasileiro que o levaria a "transgredir" para "levar vantagem a qualquer custo"?

Ou, tratar-se-ia de uma *"praxis"* que vem se mantendo há séculos, impunemente, culminando mesmo em crimes designados "de colarinho branco" de tão triste memória e de flagrante atualidade?

Recortando o traço psicológico da personalidade do brasileiro, que é tido como amável e jeitoso, apesar do aspecto macunaímico de indolência e de um bem-humorado "mau caratismo" anunciado por Mário de Andrade, anotamos em obras clássicas, que quando os religiosos iniciavam a sua catequese os índios eram tão honestos e generosos que não só repartiam suas caças e colheitas, como seria uma desonra não fazê-lo e quando se roubava alguma coisas das ocas gritava-se: "Um cristão passou por aqui"!.

Vê-se, pois, que nenhuma predisposição genética leva o brasileiro a descumprir a lei e a ordem estabelecida e que o fenômeno da corrupção acompanha a história do Homem e das sociedades.

O Direito sempre procurou combatê-la através de normas jurídicas repressivas. Assim, v.g. o Código Babilônico de Hamurabi castigava com a pena máxima, a morte, as pessoas que roubavam bens pertencentes à divindade, ao templo ou a Corte.

As antigas leis asiáticas, como o Código de Manú, ou mesmo no Egito, ou na Grécia antiga, puniam o peculato e o furto, considerados delitos que acarretavam a morte[1].

A punição e o combate à corrupção sempre existiram, mas também nunca deixaram de eliminá-la. Como uma doença crônica, ela jamais foi extinta; entretanto, as sociedades desenvolveram instrumentos para combatê-la e controlá-la, a fim de mantê-la em níveis "toleráveis".

O fenômeno da corrupção é complexo e pode também ser examinado à luz da filosofia, da sociologia, da economia e de outras disciplinas. Não será essa nossa abordagem, naturalmente. Embora, devamos reconhecer a necessidade do auxílio e da investigação desses campos para uma melhor compreensão e efetivo combate a esse flagelo que acompanha a humanidade.

O Direito elege seu próprio universo e recorta a realidade limitando-a, simplificando-a. Assim, é de certo modo compreensível que não consiga abarcar em sua experiência e em seus domínios todos os fenômenos e perspectivas da cultura humana e de suas mazelas.

A corrupção, literalmente, é a ação pela qual uma coisa *apodrece* ou se estraga. Assim, os desvios da conduta humana a raiz do problema, confunde-se com os próprios *costumes (mores),* com aquele que se deixa corromper, estragar, *vender, subornar.*

Sem dúvida alguma, sendo um fenômeno cultural, tem explicações e revelações na análise dos povos, na análise da forma de sua organização e formação. Tudo influencia no fenômeno. A cultura, a religião, a história, a organização jurídica do Estado dão respostas parciais para entendê-la. Assim, v.g. na América Latina, região em que vivemos, a corrupção, no governo, sempre foi endêmica.

---

[1] Anote-se ainda a *lex de repetundis*, de 149AC, punitiva dos administradores desonestos, que os compelia a ressarcir os danos ao erário, bem assim a *lege Julia*, prevendo graves penalidades como v.g. a devolução em quádruplo dos prejuízos causados, o exílio e a perda dos direitos civis.

Seabra Fagundes[2], jurista de saudosa memória, enfrentou o tema nos idos de 1984, em magnífica conferência que tivemos a oportunidade de assistir. À ocasião o mestre pontificou:

"O Brasil não se tem mostrado incólume a esse mal generalizado, nem seria concebível que se poupasse ao que, antes de ser uma chaga política, é um mal social. As raízes de um teor ético inferior do comportamento na vida pública, remontam à era colonial. O que é explicável pela inescrupulosidade inerente ao próprio processo de apossamento da terra bravia. A colonização foi feita em termos de aventura, tomada mesmo a palavra na sua conotação pejorativa. Porque não se selecionaram os melhores para ocupar a terra neo-descoberta. A distância, situando os conquistadores em um mundo separado da Corte por meses de perigosa viagem, com a freqüente divisão da família e de todos os laços afetivos entre a Metrópole e a Terra Nova, sendo o enriquecimento, com os favores da Colônia, opulenta e por explorar a meta sonhada, tudo levava ao enfraquecimento dos preceitos morais. Não havia sujeição moral, nem mesmo a do sentimento religioso, capaz de antepor-se ao objetivo imediato – o enriquecimento à grande. Nos primeiros anos de história – escreveu Stuart B. Schwartz – o Brasil era visto principalmente como uma aventura comercial. E ainda o Padre Manoel da Nóbrega, informava, cruamente, ser "tudo ódio, murmurações e detrações, roubos e rapinas, enganos e mentiras, não se guardando "um só mandamento de Deus e muito menos os da Igreja".

O exercício *desvirtuoso* do poder, portanto, sempre traz consigo a marca da corrupção que se revela por diversas formas. Elegeremos um determinado aspecto nesse grande e complexo universo. A *improbidade na Administração Pública*, capítulo do direito público que se preocupa, fundamentalmente, em reprimir e punir desvios de conduta do administrador público e do particular que, com aquele, pratica atos de improbidade.

É ainda importante assinalar, que embora a corrupção em essência continue a mesma, os meios de exercê-la sofisticaram-se com a tec-

---

[2] X Conferência Nacional da OAB, realizada em Recife, publicada na Revista do Instituto dos Advogados do Rio Grande do Sul, Janeiro a Março de 1985.

nologia, com o desenvolvimento das comunicações, embrenhando-se nas grandes corporações e no poder econômico empresarial, amoldando-se, portanto, aos tempos atuais e às suas circunstâncias.

Paralelamente, como o fenômeno é internacional, também o direito cuidou de combatê-la por vários mecanismos a seu alcance. É exemplo eloqüente a Convenção Interamericana contra a Corrupção[3], adotada pelos Estados Membros da OEA, em 1996, visando o fortalecimento e cooperação entre os países para prevenir, detectar, punir e "erradicar" esse grave problema.

Como todo fenômeno complexo a corrupção depende de várias causas e deve ser atacada em várias frentes. Não há um único meio ou modelo ideal que possa compreendê-la e combatê-la eficazmente. A conjugação de esforços sociais, o encurtamento das distâncias entre o Estado e a sociedade, com a participação política *ativa* desta última, ainda é o melhor remédio para enfrentar o problema.

II. O Direito Público e o Regime da Responsabilidade

O Direito nasce ou deveria nascer da *res publica*. Confunde-se, no fenômeno, a sociedade pública com a sociedade política.

República, já dizia o saudoso professor **Geraldo Ataliba**[4], é "o regime político em que os exercentes de funções políticas (executivas e legislativas) representam o povo e decidem em seu nome, fazendo--o com **responsabilidade,** eletivamente e mediante mandato renováveis periodicamente".

A histórica passagem do Estado irresponsável (*the king can do no wrong*) ao regime da responsabilidade foi lenta e árdua.

Desde Roma, v.g. sempre que houvesse um interesse público ameaçado de lesão, a defesa se valia da *actiones populares.* **Bielsa**[5]

---

[3] O texto integral do documento, pode ser encontrado no endereço eletrônico da OEA – www.oas.org

[4] "República e Constituição", Editora Revista dos Tribunais, São Paulo, 1985, página IX.

[5] Ação Popular, RDA 38/47; Derecho Administrativo, Depalma, Volume I, página 622.

relata-nos que mediante ações populares os cidadãos romanos exerciam uma espécie de poder de polícia em forma jurisdicional, isto é, não como expressão de autoridade alguma, senão punham em movimento a justiça para indagar, processar e condenar os transgressores do direito objetivo que interessava aos cidadãos no que se referisse à segurança pública, à moralidade administrativa, ao patrimônio do Estado.

A Administração Pública brasileira, segundo **Manoel de Oliveira Franco Sobrinho**[6] sempre esteve em crise, do Império à República por conta da inexistência de uma Administração *responsável* e *independente* do Poder Executivo[7]. Já **Seabra Fagundes** destaca a austeridade de D. Pedro II (portanto alude a uma fase do império brasileiro) que comportou-se de forma proba na gestão da coisa pública, elogiando ainda os Presidentes da Primeira República na aplicação dos dinheiros públicos[8].

É preciso reconhecer que o exercício do poder, da autoridade, tende ao abuso, o que pode inclusive levar não só à ilegalidade como também à improbidade administrativa. Como dissemos, o fenômeno é mundial e presente em todas as sociedades organizadas[9]. O que pode variar, de Estado para Estado, é exatamente a vontade de punir esses atos e de que modo a sociedade e o Estado mobilizam-se para tal efeito. Há países mais rigorosos e outros mais tolerantes com o fenômeno, embora todos procurem afirmar e firmar compromissos com seu combate.

As Constituições brasileiras, ao longo da história, pouco se preocuparam com o tema. Assim, por exemplo, a ação popular, instrumento jurídico importante de controle da corrupção administrativa, para usarmos uma linguagem popular, somente aparece em 1934.

---

[6] A obra, editada em 1971, contém um capítulo intitulado "Crise administrativa brasileira", "Introdução ao Direito Processual Administrativo", Editora RT, página 272.

[7] O renomado mestre paranaense foi o pioneiro ao chamar a atenção da doutrina para a importância do "direito processual administrativo".

[8] Ob.Cit. página 63.

[9] Interessante pesquisa foi feita em 21 países envolvendo índices de corrupção, suas causas e perspectivas, material que pode ser encontrado no sítio da transparência Brasil, no endereço www.transparência.org.br. organização mundial anticorrupção.

A Constituição de 1937 é omissa a respeito. De 1946 em diante, a ação popular repete-se nas Constituições, até chegarmos em 1988.

A Constituição de 1988, a carta cidadã, na feliz expressão de Ulisses Guimarães, procura modificar as relações de poder, incentivando as pessoas à associação, à defesa coletiva de seus direitos, conferindo mais poderes ao Ministério Público, aos Tribunais de Contas; enfim, procurando dinamizar e apoiar a cidadania. De outro lado, aperfeiçoa e contempla princípios constitucionais explícitos que devem nortear a conduta da Administração Pública como a legalidade, *impessoalidade, **moralidade, publicidade,** e eficiência. Naturalmente que, neste cenário, mais democrático, inclusive com uma imprensa livre, os escândalos e os abusos da Administração Pública e de seus administradores, bem assim dos empresários envolvidos em atos de "corrupção" ou de improbidade têm mais possibilidades de serem revelados e conhecidos da sociedade e, assim, combatidos.

Finalmente, a comunidade internacional vem se mobilizando em campanhas que recuperem a ética no serviço público e nas relações comerciais, o que se vê pela criação e proliferação de inúmeras organizações governamentais e não governamentais com essa preocupação. A idéia da *responsabilidade social* passa a ser defendida como uma bandeira do empresário responsável, cidadão.

De outro lado, no campo do direito, reflete-se a tendência e exigência de governos comprometidos com a *transparência* no trato da coisa pública, caminho possível para afastar os autoritarismos e abusos de toda espécie.

No direito administrativo, a *discricionariedade*[10] administrativa é cada vez mais contida e mais controlada pelo Poder Judiciário; a *motivação* torna-se princípio constitucional dirigido a todos os agentes do Estado, inclusive e especialmente os administradores (artigo 93, IX e X, da CF). O aperfeiçoamento do ordenamento jurídico nesse aspecto sem dúvida auxilia o combate à corrupção.

Neste cenário, surge a lei de improbidade administrativa, **Lei 8.429, de 2 de junho de 1992**, *um dos mecanismos* jurídicos possíveis de combate à imoralidade administrativa no Brasil. Vejamos suas notas essenciais.

---

[10] Na matéria é consulta obrigatória a obra de Celso Antônio Bandeira de Mello, "Discricionariedade e Controle Jurisdicional", Editora Malheiros, 1992.

III. A Improbidade Administrativa

O princípio da moralidade administrativa, velho conhecido do direito administrativo, aparece na Constituição de 1988 de forma explícita. Ganha *status e dignidade* constitucional, como que num apelo ao administrador público e à sociedade, para que doravante, observe (como sempre deveria ter observado), em suas condutas, a moralidade, a ética e a boa-fé.

A Constituição em várias passagens alude a comportamentos éticos, lícitos, morais. Segundo **Diogo de Figueiredo Moreira Neto**[11], a Constituição contempla ao todo 58 normas constitucionais, entre princípios e preceitos, dirigidos ao Estado, à sociedade ou a ambos que tratam da matéria, ora enunciando seu referencial de valor (substantivo), ora definindo os instrumentos que devam garanti-la.

Em trabalho anterior procuramos enfrentar o tema[12]. À ocasião averbamos:

"O núcleo fundamental da improbidade, como já examinamos, concerne à violação do princípio ético que deve presidir as relações jurídicas estabelecidas no desempenho de atividades estatais (públicas) ou equiparadas".

"Genericamente, podemos conceituar a probidade como o dever constitucional dos agentes públicos de somente agir honestamente e de acordo com os limites traçados na Constituição e nas leis pertinentes. Tecnicamente, o ato de improbidade traduz a violação de um dever jurídico – dever estabelecido em lei que define a desonestidade punível. Trata-se *de um dever jurídico*. A violação do dever de probidade acarreta conseqüências definidas na Lei 8.429/92".

E de fato a lei veio a lume e nesses quinze anos de sua aplicação, pode-se afirmar que foi de grande valia no combate à imoralidade administrativa e à improbidade, crédito que devemos atribuir sobretudo ao Ministério Público, que vêm atuando de forma corajosa na defesa dos interesses do cidadão e do patrimônio público amplamente considerado. Mas até nesse aspecto, a contingência humana reaparece

---

[11] "Moralidade Administrativa: do conceito à efetivação", RDA 190/1-44.

[12] Marcelo Figueiredo, "O Controle da Moralidade na Constituição", Malheiros Editores, 1999, página 51.

em toda sua complexidade, apresentando eventuais exageros cometidos por esta Instituição.

Tal sucesso é devido não somente às duras sanções que prevê, o que supõe-se, deva atemorizar o administrador *desonesto,* refreando-lhe os ímpetos de cometer atos atentatórios à moralidade, como também em virtude de algumas características que impôs, como, por exemplo, a aplicação das sanções independentemente da *efetiva ocorrência de dano ao patrimônio público,* a possibilidade do afastamento do agente público investigado, a perda da função pública e a suspensão dos direitos políticos, que sem dúvida atemoriza a classe política brasileira.

Ademais, o ciclo completa-se com a possibilidade de medidas cautelares, como a decretação do seqüestro de bens do agente ou terceiro que tenha se enriquecido ilicitamente ou causado dano ao patrimônio público (artigo 16).

A lei de improbidade veio sem dúvida em boa hora. Buscou reprimir a *"Lei do Gerson"*, expressão que (lamentavelmente) é associada ao renomado jogador[13] de futebol que ao realizar propaganda de cigarros, tinha *por slogan* publicitário, "leve você também vantagem" ou algo assim, acabou como um bordão associado à política e a esquemas de corrupção.

Com a lei da improbidade, tivemos ainda algumas "vantagens" na jurisprudência, normalmente pouco perceptíveis àqueles que não lidam com a matéria. Como sabemos, o direito tem uma característica ou uma vertente ideológica que lhe dá sustentação. O fenômeno da interpretação não prescinde da ideologia. Assim, o tema da moralidade administrativa trouxe, como um conceito aberto que é, a possibilidade de fazer o papel de verdadeira *"válvula jurídica"*, técnica que seus atores competentes utilizam para calibrar comportamentos que sem ela, talvez ficassem à margem de sanções administrativas.

Esse aspecto é importante como bem o adverte **Celso Antônio Bandeira de Mello**[14] que ao comentar o tema da *reeleição e a mora-*

---

[13] Em entrevista à mídia, o festejado jogador lamenta a associação que entende injusta pois fora do contexto, mas "vox populi, vox Dei".

[14] Artigo publicado no periódico "Folha de São Paulo", edição de 26 de novembro de 1996.

lidade política, afirma: "É sabido que o comando do aparelho administrativo do Estado, confere um poder formidável, pois é fonte natural de *favores, vantagens, subsídios, financiamentos e benesses de toda ordem ou de perseguições, discriminações, pressões, sobretudo de ordem econômica*, do mais variado tipo. Em país onde a consciência de cidadania e dos valores democráticos seja quase nula, como ocorre entre nós, tal poder se potencializa enormemente. Propicia aliciar, cooptar ou submeter indivíduos, empresas, instituições, segmentos sociais ou outros poderes da República, seduzidos por vantagens ou subjugados por pressões diversas, notadamente econômicas".

O princípio da moralidade e seu braço punitivo, a improbidade cumprem assim essa função dogmática, pedagógica de coibir abusos do administrador público. Mas não só os indivíduos (políticos- sobretudo-) desonestos deveria a lei atemorizar, já que também os empresários que com o Estado contratam são atingidos pela lei de improbidade e suas penas.

Calha trazer, novamente, o Mestre **Seabra**[15], para quem "Enquanto, como ora sucede entre nós, os titulares dos postos de direção-máximos e de sub-chefias-forem beneficiários de privilégios, por vezes expressivos apenas de menor rigor nos padrões da moralidade administrativa, outros indecorosos na demasia das vantagens e no aproveitamento das titularidades oficiais (mordomias que proporcionam moradia e alimentação, custeiam serviços domésticos, luz, telefone e até o uso de clínicas de alto custo e o lazer com turismo oficial, o turismo de comitivas notórias, das bagagens pré-liberadas etc), enquanto assim for não haverá cogitar de moralidade na aparelhagem de governo e administração, mediante instrumentos, talvez hábeis juridicamente, porém, carentes, para impor-se na prática, da responsabilidade indispensável como *back-ground* para a sua atuação. Até porque, nas camadas burocráticas inferiores, não muitos se guardarão numa austeridade de que não vêem exemplo no alto".

---

[15] Ob.Cit. página 65.

IV. O Controle da Administração Pública: da Verdade Inconveniente à Expectativa de Mudanças

Como já assinalamos, a Constituição Federal brasileira de 1988 inegavelmente preocupou-se com o tema da corrupção (continuo a utilizar a expressão no sentido popular) e com a defesa do patrimônio público. É certo que a tarefa de combatê-la não se restringe ao Direito, mas também parece evidente que os instrumentos jurídicos devam prevenir e combater o fenômeno. São sempre bem vindos.

O tema insere-se no amplo espectro do chamado "Controle da Administração Pública". Através dele, os chamados Poderes Legislativo, Executivo e Judiciário deveriam de forma integrada cumprir as leis e os valores constitucionais. Assim, uma simples despesa, a compra de um equipamento, a realização de determinada obra pública jamais poderiam ser desvirtuadas caso os controles fossem efetivamente ativos e rigorosos. Não nos faltam órgãos e instituições para realizar esse dever de fiscalizar e gerir a coisa pública. Do cidadão ao Judiciário, todos podem e devem cumprir o papel de fiscal e participante ativo da res-pública (coisa do povo).

Entretanto, do mundo do direito à realidade vai larga distância. O Poder Legislativo, lamentavelmente, cada vez mais parece anestesiado e letárgico, muito mais preocupado com interesses corporativos e acordos políticos menores. Não obstante a pressão a que está submetido pelo rolo compressor das medidas provisórias deveria organizar-se e fazer valer sua autoridade, capacitando-se e modernizando-se para enfrentar os novos desafios do século XXI. Não é o que se vê na prática.

Já o Executivo, também nesse campo, não tem o que comemorar. Denúncias de atos de corrupção e de uso da máquina administrativa, de acordos e negociatas aparecem diariamente, sem que o povo brasileiro tenha sequer capacidade de assimilá-las tal o volume e a sofisticação em que setor público e privado comprometem-se no pior sentido da expressão.

Por sua vez, o Judiciário, atolado de demandas e sobrecarregado de ações – fruto do descumprimento do Poder Executivo e da omissão do Legislativo – procura, como pode, fazer valer os direitos individuais, coletivos e difusos por todo o país.

Não há, lamentavelmente, aqui como no exterior, poder ou instância da República onde o fenômeno da corrupção não esteja presente. O que varia, como dissemos, é a resposta que o sistema jurídico possa lhe dar. Impunidade ou sanção exemplar. Combate e atitude virtuosa, ou desonra e comprometimento. Já se tornou lugar comum afirmar que a corrupção é como um vírus que não pode ser completamente eliminado, mas quando muito mantido inativo ou fraco o suficiente para não "matar o paciente", no caso, o povo brasileiro.

É nesse contexto que a lei de improbidade aparece como uma alternativa jurídica importante para enfrentar o grave problema da "corrupção" administrativa, para ainda homenagearmos a linguagem do povo. Destaca-se como um dos instrumentos importantes de prevenção e combate aos atos de corrupção e desvios da coisa pública (enriquecimento ilícito). Foi ela que, aperfeiçoando o sistema anterior, instituiu três categorias jurídicas, chamadas "atos de improbidade administrativa", a saber: a) atos de improbidade administrativa que importam enriquecimento ilícito; b) atos de improbidade administrativa que causam prejuízo ao erário; c) atos de improbidade administrativa que atentam contra os princípios da Administração Pública.

Por sua vez, estabelece duras sanções para àqueles que infringirem seus comandos, tais como: a) perda de bens ou valores acrescidos ilicitamente ao patrimônio; b) ressarcimento integral do dano causado; c) perda da função pública; d) suspensão dos direitos políticos; e) pagamento de multa civil variável; f) proibição de contratar com o Poder Público, receber benefícios, incentivos fiscais, etc.

Ao lado das sanções de natureza penal, civil e administrativa, a Lei 8429/92 tem se mostrado – não obstante seus defeitos técnicos pontuais – um poderoso instrumento de combate à corrupção, atingindo autoridades públicas e particulares.

V. O Raio de Abrangência da Lei de Improbidade

No Brasil, a lei traça seu raio de abrangência para colher em suas malhas toda e qualquer pessoa que com a Administração se relacione, tomada essa expressão em seu sentido mais amplo possível. Verifica-se que podem ser sujeitos ativos da conduta tida por atentatória da "probidade": a) os agentes públicos, servidores públicos (estatutários, celetistas ou remanescentes de regimes pretéritos) das entidades públicas (Administração direta, autarquias e fundações publicas)[16]; b) os servidores públicos (servidores celetistas) dos entes governamentais privados (fundações governamentais privadas, sociedades de economia mista e empresas públicas); c) os contratados, particulares exercendo transitoriamente funções estatais, sem vínculo profissional (dentre outros, v.g., representações da sociedade civil em conselhos ou comissões de licitação, jurados, mesários em eleição etc.); d) aqueles que não são servidores ou agentes públicos, mas que, todavia, "induziram ou concorreram para a prática do ato de improbidade ou dele se beneficiaram sob qualquer forma direta ou indireta" (art. 3º da lei); e) os agentes políticos, respeitadas as disposições constitucionais. A esta última categoria dispensaremos atenção especial.

O legislador, o político, o "representante" do povo, o mandatário, o deputado, o senador, o vereador, o senador, o presidente da república, todos, sem exceção, devem com mais e maior razão atender ao princípio da moralidade, dar o exemplo de exação no cumprimento de seus deveres funcionais. Como podem exigir comportamentos afinados com o padrão normativo de moralidade se são os primeiros a praticar atos de violação ao direito e a moral? Os escândalos do orçamento, os famosos "anões e seus companheiros", os mensalões, obras superfaturadas, uso de bens públicos e "caixa2" em campanhas eleitorais são exemplos corriqueiros que lamentavelmente freqüentam o noticiário nacional e internacional.

A respeito da sujeição dos agentes políticos à ação prevista na lei de improbidade, afirmamos em outra ocasião[17]:

"Como é cediço, o regime constitucional dos ocupantes de cargos eletivos (enfocamos os parlamentares) recebe da Constituição um tratamento peculiar, cintado de garantias, imunidades, prerrogativas etc.

---

[16] Cremos que os integrantes do Poder Judiciário, juízes, bem assim os membros do Ministério Público, podem ser processados por atos de improbidade. A lei não faz qualquer distinção. Alude a agente público.

[17] Marcelo Figueiredo, "Probidade administrativa. Comentários à Lei 8.429/92 e legislação complementar", 5.ª ed., Malheiros Editores, 2004, página 47.

Gozam os parlamentares dos direitos constitucionais estampados nos art. 53 e ss. da CF. Concretamente, são beneficiados pela inviolabilidade criminal em razão de suas opiniões, palavras e votos. Ao lado dela, igualmente estão protegidos pela imunidade criminal, que tem por escopo principal impedir o processo e a prisão. Não podem ser processados sem prévia licença do órgão a que estão vinculados. Contudo, como visto, as imunidades alcançam o processo criminal, os crimes, não se estendendo a cominações civis ou ao ressarcimento civil. Sendo assim, nada obsta ao ajuizamento da ação prevista na lei em tela. Poderá haver alguma sorte de "conexão" com o crime; contudo, essa questão somente poderá ser resolvida caso a caso, para efeito de eventual sobrestamento dessa ou daquela ação.

(...)

"*De lefe ferenda*, sugere-se (como, aliás, tem-se noticiado) a supressão de garantias que acobertem os supremos dirigentes da Nação de delitos que nada têm com o cargo ou função exercida. As imunidades devem sempre resguardar a pessoa indiretamente, e diretamente o órgão a que representa. No Brasil, infelizmente, até o momento, as imunidades e prerrogativas têm servido de anteparos à legítima punição que merecem todos aqueles que atentam contra a Constituição, as leis e a moralidade pública. Sendo assim, merece aplausos a dicção legal, para incluir em suas malhas os 'eleitos'".

O tema "agentes políticos e lei de improbidade" ganhou repercussão nacional com o julgamento pela Suprema Corte do Brasil – Supremo Tribunal Federal – da Reclamação nº 2138-6 em junho de 2007. Sem dúvida alguma, um caso emblemático. Vejamos seus aspectos principais.

VI. Os Agentes Políticos e o Supremo Tribunal Federal

Ao finalizar o julgamento da Reclamação nº 2138-6, o Supremo Tribunal Federal deu um passo para trás no combate à corrupção no Brasil. Entendeu que Ministro de Estado, como agente político, *não estaria* sujeito à lei de improbidade administrativa, mas tratando-se de acusação da prática de ato contra a probidade administrativa, ter-se-ia, "*crime de responsabilidade*", caso em que a competência para o

256 · Corrupção / Improbidade · Reflexão · Ponto de Inflexão

processo e julgamento seria do Supremo Tribunal Federal (art.102, I, c, da Constituição Federal).

O crime de responsabilidade é cremos, muito difícil de ser acionado e sancionado. Isso porque como ensina Brossard[18], "inexiste correlação obrigatória entre crime de responsabilidade e crime comum. E mesmo quando ela eventualmente ocorra o fato do "crime" previsto na lei de responsabilidade ser definido como crime na lei penal, não dá nem tira coisa alguma do ilícito político, **que continua a ser o que é, ilícito político, apreciado através de critérios políticos numa jurisdição política**".

Ou seja, em termos práticos, o crime de responsabilidade é uma relíquia jurídica, uma velharia pouco utilizada que mais serve para empanar qualquer punição efetiva aos corruptos ou autores de ilícitos de corrupção em sentido comum.

Julgada procedente a referida Reclamação, a ação de improbidade proposta pelo Ministério Público Federal em face do, à época, Ministro-Chefe da Secretaria de Assuntos Estratégicos – SAE da Presidência da República foi julgada extinta.[19]

Vale salientar que a decisão do Supremo Tribunal Federal não foi unânime. Os Ministros Marco Aurélio, Carlos Velloso, Joaquim Barbosa, Celso de Mello e Sepúlveda Pertence, que deliberaram pela improcedência da Reclamação nº 2138-6, foram vencidos pelos Ministros Gilmar Mendes, Ellen Gracie, Cezar Peluzo, Maurício Corrêa, Nelson Jobim e Ilmar Galvão, os três últimos já aposentados.

O então Ministro Carlos Mário Velloso em seu voto divergiu dos demais para assentar os seguintes conceitos:

---

[18] Paulo Brossard, O Impeachment", Saraiva, São Paulo, 1992, página 75.

[19] "APELAÇÃO CIVIL. AÇÃO DE IMPROBIDADE ADMINISTRATIVA. CRIMES DE RESPONSABILIDADE. INCOMPETÊNCIA DA JUSTIÇA FEDERAL DE PRIMEIRO E SEGUNDO GRAUS. DECISÃO DO SUPREMO TRIBUNAL FEDERAL. EXTINÇÃO DO FEITO.

A Reclamação 2.138 ajuizada pela União Federal no STF, em 2002, caso Sandemberg, foi julgada procedente, sendo extinta a ação de improbidade, por entender a Corte Suprema que se tratava de crime de responsabilidade" (AC 1999.34.00.016727-9/DF; APELAÇÃO CIVEL, Desembargador Federal Tourinho Neto, Terceira Turma, p. 21/09/2007, dj, p. 28).

1. O princípio da moralidade administrativa foi muito prestigiado na Constituição de 1988 e assim o combate à improbidade, sua antítese.
2. Não há como confundir as figuras de crime de responsabilidade e sua tipificação, prevista na Lei 1.079, de 10.4.50 que define os crimes de responsabilidade do Presidente da República, dos Ministros de Estado, dos Ministros do Supremo Tribunal Federal e do Procurador Geral da República com ato de improbidade administrativa. O mesmo ocorre a nível estadual e municipal por meio de diversas Leis Estaduais e no Município por intermédio do Decreto-Lei 201, de 27.02.67.
3. Ademais, não há falar em crime de responsabilidade de parlamentares. Em síntese, o que não estiver tipificado como crime de responsabilidade, mas estiver definido como ato de improbidade, responderá o agente político na forma da lei própria, da Lei 8.429/92 a lei da improbidade.

A nosso juízo, irrepreensível o voto do Ministro Carlos Velloso. Isentar os agentes políticos da ação de improbidade pretendendo confundí-la com crime de responsabilidade é tese sem sustentação jurídica.

Ademais do ângulo pragmático, foi um retrocesso para a administração pública em todo o Brasil. Em que pese a afirmação do Ministro Carlos Britto[20] de que a decisão é de índole subjetiva, servindo apenas para o caso concreto posto em questão. Mas é precedente perigoso.

Ainda mais se levarmos em conta a importante função da Corte (ou Tribunal) Constitucional de garante e intérprete último dos desvios cometidos contra o princípio da moralidade, na medida em que as "Constituições-dirigentes" de nossos tempos, em oposição às "Cons-

---

[20] "CONSTITUCIONAL. AGRAVO REGIMENTAL EM RECLAMAÇÃO. Alegado desrespeito à Rcl 2.318, ainda não definitivamente julgada. Inexistência de decisão do STF, cuja autoridade se pretende garantir. Ademais, em razão da sua índole subjetiva, a decisão a ser tomada na Rcl 2.138 somente gozará de eficácia vinculante quanto às partes nela envolvidas. Agravo regimental desprovido" (Rcl-AgR 4400 / MG – MINAS GERAIS, AG.REG.NA RECLAMAÇÃO, Relator(a): Min. CARLOS BRITTO, Julgamento: 06/06/2007, Órgão Julgador: Tribunal Pleno).

tituições-garantia",[21] demandam uma vinculatividade de todos (autoridades, cidadãos etc.), às suas disposições e princípios. Forçoso reconhecer que, além da questão da necessária interposição do legislador para dar exeqüibilidade aos preceitos constitucionais de eficácia limitada, permanece o desafio da vinculatividade da Constituição.

Em outras palavras, o fato de nem todas as normas constitucionais apresentarem na sua estrutura preceitos de aplicação imediata não afasta a aludida vinculatividade da Constituição. E exatamente tal vinculatividade está a exigir do Poder Judiciário e das Cortes ou Tribunais Constitucionais que se pronunciem a respeito da violação dos princípios constitucionais, dentre eles o da moralidade.

E o pronunciamento que se extrai do julgamento da Reclamação n.º 2138 não é nenhum pouco positivo para o Estado Democrático de Direito brasileiro. Ao contrário, como já dito, andou-se para trás.

Sendo a corrupção endêmica no Brasil, a lei da improbidade com todos os seus defeitos têm logrado cumprir o seu papel de importante instrumento de combate aos atos de corrupção (em seu sentido popular). Os exageros na sua aplicação devem ser corrigidos pelo Poder Judiciário, como em qualquer outro caso. Existem no Brasil mais de 4000 ações de improbidade espalhadas por todos os fóruns do país. Com esse entendimento do Supremo, inaugurado pelo voto do Ex-Ministro Nelson Jobim, poderemos ter, na prática, não só a paralisação dessas 4000 ações, como também a possibilidade jurídica absurda de administradores já condenados pedirem a restituição do produto da rapina do tesouro, do patrimônio público a todos os cidadãos brasileiros.

Como bem assinalou o Ministro Sálvio de Figueiredo Teixeira, do Superior Tribunal de Justiça, na Reclamação número 580-GO, não é só equivocada, mas também causará o congestionamento dos Tribunais Estaduais, a sobrecarga dos Procuradores de Justiça e do Ministério Público e o enfraquecimento das apurações locais nos mais longínquos rincões desse País. Concordamos com os posicionamentos jurídicos dos Ministros Carlos Velloso e Sálvio de Figueiredo Teixeira.

---

[21] A expressão "Constituição-dirigente" é inspirada em Canotilho. "Constituição-garantia" designa Constituições do tipo clássico, do início do século passado.

É hora de o Brasil valorizar mais a sua magistratura de primeiro grau, estancar uma visão elitista e distorcida de que *"autoridade"* só pode ser julgada em segunda instância. O princípio da igualdade também deve ser prestigiado neste cenário.

Valemo-nos, uma vez mais, das oportunas palavras do Professor Celso Antônio Bandeira de Mello[22]:

"A lei não deve ser fonte de privilégios ou perseguições, mas instrumento regulador da vida social que necessita tratar eqüitativamente todos os cidadãos. Este é o conteúdo político-ideológico absorvido pelo princípio da isonomia e juridicizado pelos textos constitucionais em geral, ou de todo modo assimilado pelos sistemas normativos vigentes".

Improbidade não é crime de responsabilidade. Aliás, improbidade administrativa não é crime, é infração especial que deve ser apurada pelos juízes estaduais e federais. O combate aos atos de corrupção está a exigir cada vez mais recursos, organização da justiça, eficiência, e debate público. Esperamos que o entendimento do Ministro Velloso, *em futuros casos similares, à vista da nova composição do STF,* prevaleça.

Afinal, ele é, com a vênia dos que pensam em sentido contrário, mais afinado com a Constituição e seus valores. Finalmente, no momento em que o Supremo Tribunal Federal quer afirmar-se como verdadeiro (puro) *"Tribunal Constitucional"*, esta decisão parece também sinalizar em sentido oposto a esse desiderato, se é que ele existe.

VII. Conclusão

Em 2005, o Brasil aderiu à Convenção das Nações Unidas contra a Corrupção, cuja sigla em inglês é UNCAC, a qual conta com centenas de países signatários e está transformando o mapa global da corrupção. Temos leis e instrumentos de prevenção e controle. Falta vontade política e esta ninguém nos pode dar. É preciso conquistá-la.

---

[22] "Conteúdo Jurídico do princípio da igualdade", 3ª ed., 12ª tir., Malheiros Editores, 2004, p. 10.

Esta Convenção estabelece cooperação internacional entre países, para rastrear, bloquear e devolver dinheiro de origem ilícita aos países de origem. Stuart Gilman, Chefe do Programa Global Anticorrupção do Escritório das Nações Unidas contra Drogas e Crime (UNODC) com sede em Viena, em artigo publicado no Jornal Folha de São Paulo de 09/12/2007 esclarece que:

1. O Brasil vem trabalhando com respeitáveis Instituições do Governo, notadamente a CGU (Controladoria Geral da União), Ministério Público e Poder Judiciário para este enfrentamento, mas os cidadãos não podem ser meros espectadores e precisam poder dizer "não" a pedidos de suborno, com a segurança de que serão apoiados pelo Estado e pela sociedade. Não se pode alimentar a cultura da corrupção, estimada em US$ um trilhão, a cada ano, no mundo.

2. O UNODC conseguiu recuperar mais de US$ 13 bilhões escondidos em países ricos por governantes corruptos Nigerianos. Alguns países do Leste Europeu que se comprometeram a enfrentar esse fenômeno em seus Estados, como condição para ingresso na UE (União Européia), encontram dificuldades para honrar o compromisso.

3. Ativos recuperados podem ajudar a prover recursos para programas sociais ou de infra-estrutura. Tecnicamente temos os mais modernos instrumentos para esse combate, com a ajuda dos Auditores Públicos.

4. O mais nocivo custo da corrupção é humano. Ela corrói o elo da sociedade, degrada Instituições públicas e enfraquece o ambiente de investimentos. E o impacto maior recai sobre a população mais vulnerável. Este é o custo real: crianças sem educação, doentes sem acesso a serviço de saúde, pequenos negócios que não conseguem sobreviver.'

5. Temos a oportunidade de ser audaciosos e quebrar ciclos do passado. Eliminar a corrupção por completo não será possível, mas podemos controlá-la e preveni-la. Implementar a UNCAC é como Vitor Hugo via o futuro: "Para os fracos, inatingível; para os corajosos, uma oportunidade".

Este é nosso ponto de inflexão: ou damos (Estado e sociedade) um salto quântico de qualidade e comprometimento no enfrentamento do malsinado fenômeno ou continuaremos a sofrer suas deletérias a ferozes conseqüências.

Brasil: Crise, Ajuste e Reforma: da Crise da Dívida ao Governo Lula

MARCOS CORDEIRO PIRES

Introdução

Nos últimos anos têm se constatado que o desempenho da economia brasileira vem despertando as atenções de importantes instituições internacionais, sejam ela privadas ou multilaterais[1]. Diferentemente de um passado recente, em que era notícia pelas elevadas taxas inflacionárias ou por sua vulnerabilidade aos choques externos, atualmente o Brasil se destaca pelo novo dinamismo que imprime à sua economia, pelo aumento das reservas internacionais, pela diversificação geográfica de suas exportações, pela diminuição (mesmo que pequena) das disparidades de renda, pela produção e consumo de biocombustíveis e, mais recentemente, pela descoberta de expressivas reservas de petróleo na camada "pré-sal" de sua plataforma continental[2].

O desempenho recente da economia brasileira, com taxa média de 4,17% entre 2003 e 2008, parece indicar que o período de longa estagnação tenha chegado ao fim, fazendo os brasileiros reviverem os

---

[1] De certa forma, este olhar diferenciado sobre o Brasil foi conseqüência, entre outros fatores, da divulgação do estudo do banco Goldman Sachs intitulado Dreaming with BRICs: The Path to 2050. Global Economics Paper No. 99: October, 2003. Disponível em: http://www2.goldmansachs.com/ideas/brics/brics-dream.html. No estudo, os economistas do banco fazem projeções sobre o lugar de grandes países em desenvolvimento numa nova configuração econômica mundial, no caso, Brasil, Índia, Rússia e China.

[2] Infelizmente, também é notícia pela concentração de renda, pela violência urbana, pelo assassinato de trabalhadores sem terra, pela impunidade dos ricos e pelo desmatamento florestal... Mas estas questões são perenes em nossa história, e precisaríamos de outro texto para discuti-las.

tempos em que se pensava que o Brasil era o "país do futuro". De fato, a economia brasileira apresentou, durante a maior parte do século XX, elevadas taxas de crescimento econômico, mas este desempenho se estagnou desde o começo da década de 1980 até o limiar do novo século. De acordo com as estimativas de Maddison (2007), entre 1950 e 1980, a renda per capita dos brasileiros verificou um aumento de 210%. No entanto, entre 1980 e 2003, este crescimento foi de apenas 7%, ou seja, praticamente nada. Neste mesmo período, a renda per capita dos chineses aumentou 113%, entre 1950 e 1980, e 295%, entre 1980 e 2003. Quando se observa o desempenho das regiões em que ambos os países se inserem, América Latina e Ásia Oriental, nota-se uma situação semelhante: a renda dos latino-americanos cresceu 117%, entre 1950 e 1980, e apenas 6%, entre 1980 e 2003. Já a renda dos asiáticos cresceu 179%, entre 1950 e 1980, e 138%, entre 1980 e 2003.

Geralmente, a apresentação de dados agregados tende a ocultar parte da realidade e a ressaltar outras. No caso do gráfico 1, quando se lida com o desempenho da cada região, a situação particular de cada país é nivelada pela média. Entre 1950 e 1980, grande parte do ganho de renda per capita da Ásia decorreu do rápido crescimento de Japão, Hong Kong, Singapura, Taiwan e Coréia do Sul. A partir de 1980, países populosos e com menor renda per capita, como Índia e China, se transformaram nos carros-chefe da economia asiática, enquanto que o desempenho do Japão apresentou sinais de exaustão. No caso da América Latina, a situação da Argentina é bastante peculiar, já que a estagnação da renda per capita teve início ainda na década de 1960, enquanto que o dinamismo do Brasil somente se exauriu em 1980. Veja-se o gráfico 1, ao lado:

A reflexão sobre estes dados se torna importante na medida em que permite raciocinar em termos de regiões, e não de países, e como estas regiões se ajustaram (ou não) às fortes transformações ocorridas na economia mundial desde a década de 1970. De certa forma, os modelos que se estabeleceram nos principais países de cada região explicam o sucesso e o fracasso de cada estratégia de desenvolvimento. No caso brasileiro, o modelo de "crescimento com endividamento", aplicado durante a ditadura militar, levou o país a enfrentar grandes impasses políticos, econômicos e sociais no ciclo seguinte.

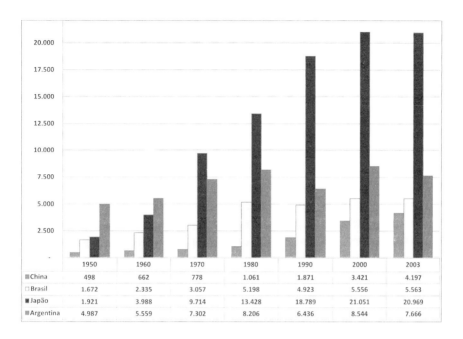

Gráfico 1– Evolução da Renda Per Capita de China, Brasil, Japão e Argentina. 1950-2003. Em: (1990 International Geary-Khamis dollars)

Fonte: Elaborado pelo autor a partir das estimativas de Angus Maddison (2007).

Ao se observar especificamente o desempenho da economia brasileira no período de 1980 a 2006, verifica-se um padrão errático de flutuações econômicas, marcado por um perfil *stop-and-go*, ou seja, curtos espaços de crescimento seguidos de fortes retrações. Isto reflete a vulnerabilidade da economia local às flutuações da economia internacional e a ausência de mecanismos contra-cíclicos devido à fragilidade fiscal do Estado e às constantes restrições impostas pelo balanço de pagamentos. O gráfico 2, a seguir, descreve as taxas de evolução do PIB brasileiro no período.

As flutuações nos períodos 1980-1984 coincidem com os impactos imediatos da crise da dívida externa. No período de 1985 a 1993, com a continuidade das restrições externas somadas aos fracassados programas de estabilização monetária. As flutuações do período de 1994 a 2002 coincidem com os impactos externos decorrentes de

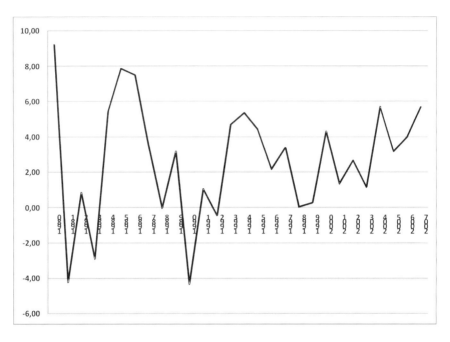

Gráfico 2. Brasil: Evolução do Produto Interno Bruto (%) – 1980-2007

Fonte: IBGE/SCN 2000 Anual - SCN_PIBG. Disponível em: www.ipeadata.gov.br.

políticas equivocadas na área cambial e das crises financeiras que abalaram a economia mundial neste período. Por fim, o último ciclo, de 2003 a 2007, que ainda está por se concluir.

Tendo por base a periodização definidas por estas flutuações cíclicas do Produto, ao longo deste texto trataremos de abordar aspecto da conjuntura econômica deste longo ciclo econômico, que se inicia em 1980, quando o estrangulamento externo se manifestou de maneira aguda, levando à exaustão do modelo econômico implementado pela Ditadura Militar, instaurada em 1964, até o término do primeiro mandato do Presidente Luiz Inácio Lula da Silva, em 2006, quando surgem sinais de que o longo período de estagnação pareceu terminar.

Nesse sentido, discutiremos quatro fases bem distintas dessa conjuntura. Na primeira seção trataremos do esgotamento do modelo de crescimento do regime militar e a crise da dívida externa, entre 1980-

-1985. Em seguida, os sucessivos e fracassados planos de estabilização econômica na fase inicial da redemocratização, no período de 1986-1992. Na terceira parte, discutiremos o Plano Real, que viabilizou a estabilização monetária após décadas de inflação elevada, e as reformas de corte neoliberal que modificaram a estrutura do Estado por meio de privatizações e desregulamentações. Por fim, discutiremos os dilemas da administração do governo Lula, entre as restrições da ortodoxia macroeconômica, as demandas sociais e o esboço de um projeto nacional.

1. O esgotamento do modelo de crescimento do Regime Militar e a Crise da Dívida Externa – 1980-1985

Em março de 1979, assumia o poder o General João B. O. Figueiredo, apresentando um programa econômico bastante ousado: projetava maior crescimento econômico, com o resgate da "dívida social", sem, contudo, negligenciar o combate à inflação. A composição do seu ministério procurava refletir tal situação. O antigo ministro da Fazenda do governo Geisel, Mario Henrique Simonsen, foi alocado na Pasta do Planejamento, com amplos poderes para formular políticas adequadas para uma nova etapa de crescimento do país. Já para a Fazenda, foi indicado um ministro com pouca expressão, Karlos Heinz Rischbieter, encarregado da gestão do "dia-a-dia".

Apesar das diretrizes iniciais, a política econômica, sob a condução de Simonsen, caminhava no sentido oposto àquele desejada pelo presidente. A ênfase no combate à inflação corroia a pequena popularidade de Figueiredo, que começava a enfrentar uma oposição política mais organizada, principalmente do setor sindical que, depois de dez anos, recomeçava as lutas reivindicatórias, aproveitando-se do clima de maior liberdade.

Em 15 agosto de 1979, Simonsen pediu demissão. Assume em seu lugar, Antonio Delfim Netto. Sua transferência Delfim, da Pasta da Agricultura para o Planejamento foi motivo de euforia nos círculos empresariais. Criava-se a expectativa de se reviverem os tempos áureos do "milagre econômico", de 1968-73, quando ele era o czar da economia. Entre agosto de 1979 e outubro de 1980, o país assistiu a um forte crescimento, da ordem de 6,7%, em 1979, e 9,2%, em 1980. No entanto, tais indicadores eram o canto do cisne do modelo (BRESSER PEREIRA, 1987:242).

De fato, o governo ignorou os maus agouros externos e buscou acelerar o crescimento, a despeito da piora das condições internacionais, como o aumento expressivo dos juros e a diminuição da liquidez, decorrente da nova política monetária dos Estados Unidos. No entanto, procurou reverter o impacto negativo das contas externas, ao estimular as exportações por meio de uma maxi-desvalorização cambial da ordem de 30%, em dezembro de 1979. Ainda nesse sentido, buscou incentivar ações que pudessem ampliar a capacidade de exportação, particularmente de artigos primários, como alimentos e minérios. A estratégia "desenvolvimentista" de Delfim não foi consensual: em 17 de janeiro de 1980, Karlos Heinz Rischbieter deixou o cargo de ministro da Fazenda, e em seu lugar assumiu Ernane Galvêas.

A reversão da política expansionista de Delfim Netto ocorreu em outubro de 1980, quando os banqueiros internacionais se recusaram a "rolar" a dívida externa. Como conseqüência, o governo adotou uma série de medidas para refrear o nível de atividade interna, de forma a ajustar o país à nova situação de contração do crédito. O Banco Central enxugou a oferta monetária no mesmo momento em que elevou as taxas de juros; o governo federal ordenou corte de investimentos da administração direta e das empresas estatais e liberou os antigos controles sobre preços, com vistas a combater a inflação. O resultado dessas políticas foi uma impressionante queda do PIB, em 1981, da ordem de 4,3%, e da produção industrial, de 11%.

A aplicação de políticas contracionistas, entre 1981 e 1982, não conseguiu ajustar a economia local às novas condições internacionais. A decretação da moratória do México, em agosto de 1982, fez que o sistema financeiro internacional fechasse suas linhas de crédito aos países em situação similar, como o Brasil. O governo, no entanto, esperou três meses para anunciar que bateria às portas do FMI, tendo em vista que transcorria a campanha eleitoral mais importante desde o golpe de 1964. A visão da população quanto a um acordo com o FMI era extremamente negativa, pois já se supunha a perda de autonomia do país e a submissão a políticas ainda mais restritivas.

Assim, em novembro de 1982, logo após a divulgação dos resultados eleitorais, o governo pediu o socorro ao Fundo. Naquele momento Delfim Netto obteve um empréstimo do FMI no valor de US$ 4,4 bilhões, escalonado em quatro parcelas, embora apenas duas tenham sido efetivamente desembolsadas. A liberação das demais dependia de o governo assumir compromissos com uma política econômica austera, alinhavados nas chamadas "cartas de intenções". Em janeiro de 1983, Ernane Galvêas, ministro da Fazenda, assinou a primeira dessas cartas com o FMI. Em decorrência disso, já no mês seguinte, o governo promoveu uma nova maxidesvalorização do cruzeiro, tal como havia feito em 1979, também da ordem de 30%. Começava ali uma longa série negociações, inspeções, assinatura de cartas de intenções... etc. Ao longo de toda a década de 1980, o FMI rondou a economia brasileira, impondo seu remédio amargo e acompanhando *in loco* o desenvolvimento de sua política (BACHA & MALAN, 1988: 223):

Em princípio, a política do FMI foi a de aceitar as "cartas de intenções", pelas quais o Brasil se comprometia a ajustar a economia mediante a redução do déficit público, a eliminação de subsídios e a efetivação das desvalorizações cambiais necessárias para o incentivo de exportações. Entretanto, as autoridades brasileiras iam "empurrando o problema com a barriga", acatando uma ou outra diretriz do FMI.

Os elementos restritivos ao crescimento impostos pelo FMI visavam basicamente a resgatar a capacidade de pagamento do devedor. Os ajustes na economia tinham por objetivo principal equilibrar o balanço de pagamentos. Antes de ser um organismo multilateral, o FMI tornou-se um mero instrumento dos países credores para forçar as nações periféricas a se enquadrarem nas condições macroeconômicas adequadas aos primeiros. Seu receituário de ajuste, portanto, tinha como objetivo muito mais anestesiar o "paciente", de forma a torná-lo mais dócil, do que a efetivamente dar-lhe condições para enfrentar em melhor situação as distorções da economia mundial.

A maneira como o governo lidou com a crise foi bastante penosa para a população. Em 1983, o país assistia à pior crise econômica de sua história republicana. Os sucessivos "pacotes econômicos" impunham maiores sacrifícios, que se materializavam em desemprego, miséria e queda da renda per capita. Diante disso, a popularidade do governo Figueiredo ia sendo corroída ainda mais. Greves e manifestações eclodiam em todo o país. Empresários, camadas médias e trabalhadores, por meio dos partidos políticos de oposição, iniciaram um grande movimento social com vistas a derrubar o regime militar. Tais descontentamentos levaram à organização, no final de 1983, do movimento "Diretas Já", que reivindicava eleições diretas para presidente da República. No ano seguinte, a mobilização assumiria proporções colossais, influenciando, de fato, o processo de redemocratização.

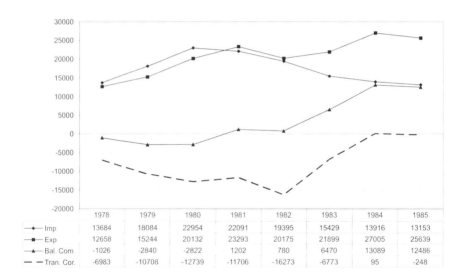

Gráfico 3 – Brasil: Balanço de Pagamentos: Exportações, Importações, Balança Comercial e Transações Correntes: 1978-1985. (milhões de US$)

Fonte: BCB Boletim/BP - BPN_STC. Disponível em: www.ipeadata.gov.br

Em 1984, o Brasil parecia ter superado o problema do balanço de pagamentos. Enormes superávits comerciais trouxeram alívio para as contas externas. Castro & Souza (1985) enfatizaram que grande parte resultados obtidos entre 1983 e 1985 decorreu de: (a) política de substituição de importações adotada pelo presidente Geisel; e (b) adoção de programas setoriais de exportação. Na sua visão, estes dois aspectos permitiram que o governo Figueiredo fosse bem sucedido em suas políticas de redução das importações e aumento das exportações, que levaram ao novo equilíbrio obtido no balanço de pagamentos. A política de construção de saldos crescentes na balança comercial só se tornou possível porque houve uma viragem da estrutura produtiva durante o II PND.

O gráfico 3 reflete o resultado da balança comercial e o saldo da conta de transações correntes. Em primeiro lugar, cabe destacar a reversão do déficit comercial, entre 1978 e1980, e forte superávit, entre 1983-1985. De um lado, é digno de nota o esforço exportador, que variou positivamente 68%, entre 1979 e 1985. Nesse aspecto, vale lembrar o impacto das políticas de substituição de importações implementadas durante o II PND sobre a pauta de exportação, conforme analisou Barros de Castro. De outro lado, percebe-se a forte contração das importações, tanto pela diminuição da atividade doméstica, como, mais uma vez, pelo esforço do pacote de investimentos do período 1975-1979. Como resultado, o saldo comercial pôde fazer frente aos fortes serviços da dívida, de forma a apresentar um resultado bastante satisfatório em 1984-85, comparativamente aos 16 bilhões de dólares de 1982.

Um aspecto interessante da política de construção de saldos na balança comercial é que constitui elemento mais realista de estratégia econômica que a insistência em liberações e internacionalização. Ela não pode ser obtida sem apelo a (1) uma hierarquização dos importáveis; (2) uma política de exportação adequada: e (3) clara adoção de políticas voltadas para a substituição de importações. O efeito combinado dessas políticas sempre foi mais favorável à acumulação doméstica do que qualquer pacote de corte internacionalizante.

Como sempre, esta política mais habilidosa acabou sendo aplicada na situação brasileira de 1979-84 porque, praticamente, não havia outra saída. Numa situação de moratória de fato, o governo obteve certa tolerância externa para implantar medidas que, até mesmo, adotassem pontos de vistas heterodoxos, desde que fizessem fluir novamente para o exterior os juros da dívida. No entanto, para saírem dólares, era necessário entrar o chamado "dinheiro novo". E isto só seria factível com a obtenção de saldos na balança comercial, ponto de partida para a recomposição do poder de compra externo.

Não obstante o desempenho favorável do comércio exterior brasileiro, durante a primeira parte da década de 1980, o estrangulamento

270 Brasil: Crise, Ajuste e Reforma: da Crise da Dívida ao Governo Lula

externo continuou pressionando a economia local no tocante ao pagamento de juros e amortizações. A reciclagem interna dos dólares, por outro lado, levou à acentuada expansão da base monetária. O perfil errático das taxas de variação do PIB, ora com expansão, ora com contração, demarca bem os problemas de gestão macroeconômica, conforme se constata na leitura do gráfico 3, no começo desta seção.

O processo de redemocratização, e a posse do primeiro presidente civil depois de 21 anos de ditadura, criaram novos ingredientes no processo de crise. As liberdades democráticas, a reorganização de partidos proscritos e uma nova Assembléia Constituinte tornariam a administração da crise algo mais complicado do que normalmente seria.

2. Os sucessivos e fracassados planos de estabilização econômica na fase da redemocratização – 1986-1992

A crise econômica, iniciada com a crise da dívida externa, minou as bases de sustentação da ditadura militar. Às forças oposicionistas que combatiam o arbítrio desde a primeira hora, como os sindicatos de trabalhadores e correntes nacionalistas e de esquerda, juntaram-se os setores liberais, parte do empresariado nacional e uma vasta parcela da classe média, que havia perdido poder de compra com a recessão. Entretanto, a luta contra a ditadura militar era compreendida não só com a queda do regime de exceção, mas também como a possibilidade de se atingir uma sociedade democrática e mais justa. Nesta frente ampla que se formou contra os governos militares, cada um dos grupos sociais possuía a sua própria visão do que seria o governo democrático. Para alguns, a possibilidade de reinstituir um regime democrático-liberal em que a disputa do poder se daria em moldes "ocidentais"; para outros, a democracia representava a possibilidade de se avançar rumo ao socialismo; para terceiros, democracia era sinônimo de emprego, saúde, salários altos e reforma agrária.

Em meio aos debates da Assembléia Constituinte (1987-88), três grandes desafios econômicos se colocaram em primeiro plano após o fim da ditadura militar. São eles: (1) a dívida externa, (2) o déficit público, e (3) a inflação. Se analisarmos o resultado do esforço da política econômica de então, poderemos constatar que o governo foi mal sucedido em todas estas frentes. Primeiramente, não conseguiu solucionar o problema da dívida de forma soberana e sustentável; em segundo lugar o déficit público fugiu do controle, fosse pelos encargos do pagamento da dívida, fosse pelo aumento das despesas decorrentes dos gastos adicionais impostos pela Constituição de 1988; finalmente, a inflação não foi debelada, apesar dos inúmeros planos econômicos adotados entre 1985 e 1992.

Quanto a este último aspecto, vale a pena mencionar o debate acerca do caráter da inflação brasileira, uma vez que, teoricamente, a solução para o problema depende de um diagnóstico correto. Em primeiro lugar, de acordo com a explicação clássica ou monetarista para o fenômeno da inflação, esta decorre necessariamente do excesso de moeda em circulação, que ativa a demanda e provoca a elevação dos preços das mercadorias. Invariavelmente, conforme esta visão, a explicação do fenômeno estaria nos desequilíbrios orçamentários do Estado, que gasta além de suas receitas, gerando desequilíbrios na estrutura econômica. Ainda segundo os monetaristas, o combate à inflação dependeria necessariamente do controle dos gastos públicos e ainda pelo controle da oferta de moeda, fosse pela restrição ao crédito, por meio da elevação das taxas de juros, fosse pela imobilização dos ativos bancários, ao se elevar o depósito compulsório que os bancos deveriam recolher no Banco Central. O resultado de tais políticas seria uma forte contração da demanda e, conseqüentemente, dos índices de preços.

Quando se analisam os indicadores econômicos no período em que tais políticas foram aplicadas, constata-se que a aplicação das medidas restritivas ditadas pelos manuais monetaristas não surtiram o efeito desejado sobre os índices inflacionários brasileiros. Entre 1979 e 1985, subia de maneira sistemática, de um patamar de 4% ao mês em janeiro de 1979, para 10%, em março de 1985, apesar de o governo adotar a abordagem monetarista.

Durante o período em questão, 1985-1992, todas as correntes econômicas tiveram sua oportunidade de por em prática suas idéias. Francisco Dornelles (1985); de formação ortodoxa, Dilson Funaro (1986--87) e Bresser Pereira (1987), da escola heterodoxa "inercialista"; Mailson da Nóbrega (1988-1990), ora ortodoxo, ora heterodoxo; Zélia Cardoso (1990-1991), heterodoxa-ortodoxa; e Marcílio Marques Moreira (1992), ortodoxo, fizeram da economia brasileira um laboratório de idéias mal sucedidas.

Dornelles se concentrou no objetivo de baixar a inflação, deixando em segundo plano as medidas de apoio ao crescimento do saldo comercial exterior. O forte desalinhamento de preços, provocado pelo sacrifício das empresas públicas na vigência dessa política contracionista, levou a choques entre o Ministério da Fazenda (Dornelles) e o Secretário de Planejamento, João Sayad, que terminaram por desgastar-lhe a gestão. Por um lado, Dornelles não fizera um ajuste tão forte quanto esperava o FMI. Por outro, a direção do PMDB, partido majoritário à época, considerava suas medidas de arrocho excessivas, tornando inviável sua permanência no governo, particularmente diante de importantes embates eleitorais, como a escolha para prefeito de capitais em 1985 e as eleições gerais de 1986, que indicaria novos governadores e também os membros da Assembléia Nacional Constituinte. A queda de Dornelles, em agosto de 1985, abriu caminho para uma fase de grande experimentação em política econômica, cujo expoente foi o Plano Cruzado, lançado em 1986 por Dílson Funaro.

Sua posse no Ministério da Fazenda, em agosto de 1985, significou a vitória do setor "heterodoxo" sobre o setor "ortodoxo", na formulação da política econômica do governo Sarney. A opção de Funaro foi a de combater a inflação por meio do crescimento do mercado interno. Esta estratégia foi consubstanciada no Plano Cruzado, lançado em 28 de fevereiro de 1986, cujas principais medidas foram, (a) introdução de nova moeda, o Cruzado: CZ$ 1,00 = Cr$ 1.000,00; (b) congelamento de preços e salários por prazo indeterminado; (c) conversão dos salários pela média dos últimos seis meses, com abono de 8% (16% para o salário mínimo), com posterior congelamento; (d) Instituição do gatilho salarial, que seria acionado toda vez que a inflação atingisse 20%; (e) Taxa cambial fixada no nível de 27 de fevereiro, descartando-se a necessidade de uma maxidevalorização; (f) proibição de reajustes monetários em prazo inferior a um ano, estendida para todos os ativos financeiros pós-fixados, transformando-se os juros reais desses títulos em juros nominais; (g) instituição da "tablita[3]" para os contratos pré-fixados (desvalorização diária de 0,45%, correspondente à média diária de inflação entre dez/85 e fev/86); (h) polí-

---

[3] Tabela utilizada para deflacionar os valores de prestações e contratos, uma vez que estes já embutiam a inflação futura projetada.

tica monetária de acomodação ao aumento de demanda por moeda (queda da velocidade-renda da moeda em função da estabilização), utilizando-se a taxa de juros como variável de ajuste do grau de liquidez da economia; e (i) ajuste fiscal baseado na reforma fiscal de dezembro de 1985 (aumento de IR sobre ganhos de capital das operações financeiras).

A ruptura do processo inflacionário, por meio do congelamento de preços, teve a simpatia da maior parte da população. As tabelas de preços produzidas pela Superintendência Nacional de Abastecimento (SUNAB) estavam sempre à mão dos consumidores. Foi a época dos "fiscais do Sarney". Em virtude do reajuste nos salários, aplicados antes do congelamento, ocorreu uma explosão do consumo. Além disso, a diminuição nominal dos rendimentos da poupança fez que muitos investidores optassem por gastar seu dinheiro em vez de receber juros "aparentemente" baixos. Por conta disso, as mercadorias começaram a sumir das prateleiras. Quando apareciam, com embalagem, modelo ou peso diferenciado, o preço estava majorado. O congelamento levou muitos setores a arcar com os preços defasados, o que gerou desabastecimento ou maquilagem dos produtos. Outros setores, mesmo sem o argumento da defasagem de preços, também trataram de maquiar os produtos, frente à possibilidade de aumentar seus lucros diante de maior demanda.

Em julho daquele ano, o Ministério da Fazenda tentou refrear as pressões inflacionárias por meio de políticas restritivas que, no entanto, não mexiam no congelamento. Era o "Cruzadinho". Este conjunto de medidas criava empréstimos compulsórios sobre gasolina, álcool, automóveis e viagens internacionais. Visava a atacar dois problemas: (a) refrear a demanda - com a redução da renda disponível -, conforme desejavam os economistas; e (b) angariar recursos para apoiar novos investimentos públicos, que era a vontade do presidente José Sarney. Para os economistas da época, o Cruzadinho era tímido demais para deter o consumo. De fato, ele não conseguiu fechar os vazamentos no grande dique que era o Plano Cruzado. Porém, medidas que representassem maiores sacrifícios para a população eram descartadas diante da iminência do pleito eleitoral.

Com o aumento do consumo, o PIB cresceu 7,5% em 1986, mas piorou a situação fiscal e o desequilíbrio externo retornou de modo

274 *Brasil: Crise, Ajuste e Reforma: da Crise da Dívida ao Governo Lula*

agudo (quando foi implementado o plano, as reservas eram de pouco mais de US$ 10 bilhões). Cabe esclarecer que o Plano Cruzado foi o principal cabo eleitoral do governo para as eleições gerais, principalmente diante dos ataques de Leonel Brizola, o governador do Rio de Janeiro, que acusava o Plano de ser um estelionato eleitoral, o que se mostrou verdadeiro. Naquele pleito, os partidos que apoiavam o presidente Sarney tiveram uma vitória rotunda. O PMDB elegeu 22 governadores e o PFL apenas um, no estado de Sergipe, este também aliado de Sarney.

Depois das eleições, foi lançado o Plano Cruzado II, visando a controlar o déficit público por meio do aumento das tarifas públicas e dos impostos indiretos. Em dezembro, a inflação atingiu 7% ao mês, o que ensejou o disparo do gatilho de reajuste salarial. Na prática, estava liquidado o Plano. Em janeiro de 1987, a inflação chegou a 17% e o congelamento começou a fazer água. Em fevereiro, terminou oficialmente o congelamento, as OTNs foram corrigidas e a indexação retornou firmemente, com reajustes mensais de salários.

Para além disso, o aumento do consumo interno e das importações levou à crise do balanço de pagamentos. As reservas internacionais caíram para pouco mais de US$ 6,0 bilhões, e o superávit da balança comercial declinou de aproximadamente US$ 13 bilhões, em 1984/ /1985, para cerca de US$ 8,0 bilhões, em 1986. Os ganhos na balança comercial que, em 1984 e 1985, deram uma folga ao Brasil, possibilitavam um pequeno poder de barganha nas negociações com os credores externos. No entanto, em 1986, com a citada deterioração, o país foi compelido a novas concessões e, por escassez de divisas, a declarar a moratória unilateral, em fevereiro de 1987.

A moratória permitiu ao Brasil ganhar alguns meses para recompor sua posição como devedor externo, sem que, no plano interno, o ministro Funaro lograsse apoio para estabelecer uma estratégia macroeconômica capaz de viabilizar sua proposta de crescimento econômico. O governo não possuía um projeto de longo prazo, após o fracasso do Plano Cruzado. A política econômica do governo Sarney se "arrastou" até o final do mandato. Tanto o sucessor de Funaro, Luiz Carlos Bresser Pereira, e o sucessor deste, Maílson da Nóbrega, implementaram planos econômicos de igual desfecho, com a inflação saltando de patamar após o descongelamento dos preços.

Um aspecto da gestão Bresser Pereira foi a forma como tentou equacionar o problema da dívida externa. Enquanto se debatia com a estabilização da moeda e com a crise fiscal, o governo tinha outra inglória batalha no *front* externo, que era a dívida externa e as pressões dos credores, escudados pelo FMI e pelo Banco Mundial. Ele enfatizou as chamadas "tecnicalidades do processo da dívida", adotando complexas rotinas para encaminhar as diferentes fases de negociação e tentando expressar nisso um amadurecimento da parte brasileira, frente à experiência externa. No entanto, internamente, o ministro carecia de apoio político necessário à reativação de suas propostas, sendo freqüentemente hostilizado e até desprestigiado pelos cartéis controlados por multinacionais. Sem apresentar resultados concretos e diante de novo descontrole inflacionário, o ministro Bresser renunciou em dezembro de 1987.

A posse de Maílson da Nóbrega, em 18 de dezembro de 1987, não alterou a situação de penúria da economia brasileira. Sua política inicial, o "Feijão-com-Arroz", era baseada no manuseio ortodoxo das políticas monetária e fiscal, o que levou aos aumentos dos juros e da inflação. O seu plano heterodoxo, o Plano Verão, legou uma inflação mensal próxima de três dígitos, marcando o fracasso do Governo Sarney no *front* inflacionário.

Em março de 1990, o Governo de Fernando Collor de Mello trouxe um componente novo para a gestão econômica brasileira: a agenda neoliberal do Consenso de Washington. Para além das políticas heterodoxas de combate à inflação, como o Plano Collor, o novo governo propunha o ajuste da crise fiscal por meio da venda de empresas públicas, uma drástica reforma administrativa e um "choque de modernidade" por meio de uma abrupta abertura comercial. O Plano Collor combinava novo congelamento de preços, o confisco de depósitos à vista e de aplicações financeiras, prefixação da correção de preços e salários, câmbio flutuante e tributação ampliada sobre aplicações financeiras, À época do lançamento do Plano Collor, o presidente da República havia dito que o "tigre da inflação seria liquidado com apenas um tiro", tentando atrair o apoio da população para o novo "pacote". Entretanto, o "tigre" se mostraria mais resistente e, apesar da queda de 4,35% no PIB, a inflação recuperou o fôlego durante o segundo semestre de 1990. A variação do IPCA, em dezembro de 1990, foi da ordem de 18,45%, o que perfazia um total de 927,4% ao ano.

Frente a isto, foi adotado outro plano de estabilidade, o Plano Collor II, em janeiro de 1991. Mais uma vez, lançava-se mão do congelamento de preços e salários e da unificação das datas-base de reajustes salariais, além de novas medidas de contração monetária e fiscal. Novo fracasso se estabeleceu. A conjugação dessas tentativas de combate à inflação, com a reestruturação que se vislumbrava, fez que o período 1990-1992 fosse marcado por forte recessão – com queda de quase 10% no PIB –, pelo aumento do desemprego e pela queda dos salários reais e da massa salarial. Os resultados do Plano Collor II foram pífios. A variação do IPCA no ano de 1991 foi de 375%, apresentando índices mensais superiores a 20%.

O fracasso do Plano Collor II levou à demissão da ministra Zélia Cardoso de Mello. Em 10 de maio de 1991, o ex-Embaixador do Brasil em Washington, Marcílio Marques Moreira, assumiu o controle da área econômica. Durante sua gestão à frente do Ministério da Economia, foram adotadas políticas ortodoxas, em que o combate ao déficit público passou a ser prioridade. Do ponto de vista das relações com o exterior, Moreira procurou se aproximar dos credores e do FMI, com vistas a renegociar a dívida externa. Na época, e no bojo das "concessões" do Plano Brady, muitos países da América Latina já haviam renegociado suas dívidas e reingressado nos fluxos financeiros internacionais. Em junho de 1992, foram retomadas as negociações, cuja conclusão deu-se em setembro daquele ano. No mesmo mês, a variação do INPC era da ordem de 21%, evidenciando mais um fracasso do combate à inflação. O processo de impeachment de Fernando Collor de Mello foi o coroamento de um ciclo de muita experimentação, elevadas taxas de inflação e de forte desesperança popular de que algo pudesse ser feito para recolocar o país no rumo do crescimento.

3. O plano Real e o ajuste neoliberal

Com a deposição de Collor, assumiu seu vice, Itamar Franco. Este, apesar de se manifestar contrário ao processo de privatização e de abertura da economia, iniciados durante o governo anterior, não teve força ou vontade política para mudar o rumo da política acordada com o FMI. A instabilidade do governo de Itamar pôde ser constatada pela a freqüente substituição de ministros da Fazenda: Gustavo Krauze, Paulo Haddad, Eliseu Rezende e, finalmente, Fernando Henrique Cardoso. Quando este se candidatou à presidência da República, Rubens Ricúpero e Ciro Gomes o sucederam. É claro que tais mudanças foram reflexo de um silencioso jogo de bastidores, em que os grupos que davam sustentação ao governo Itamar se digladiavam.

A linha que saíra vencedora do embate foi aquela que defendia os princípios do Consenso de Washington, como a do ministro da Fazenda Fernando Henrique Cardoso, que tomou posse em maio de 1993 e já em 14 de junho apresentava um plano econômico com vistas a estabilizar a economia, o PAI- Plano de Ação Imediata. O PAI seria considerado posteriormente o primeiro passo do Plano Real.

O Plano Real foi a mais bem sucedida experiência brasileira de combate à inflação do período de redemocratização. Diferentemente dos planos anteriores, o "choque" e a "surpresa" foram abandonados, privilegiando uma ação pactuada comas as forças políticas e econômicas da sociedade. Também foi sinalizado pelo então ministro da Fazenda que não ocorreria novo congelamento, e que uma nova moeda seria introduzida sem maiores traumas.

Conforme dito, a primeira parte do Plano Real foi o lançamento do PAI, que tinha por objetivo enfrentar o grande déficit público, por meio de controle dos gastos e da formação de um caixa (Fundo Social de Emergência) que desvinculava fundos repassados para estados e municípios. O passo seguinte foi introduzir um mecanismo que na prática dolarizava os preços internos, a Unidade Real de Valor – URV, que foi implementada em 1º de março de 1994, e serviu como transição para a introdução de uma nova moeda. A criação da URV deveria proporcionar "aos agentes econômicos uma fase de transição para a estabilidade de preços". O Cruzeiro Real, que fora introduzido em 02/08/1993 pelo próprio FHC, estava se desvalorizando rapidamente, o que alimentava aumentos constantes de preços e salários na economia. Em junho de 1993, a variação da inflação ultrapassava a casa dos 30%, o que significava uma taxa anualizada de 2.300%. Apesar da instituição de reajustes salariais baseados na inflação do mês anterior, os salários eram corroídos, uma vez que a correção mensal ocorria a índices inferiores à inflação passada. Não obstante, os formadores de preços se antecipavam e remarcavam seus preços às vésperas dos reajustes.

A URV foi utilizada para restaurar a função de unidade de conta da moeda, que havia sido destruída pela inflação, bem como para referenciar preços e salários. O Banco Central emitia, diariamente, relatórios sobre a desvalorização do Cruzeiro Real e a cotação da URV, que por sua vez era igual à cotação de US$1,00. Assim, a URV serviu para o comércio determinar seus preços, efetuar contratos e determinar salários, independentemente das desvalorizações monetárias provocadas pela inflação, ou seja, provocou uma indexação generalizada da economia.

A terceira fase do Plano foi a introdução da nova moeda, o Real, lançada em 01 de julho de 1994. As medidas do Plano que diretamente interfeririam na vida das pessoas foram: (1) mudança na unidade monetária, que passou a ser denominada "Real", cujo valor de cada unidade equivalia a 2.750 cruzeiros reais. As cédulas em cruzeiros reais deveriam ser substituídas por cédulas de Real; (2) conversão de todos os contratos pré-fixados em URV para Reais; e (3) limitação da correção monetária contraída a partir de 1º de julho de 1994 à variação do IPCr (Índice de Preços ao Consumidor em Reais). Fato interessante constituiu a sobrevalorização do Real em relação ao dólar. O posteriormente denominado "populismo cambial", começou com uma artificial cotação de US$1,00 x R$0,84!

Cabe assinalar que o Plano Real já contava com as experiências de estabilização até então bem sucedidas do México, e do Plano Cavallo, na Argentina, ambas apoiadas nas diretrizes do FMI e cuja base era a "âncora cambial", ou seja, as moedas daqueles países desde então passaram a estar vinculada ao dólar norte-americano. Em linhas gerais, o Plano Real não diferiu muito daqueles. A URV foi um eufemismo para a dolarização dos preços internos. Na Exposição de Motivos do Real (1994), o ministro Ricúpero não deixa margem para dúvidas. Veja-se:

> "39. A paridade cambial a ser obedecida será de US$ 1.00 = R$1.00, por tempo indeterminado. A fim de não engessar a taxa de câmbio em lei, o que traria evidentes prejuízos ao exercício soberano da política cambial em uma economia mundial em rápida transformação, também se dispõe que o Ministro da Fazenda submeterá ao Presidente da República os critérios que o Conselho Monetário Nacional

deverá obedecer no tocante ao lastreamento do Real, às emissões temporárias e à administração das reservas que compõem o lastro, bem como à modificação da paridade".

Quando se observa o desempenho do Plano Real do ponto de vista do controle da inflação, as políticas econômicas adotadas a partir de 1994 lograram êxito em frear os descontrole dos preços. Conforme o gráfico 4, nos primeiros meses de 1990 a inflação atingiu patamares superiores a 80% ao mês. As três quedas súbitas refletem o Plano Collor, março de 1990, o Plano Collor II, e o Plano Real, em julho de 1994. As duas primeiras quedas foram obtidas por congelamento de preços, diferentemente do Plano Real, implantado paulatinamente a partir de 1993, conforme descrevemos anteriormente.

No entanto, o Plano Real não foi apenas mais um plano de estabilização, mas sim um programa reformista, que buscava adequar a institucionalidade interna às demandas de uma nova ordem internacional. Nesse sentido, tratava-se de abrir a economia aos fluxos comerciais e financeiros, reformar o Estado por meio de privatizações e desregulamentações, cortar gastos sociais e tornar o Estado "mais eficiente". Tal programa era apresentado ao público como o **único** caminho para o desenvolvimento sustentável.

BRASIL: Índice Mensal de Preços - 1990-1994 (IPCA) (%)

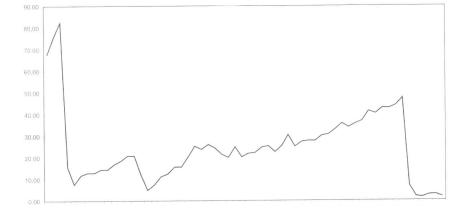

Gráfico 4 – Índice Mensal de preços – IPCA – 1990-1994

Fonte: IBGE. Disponível em www.ipeadata.gov.br

280 Brasil: Crise, Ajuste e Reforma: da Crise da Dívida ao Governo Lula

Artifício eficaz para a abertura da economia foi a política de sobre-valorização adotada após o Plano Real. A respeito, veja-se a opinião de um dos artífices dessa medida, Gustavo Franco (1999: 115):

> "Com o início dos preparativos para o Plano Real, é retomado o ritmo das medidas de abertura, vale dizer, a caminhada na direção do modelo 'horizontal', embora num ritmo excessivamente lento. (...) Se fôssemos atacar cada um desses obstáculos [à adoção de um novo modelo de industrialização] negociando com os respectivos setores, e enfrentando as naturais resistências à mudança e à eliminação de privilégios antigos e sedimentados, precisaríamos de um enorme exército de liberalizadores, de muitos anos de atividades e de muita paciência. Nenhum desses recursos era abundante naquele momento. O Plano Real traria uma medida inesperada e de enorme amplitude, e que destruiria todas essas armadilhas de uma vez e mudaria drasticamente o grau de proteção a que estavam sujeitas as empresas brasileiras: a nova política cambial. Com a apreciação, as barreiras todas se tornavam menores e o Brasil podia, finalmente, retomar o processo de redefinição, tantas vezes adiado, de novos termos de troca entre nacionalismo e internacionalismo"

De fato, após 1995 verificou-se aumento expressivo na importação de bens finais e intermediários, cujos reflexos sobre a indústria local foram rapidamente sentidos, ora na forma de falências, ora na forma de desnacionalização. A apreciação cambial também propiciou um aumento temporário do poder de compra das camadas médias. De súbito, elas puderam ter acesso a grande variedade de bens de consumo, a preços inferiores aos similares nacionais. Verificou-se no período 1995-1998 o aumento das importações e a contração das exportações Por outro lado, devido à sobrevalorização do Real, verificou-se a intensificação do fluxo de viagens internacionais, pressionando ainda mais a conta de transações correntes. Aquela política ficou conhecida como "populismo cambial". Tal artifício, que viabilizou a reeleição de FHC, levou o país à crise cambial de 1999.

Outro aspecto da apreciação cambial diz respeito à queda do preço dos ativos domésticos em moeda estrangeira. Isto favoreceu grupos externos que adquirirem empresas locais com a queda da rentabilidade das mesmas pela exposição à concorrência. Eles optaram por comprar empresas que possuíam marcas fortes, redes de distribuição e pessoal qualificado. A descrição deste processo é assim complementada por Delfim Netto (1998:145-146):

> "A abertura foi essencial para o aumento da produtividade, embora viesse combinada com sobrevalorização do câmbio e com atos de loucura em matéria de tarifas. Os erros foram imensos. As tarifas não foram usadas como instrumentos de política industrial, mas como instrumentos de vingança contra os produtores brasileiros. Abrimos nosso mercado no momento em que praticávamos taxas de juros absurdas. Passamos a importar produtos que seriam pagos em 18 a 24 meses com taxas de juros de 6% a 7% ao ano, quando o produtor brasileiro tinha que enfrentar juros de 30% e só podia dar prazo de um mês. (...) Boa parte da quebradeira das nossas empresas não teve nada a ver com produtividade. Resultou, simplesmente, de erros dramáticos de política econômica, que levaram meses para serem corrigidos".

A constatação feita por Delfim Netto, no que diz respeito ao tratamento dado aos produtores locais por parte do governo, é justificada por Gustavo Franco (1999). Para ele, o tratamento de "choque" seria necessário para forçar os empresários locais, acostumados com a proteção do Estado, a modernizarem suas indústrias.

Além de abrir o mercado, os governos Collor e FHC promoveram a abertura financeira. Depois de Collor eliminar as restrições aos fluxos de capital, Cardoso operou a reestruturação do setor bancário, fosse pela desregulamentação (que conferia igualdade de tratamento a bancos locais e estrangeiros), fosse pelo incentivo para o ingresso de grupos bancários internacionais, facilitando a aquisição de bancos brasileiros por parte do HSBC, ABN-AMRO, BBVA, Santander etc.

Outra medida que contribuiu para a abertura financeira do País foi abertura do mercado brasileiro para bancos estrangeiro, sem as antigas exigências de reciprocidade. Em meio a esse processo, ocorreu a disseminação do uso de contas-correntes conhecidas como CC5, em referência à Carta Circular nº 5, instituída pelo Banco Central do Brasil em 1969. Em princípio, estas contas especiais eram destinadas às pessoas físicas e empresas não-residentes no Brasil. No entanto, com a instituição do Anexo IV, da resolução 1832/91, do Conselho Monetário Nacional, permitiu-se que os portadores de contas CC5 pudessem investir nos mercados de ações e de dívidas do Brasil. Havia a suspeita de que a maior parte dos recursos aplicados nas CC5 pertencia a cidadãos e empresas brasileiras, que haviam remetido divisas ilegalmente para paraísos fiscais, como o Uruguai, Ilhas Cayman, Jersey ou Bahamas. Estes retornavam com seu dinheiro para usufruir das novas oportunidades de mercado criadas pelo governo.

A abertura financeira foi responsável também pela "internacionalização" de parcela significativa da dívida pública. Valendo-se da manipulação das taxas internas de juros, o governo passou a emitir papéis com correção cambial e os oferecia aos "capitais gafanhotos", aqueles que percorrem o mundo em busca das melhores taxas de juros. Posteriormente, a partir de 1995, quando os déficits comerciais passaram a ser expressivos, o país ficou cada vez mais dependente desses investimentos em carteira (smart capital), pois estes eram imprescindíveis para a cobertura do enorme déficit das transações correntes. Enquanto existiu liquidez internacional, o governo se orgulhava de apresentar elevados saldos nas reservas internacionais. Nem a crise mexicana, que demonstrou a vulnerabilidade daquele esquema de financiamento, fez com que o governo mudasse o rumo da política econômica. Mais uma vez recorre-se à opinião de Delfim Netto (1998:147):

> "A rapaziada acredita em dois postulados falsos. O primeiro: a valorização do câmbio produz competitividade, quando é a abertura que produz. O segundo: num mundo em que há livre movimentação de capitais, o déficit em conta-corrente deixa de ter importância, pois sempre existirá alguém disposto a financiá-lo. Portanto, não haveria mais restrições pelo lado do balanço de pagamentos. Ora, quem vive essa situação são os Estados Unidos, pois o mundo permanece até agora disposto a financiá-los. A nós não. A evolução recente da economia mundial já tornou insustentável esse segundo postulado. Com o susto de outubro de 1997, alguns galos viraram pintos".

A "rapaziada", como ironicamente definiu Delfim Netto, errou ao fazer essa ilação de que a economia brasileira é similar à dos Estados Unidos. Enquanto que os Estados Unidos sempre encontram financiadores para o sua imensa dívida pública, ao pagar baixas taxas de juros, países como o Brasil são obrigados a pagar elevadas taxas para encontrar especuladores, e o resultado disso é a explosão da dívida interna e a paralisação da atividade produtiva e a estagnação do PIB.

A outra agenda do programa reformista foi o processo de privatização. Além de gerar caixa, a venda de empresas públicas significou uma grande modificação patrimonial no controle do mercado brasileiro. Alguns setores apresentaram grandes avanços, particularmente aqueles relacionados com telecomunicações e siderurgia. Outros setores, como o de transporte ferroviário e de eletricidade não apresentaram grande êxito. No setor bancário quase todo o sistema de bancos estaduais foi privatizado. Os maiores compradores foram os bancos Itaú e Bradesco, de capital nacional, e o espanhol Santander, que adquiriu o Banespa. Nos estados a privatização envolveu a concessão de rodovias, de empresas de distribuição de energia elétrica e de gás.

Quando se analisa o resultado dessas políticas, verifica-se que de fato o combate à inflação foi bem sucedido, já que as taxas inflacionárias a partir de 1995 nem de perto repetiram os índices do período 1980-1994. No entanto, no período 1989-2002, outros objetivos de política econômica não tiveram resultado similar. A abertura econômica unilateral, sem uma política industrial definida, significou uma forte desnacionalização da economia. Mesmo hoje, em 2009, as economias desenvolvidas são relutantes em abrir seu mercado interno e, para abri-los, impõem pesadas concessões, vide os sucessivos fracassos em concluir a Rodada Doha da OMC.

O Produto Interno Bruto, entre 1995 e 2002, cresceu pouco acima da taxa de crescimento populacional, com uma média de 2,66%, o que não influiu numa melhoria do nível de vida da população. As taxas de desemprego no período mantiveram-se entre as maiores da história republicana. O volume da dívida interna sextuplicou entre 1995 e 2002, e em ternos relativos, pulou de 21% para 58% do PIB, apesar do processo de privatizações. A taxa de investimento também apresentou desempenho medíocre, já que o capital que adentrou na economia brasileira se deslocou prioritariamente para investimentos em carteira, como títulos e ações, ou para a aquisição de empresas estatais privatizadas. O capital especulativo, em momentos de instabilidade internacional, fugia deixando a economia local à beira da insolvência, não fossem as intervenções do FMI, como ocorreu em 1997, 1999 e 2002. De fato, o processo de reforma implementado no governo FHC que prometia um lugar no "primeiro mundo", ficou a dever.

4. O Governo Lula: entre a ortodoxia macroeconômica e um projeto nacional.

O processo de estabilização econômica iniciado com o Plano Real conseguiu manter a estabilidade da moeda a custa de graves distorções, como o pífio crescimento do PIB, a vulnerabilidade externa, o crescimento acentuado das dívidas interna e externa e o forte desemprego decorrentes de uma restritiva política monetária. As crises que abalaram a economia brasileira, advindas de choques externos, mostraram a fragilidade do modelo ancorado nas idéias do Consenso de Washington.

Tal situação viabilizou a eleição de Luis Inácio Lula da Silva, apoiado por uma ampla frente partidária que juntou setores progressistas (PT, PSB, PC do B e PCB) e setores mais conservadores (PL e parte do PMDB), que permitiu uma maior estabilidade econômica e política para o país. No entanto, muitos dos preceitos liberais presentes no governo de Cardoso, como a política macroeconômica ortodoxa, permaneceram quase sem alteração.

Devido às suas dimensões, podemos comparar o Brasil a um superpetroleiro - difícil de se manobrar e com uma força da inércia muito grande, mas quando toma uma direção torna-se muito difícil de alterá-la. Talvez por isso o Brasil tenha sido o último país da região a aderir plenamente ao consenso liberal e está sendo o último país a sair dele, mesmo diante do cataclismo que atualmente abala a economia mundial (2009). Isto não quer dizer que o governo Lula seja igual ao governo de FHC, como querem fazer crer tanto os setores mais conservadores, ao associar o sucesso do governo Lula à continuidade da matriz ortodoxa de política econômica, ou como os setores mais à esquerda, que procuram depreciar o governo uma vez que se sentem frustrados por não verem implementadas reformas sociais há muito tempo demandas. Nem tanto ao céu, nem tanto ao mar.

O governo Lula, desde a posse em 2003, possui uma pequena margem de manobra, já que tem de lidar com as demandas sociais prementes, dado o nível de desaparelhamento do Estado para fazer frente a elas e, ao mesmo tempo, enfrentar a pressão da comunidade financeira (local e internacional) para adotar políticas macroeconômicas "consistentes". Caso contrário, os grandes agentes financeiros internacionais e suas agências de risco poderiam avaliar negativamente a economia brasileira, o que desencadearia um ataque especulativo contra o Real ou elevaria o risco-país inviabilizando que o governo e as empresas locais tivessem acesso ao mercado de crédito.

Por outro lado, é preciso considerar a o arco de alianças que sustenta o governo Lula no Congresso Nacional. Os setores de esquerda, que inclui o PT, o PSB, o PCdoB e o PDT, que poderiam forçar por reformas sociais mais consistentes, são minoritários no Parlamento. A governabilidade passa pelo apoio de partidos de centro-direita, como o PMDB, PTB, PR ou mesmo o PP, herdeiro do partido que sustentava o governo militar. Além disso, a oposição (PSDB, DEM e PPS) vem se mostrando muito reticente a qualquer reforma mais profunda que modifique o *status-quo*. Neste intento, os partidos de oposição contam com o apoio decidido dos principais grupos empresariais de comunicação, que sempre procuram manter o governo federal nos *"corners"*. Por conta dessa dicotomia, o governo Lula pode ser visto como um corpo onde residem duas almas: a política econômica ortodoxa, sediada no Ministério da Fazenda e no Banco Central, e a política desenvolvimentista, apoiada em políticas industriais, em programas sociais, como o Bolsa Família, Prouni e Luz para Todos e, principalmente, na valorização do salário-mínimo.

4.1. *A ortodoxia do Banco Central e a continuidade com o governo FHC*

Conforme assinalamos, diante da crise herdada do governo FHC, o governo Lula possuía pouca margem de manobra. Alguma política econômica considerada "populista" poderia lhe custar o mandato. Diante disso, a equipe econômica foi escolhida com muito cuidado. Para o ministério da Fazenda optou-se um ex-prefeito "confiável", Antônio Palocci (PT-SP), que já havia praticado em seu município uma política econômica mais palatável ao mercado. Para o Banco Central, Henrique Meirelles, deputado federal eleito pelo PSDB de Goiás e ex-presidente do Banco de Boston.

Em linhas gerais, a equipe econômica manteve a busca pelo orçamento equilibrado, elevando o superávit primário para aproximadamente 5% do PIB. Foi mantida a política de metas de inflação e de câmbio flutuante. Neste aspecto, a cotação do dólar que havia sofrido um *overshooting* em 2002, viabilizou uma melhora das contas externas e das exportações. Do ponto de vista da política monetária, sob o argumento de "manter a inflação dentro da meta", a taxa de juros básica sofreu forte elevação, contribuindo para o aumento nominal da dívida interna da ordem de 20% entre janeiro de 2003 e dezembro de 2006. No entanto, é preciso considerar, que em termos relativos a relação dívida/PIB caiu de 50,4%, em dezembro de 2002 para 44,7%, no final de 2006. A política restritiva que submetia a economia real ao controle do agregado monetário fez com que o desempenho do PIB ficasse acima da média do governo FHC. No primeiro mandato do governo Lula, a taxa média de crescimento foi de 3,97%, contra 2,66%, enquanto que a média dos demais países dos BRICs era superior a 7% a.a.

Essas políticas contribuíram para a diminuição das desconfianças sobre a economia brasileira por parte dos agentes financeiros internacionais. Além disso, a política de acumulação de reservas criou um "colchão de liquidez" para o país, afastando o perigo de um ataque especulativo contra o Real, que depois da posse de Lula, em 2003, iniciou um movimento de forte valorização contra o dólar. Durante o primeiro mandato, as reservas internacionais cresceram 126%, atingindo 85 bilhões de dólares. O gráfico 5 mostra o desempenho do Balanço de Pagamentos no período de 2000 a 2008. Nota-se que, entre 2002 e 2006, ocorreu uma grande reversão de tendência, seja nas transações correntes, seja na Conta de Capital e Financeira, estimulada pelas altas taxas de juros internas e pelas oportunidades de investimentos diretos voltados para o mercado externo. Entretanto, a valorização do Real de 38% neste período, já apontava para a perda do dinamismo das exportações e aumento das importações, impactando negativamente as Transações Correntes.

A ortodoxia econômica, que persiste neste segundo mandato, é vista como um inibidor do crescimento do país, ao onerar o investimento privado e limitar a capacidade de investimento do Estado. O esforço fiscal poderia ser minorado se as taxas básicas de juros fossem próximas daquelas praticadas noutros países. Em média, a taxa anual básica no governo Lula foi próxima de 17%, contra 23% do governo FHC. Apesar de a carga tributária permanecer elevada,

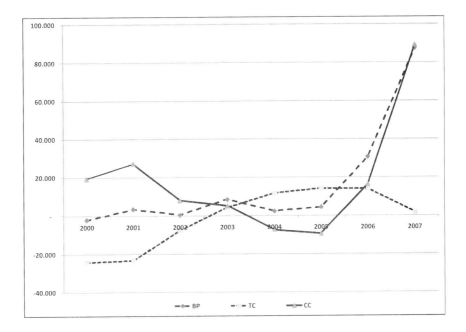

Gráfico 5 – Brasil. Balanço de Pagamentos, Transações Correntes e Conta de Capital e Financeira– 2000-2007 (em milhões de US$)

Fonte: Bacen – Boletim Balanço de Pagamentos. Disponível em> www.ipeadata.com.br.

próxima de 35% do PIB, o investimento do Estado é insignificante, em torno de 1% do PIB, e a qualidade dos serviços públicos não apresentou melhorias significativas neste período. Se olharmos apenas este lado, o governo Lula não seria muito diferente do governo anterior. Felizmente, há um outro lado.

4.2. *O desenvolvimento social e econômico no governo Lula*

O governo Lula não inaugurou políticas assistenciais e inclusivas no Brasil. Mesmo durante a ditadura militar existiam mecanismos de auxílio aos flagelados da seca no Nordeste, por meio de frentes de trabalho. Posteriormente, no período da redemocratização eram distribuídas cestas-básicas à população carente em nível nacional. Já no governo FHC, foram criados programas contra o trabalho infantil, incentivo para a permanência escolar, auxílio para a compra de gás de cozinha e para famílias em situação de risco social. No entanto, os programas sociais do governo Lula, como Bolsa Família e o Luz para Todos, entre outros, atingiram uma abrangência nunca vista, com uma repercussão econômica muito significativa, que faz da região Nordeste, a mais carente do Brasil, aquela que apresenta melhores indicadores de crescimento econômico.

O Programa Bolsa Família (PBF) é um programa de transferência direta de renda com condicionalidades, que beneficia famílias em situação de pobreza (com renda mensal por pessoa de R$ 60,01 a R$ 120,00) e extrema pobreza (com renda mensal por pessoa de até R$ 60,00). O programa está pautado nas seguintes diretrizes (a) promoção do alívio imediato da pobreza, por meio da transferência direta de renda à família; (b) reforço ao exercício de direitos sociais básicos nas áreas de Saúde e Educação, por meio do cumprimento das condicionalidades, o que contribui para que as famílias consigam romper o ciclo da pobreza entre gerações; e (c) coordenação de programas complementares, que têm por objetivo o desenvolvimento das famílias, de modo que os beneficiários do PBF consigam superar a situação de vulnerabilidade e pobreza. São exemplos de programas complementares: programas de geração de trabalho e renda, de alfabetização de adultos, de fornecimento de registro civil e demais documentos. Dentre as condicionalidades do programa podemos citar: (i) educação: freqüência escolar mínima de 85% para crianças e adolescentes entre 6 e 15 anos e mínima de 75% para adolescentes entre 16 e 17 anos; (ii) saúde: acompanhamento do calendário vacinal e do crescimento e desenvolvimento para crianças menores de 7 anos; e pré-natal das gestantes e acompanhamento das nutrizes na faixa etária de 14 a 44 anos; e (iii) assistência social: freqüência mínima de 85% da carga horária relativa aos serviços socioeducativos para crianças e adolescentes de até 15 anos em risco ou retiradas do trabalho infantil. O programa atinge aproximadamente 11 milhões de famílias, com auxílio médio de R$ 70,00.

O caráter inovador do PBF diz respeito ao "multiplicador da renda" decorrente do auxílio em dinheiro, e não em comida. Antes, principalmente nas regiões mais pobres, onde prevalecia a agricultura de subsistência, a cesta-básica competia com os produtores locais inviabilizando a produção de alimentos. Quando as famílias mais carentes passaram a dispor de uma renda, criou-se um mercado consumidor para a produção local, incentivando o emprego e a renda nessas localidades. Para além disso, o dinheiro que se espalha pela economia local viabiliza o comércio de bens populares, beneficiando a incipiente camada média e a arrecadação desses municípios.

Em determinadas localidades, o impacto do PBF foi amplificado com o programa Luz para Todos, que tem por objetivo de levar energia elétrica para a população do meio rural, ao disponibilizar gratuitamente a ligação da energia elétrica. As famílias sem acesso à energia estão majoritariamente nas localidades de menor ÍDH e nas famílias de baixa renda. Cerca de 90% destas famílias têm renda inferior a três salários-mínimos e 80% estão no meio rural. A chegada da energia elétrica facilita a integração de outros programas sociais, como o acesso a serviços de saúde, educação, abastecimento de água e saneamento. Adicionalmente, quando o agricultor dispõe de energia elétrica a produtividade agrícola tende a aumentar, seja para a captação de água por poços artesianos, seja pela compra de bombas para viabilizar a irrigação.

Outro aspecto importante da política do governo Lula é a reintrodução do conceito de planejamento econômico no âmbito governamental. Durante o governo FHC, os técnicos mais radicais diziam que política industrial era uma excrescência e que somente o livre mercado poderia viabilizar a melhor estratégia de crescimento. Os sinais de mudança já começaram em 2003, quando uma grande licitação da Petrobrás foi suspensa para incluir no edital algumas metas de nacionalização de componentes. Desde então, somente as demandas da Petrobrás têm possibilitado a revitalização da indústria naval de se equipamentos.

Em 2004, o governo lançou as diretrizes para a Política Industrial, Tecnológica e de Comércio Exterior. Esta tinha por objetivo a recuperação da capacidade de formulação e coordenação do Estado brasileiro e a definição de ações integradas visando mudar o patamar da indústria nacional, contribuindo para a inovação e o avanço científico-tecnológico como estratégia de enfrentamento da competição e ampliação da inserção externa do país. Em 2008, foi lançada a Política de Desenvolvimento Produtivo, que visa integrar diversos órgãos do Estado dentro de uma estratégia de política industrial para setores-chave da economia, como o de biocombustíveis, petróleo, máquinas e equipamentos, energia nuclear, biotecnologia, nanotecnologia, entre outros.

Do ponto de vista da criação de infra-estrutura, o governo lançou o Programa de Aceleração do Desenvolvimento – PAC, que coordena ações do poder público, de empresas mistas e empresas privadas nos setores de energia, transportes, saneamento, habitação e recursos hídricos. Apesar de fazer parte do segundo mandato de Lula, o programa teve como suporte a possibilidade de se estabelecer Parcerias Público-Privadas, em que o governo oferece garantias para que empresas privadas possam participar de projetos de baixa viabilidade econômico-financeira. O programa prevê recursos de 503 bilhões de reais entre 2007 e 2010, divididos assim: Infra-estrutura Logística, 58,3 bilhões; Energia, R$ 274,8 bilhões; e para a área Social e Urbana, R$ 170,8 bilhões.

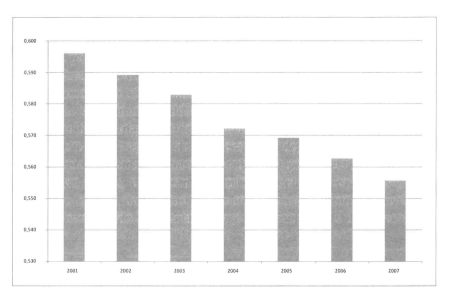

Gráfico 6 – Brasil: Concentração da Renda- Coeficiente de Gini – 2000-2007.
Fonte: IPEA - DISOC_RDCG. Disponível em: www.ipeadata.com.br

Um último aspecto que merece ser destacado diz respeito ao impacto das políticas do governo Lula sobre a distribuição da renda. Apesar de apresentar indicadores extremamente ruins, mesmo se comparado a outros países em situação similar de renda, como o México, a China ou a Rússia, o Coeficiente de Gini (gráfico 6) mostra uma redução, apesar de tímida, das desigualdades sociais. Em parte isto vem ocorrendo por conta de políticas sociais, como o Bolsa Família, e em parte pela política de valorização do salário mínimo, recebido por mais da metade da força de trabalho brasileira. Desde o começo de 2003 o poder de compra vem aumentando significativamente, atingindo o índice de valorização do pode de compra da ordem de 41%, em dezembro de 2006, conforme descreve o gráfico 7.

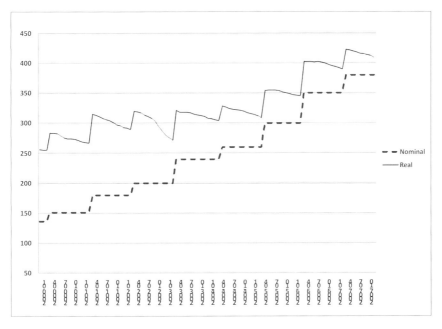

Gráfico 7 – Brasil: Evolução do Salário Mínimo
– Real e Nominal – (mensal) – 2000-2007 – em R$.

Fonte: IPEA - GAC12_SALMINRE12. Disponível em: www.ipeadata.gov.br.

Considerações Finais

Quando nos voltamos para o longo processo de ajuste da economia brasileira, entre 1980 e 2006, podemos constatar uma grande inabilidade da elite dirigente em se adaptar às transformações da economia mundial de forma criativa e soberana. É claro que os percalços foram muitos, como a crise da dívida externa, que mitigou o espaço para uma política econômica voltada para o crescimento; as disputas políticas decorrentes do processo de redemocratização, em que as classes e segmentos sociais buscaram maximizar seus interesses imediatos sem pensar numa estratégia global; o conflito redistributivo, gerado por fracassadas experiências de estabilização monetária; a visão fundamentalista ao adotar um projeto liberal sem deixar margens para ações pragmáticas; as pressões de instituições financeiras internacionais para que o país adotasse políticas que beneficiavam mais as nações industrializadas, como a Lei de Patentes e a abertura financeira e comercial sem contrapartidas, etc.

Atualmente, se fato é que a política macroeconômica do governo Lula sofre as restrições da matriz ortodoxa, é fato também que outras áreas do governo caminham em direção oposta àquilo que se convencionou chamar de Estado Mínimo. Isto vale para a política de assistência social, que tem funcionado como um "multiplicador keynesiano" da renda em regiões subdesenvolvidas do país. Além disso, os bancos oficiais têm provido grande liquidez na economia viabilizando o investimento produtivo de longo prazo, a expansão do setor imobiliário e o aumento do consumo de bens duráveis por meio do crédito. Empresas como a Petrobrás e Furnas dinamizam o setor de bens de produção local ao demandar muitos equipamentos que antes eram comprados no exterior quando o menor custo era o único determinante nas compras dessas empresas. Um setor que praticamente havia desaparecido do país por conta da abertura foi o de construção naval. A construção de plataformas marítimas de petróleo e de navios petroleiros revigorou o setor. O PAC – Plano de Aceleração de Investimento tem garantindo a ampliação da infra-estrutura e o aumento no setor da construção civil pesada.

Ainda é cedo para apontar a eficácia dessa política, ainda mais quando a economia mundial sofre o impacto de uma severa recessão, decorrente da crise financeira (2008-2009). Isso requer uma análise mais cuidadosa, quando o desenrolar do processo histórico permitir que se possa teorizar sobre essas experiências de maneira mais aprofundada. No entanto, é preciso considerar que depois de décadas perdidas, parece surgir algo de novo horizonte brasileiro, já que a rocha do monolitismo teórico foi quebrada por uma política econômica mais pragmática.

Bibliografia e Fontes

ARIDA, Pérsio e REZENDE, André Lara. (1986)"Inflação inercial e reforma monetária no Brasil" in: Pérsio ARIDA (org). Inflação zero: Brasil, Argentina e Israel. Rio de Janeiro: Paz e Terra

BACHA, Edmar & MALAN, Pedro (1988) "A dívida externa brasileira: do milagre ao fundo". in: Alfred STEPAN (org.) Democratizando o Brasil. Rio de Janeiro: Paz e Terra.

BANCO CENTRAL DO BRASIL. Boletim Balanço de Pagamentos - BPN_STC. Disponível em: www.ipeadata.gov.br

BATISTA JR., Paulo Nogueira. O Plano Real à luz da experiência mexicana e argentina. in: Estudos Avançados, São Paulo, n 10 (28), 1996.

BRASIL. IBGE – Sistema de Contas Nacionais. /SCN 2000 Anual - SCN_PIBG. Disponível em: www.ipeadata.gov.br.

BRASIL: Instituto de Pesquisa Econômica Aplicada. Ipedata: www.ipeadata.gov.br.

BRASIL: Ministério da Fazenda. Exposição de Motivos da MP do Plano Real. 30/06/ 1994. Extraído do site http://www.fazenda.gov.br/portugues/real/realem.html.

BRASIL: Ministério de Orçamento e Gestão. IPEA - DISOC_RDCG. Disponível em www.ipeadata.com.br. Os dados dos anos 1980, 1991,1994 e 2000 foram estimados por interpolação.

BRASIL. PAC .Plano de Aceleração do Crescimento. Quinto Balanço. Disponível em: http://www.brasil.gov.br/pac/balancos/5balanco/ .

BRASIL: Secretaria do Tesouro do Ministério da Fazenda. Lei de Responsabilidade Fiscal – LRF. Disponível em: http://www.tesouro.fazenda.gov.br/hp/lei_responsa bilidade_fiscal.asp . Acessado em 12/09/2008.

BRESSER PEREIRA, Luiz Carlos (1987). Desenvolvimento e crise. São Paulo: Brasiliense.

BRESSER PEREIRA, Luiz Carlos. A teoria da inflação inercial reexaminada. In José Marcio Rego, org. (1989) Aceleração Recente da Inflação. S.Paulo, Editora Bienal. Disponível em: http://www.bresserpereira.org.br/view.asp?cod=1210.

BRESSER PEREIRA, Luiz Carlos. Economia brasileira: uma introdução crítica. São Paulo: Editora 34, 1998. 3ª ed..

BRESSER PEREIRA, Luiz Carlos. Entrevista sobre o Plano Bresser. O Estado de São Paulo, 01/06/2007. Disponível em: http://www.bresserpereira.org.br/view.asp?cod=2362

CARDOSO, Fernando Henrique. Entrevista concedida à Revista Conjuntura Econômica, junho de 1993.

CASTRO, Antonio Barros de; SOUZA, Francisco Eduardo Pires de (1985). A economia brasileira em marcha forçada. Rio de Janeiro: Paz e Terra.

DELFIM NETTO, Antônio. "O desemprego é a âncora do Real". in: Adhemar dos Santos MINEIRO e outros. *Visões da crise*. Rio de Janeiro: Contraponto, 1998.

FRANCO, Gustavo. *O desafio brasileiro*: ensaios sobre desenvolvimento, globalização e moeda. São Paulo: Edito 34, 1999.

GOLDMAN SACHS. Dreaming with BRICs: The Path to 2050. Global Economics Paper No. 99: October, 2003. Disponível em: http://www2.goldmansachs.com/ideas/brics/brics-dream.html.

MADDISON, Angus. Historical Statistics for the World Economy: 1-2003 AD. Disponível em: http://www.ggdc.net/Maddison/Historical_Statistics/horizontal-file_03-2007.xls

PAULINO, Luis Antonio. O governo Lula (2003-2006/2007-2008). In: PIRES, Marcos Cordeiro. Economia brasileira contemporânea. São Paulo: Saraiva (prelo).

PIRES, Marcos Cordeiro. De que estado se necessita após o ajuste liberal? A experiência brasileira recente. Anais do Colóquio Internacional Brasil-México. Universidade de Guadalajara. 2008 -15 p.

SACHS, Jeffrey. (1987) "As soluções para a crise da dívida". In: Luiz BRESSER PEREIRA. Dívida externa: Crise e Soluções. São Paulo: Brasiliense.

UNITED NATIONS. Human Development Report 2006 table 15 Inequality in income or expenditure. Disponível em: http://hdr.undp.org/hdr2006/pdfs/report/HDR06-complete.pdfpage=335 . Acessado em 17/09/2007.

VOLCKER, Paul & GYOHTEN, Toyoo. A nova ordem internacional. Porto Alegre: Ortiz, 1993.

China e Brasil num Mundo Globalizado

WEI DAN

1. Introdução

Hoje em dia, num mundo em globalização, os BRICs (Brasil, Rússia, Índia e China) situam-se entre as maiores economias do mundo e ganham relevância de forma muito significativa. A ascensão dos BRICs já é uma realidade perante a comunidade internacional. A China, o maior país em desenvolvimento na Ásia, e o Brasil, o maior país em desenvolvimento na América Latina, tendo participado activamente na integração económica mundial e se transformado em economias de inserção competitiva, ocupam um papel chave nos cenários regionais e internacionais. Já dizia Deng Xiaoping, em 1988, que, "O Século XXI deverá pertencer ao Pacífico e, ao mesmo tempo, à América Latina"[1]. A emergência da China e do Brasil, bem como de outros países em desenvolvimento, promoverá a alteração da disposição das relações económicas internacionais e incrementará a formação do mundo multipolar.

Após a exposição das oportunidades e desafios da globalização para os países em desenvolvimento, o presente ensaio averigua, respectivamente, o percurso da modernização da China e do Brasil e as tácitas usadas focando, particularmente, a inserção no comércio internacional. A seguir à demonstração, faz-se uma apreciação comparativa entre as diferentes experiências da integração multilateral e regional.

Não obstante as diferenças físico-naturais, económicas, políticas, institucionais e as políticas comerciais adoptadas, existe grande com-

---

[1] Em seu discurso durante a sessão solene do Congresso, no Plenário do Senado, o Presidente da República Popular da China, Hu Jintao, lembrou esta frase dita em 1988 pelo então líder chinês Deng Xiaoping ao então presidente do Brasil, José Sarney, que visitava a China.

plementaridade entre as duas economias e a China e o Brasil têm o mesmo objectivo, o desenvolvimento económico e social, e compartilham interesses em benefício mútuo. As análises argumentam que a relação bilateral sino-brasileira é uma relação entre parceiros estratégicos e não uma relação competitiva e conflituosa. Os dois países devem, de mãos dadas, tomar os pontos positivos para remediar os pontos insuficientes, usando como referências as experiências. Em especial, perante as controvérsias, os dois parceiros devem procurar o comum e deixar existir o diferente, alcançando conjuntamente objectivos comuns de longo prazo. Em conclusão, o ensaio ressalta a boa estratégia da realização dos interesses nacionais para os dois gigantes económicos e, também, justifica que a ascensão chinesa e a brasileira proporcionarão inspirações valiosas para os outros países em desenvolvimento e, ao mesmo tempo, contribuirão para a multipolaridade mundial e uma ordem da globalização mais justa e democrática.

2. O mundo em globalização e a era dos países emergentes

2.1. *Oportunidades da globalização*

A globalização, no século XXI, associa-se à maior abertura económica, à crescente interdependência económica e à integração económica mais profunda.

De acordo com as teorias clássica e neoclássica sobre o comércio internacional e recentes estudos acerca do crescimento económico, a globalização económica, através do livre-cambismo e da liberalização dos investimentos, pode promover efectivamente o crescimento económico: o aumento da eficácia da afectação dos recursos, a atracção dos investimentos estrangeiros, o efeito de *spillover* de novas tecnologias e de novos métodos de administração. A globalização é uma via importante para os países em vias de desenvolvimento reduzirem a divergência económica em relação aos países desenvolvidos. Nos últimos anos, os países em desenvolvimento, em conjunto, aumentaram o seu bem-estar na sequência da globalização, quer na integração na economia mundial, quer no nível de rendimento *per capita*. Para responder à globalização, é preciso que os países em desenvolvimento, ao invés de nutrirem a fantasia de soluções autárquicas e criarem barreiras proteccionistas, se preparem para acelerar o processo da convergência económica, aprofundar a divisão internacional de trabalho e defender os interesses nacionais num mundo assimetricamente globalizado.

2.2. Desafios da globalização

Até agora, os benefícios da globalização económica não se repartem igualmente entre todos os países e a diferença Norte-Sul está ainda a aumentar. A economia mundial parece um campo de jogo assimétrico cujas características essenciais são a concentração de capital e de inovação tecnológica nos países desenvolvidos e a forte influência destes países sobre o comércio internacional de bens e de serviços. As assimetrias da ordem global revestem-se em três aspectos seguintes.

Desde logo, verifica-se uma assimetria em termos do grau de dependência. É verdade que num mundo globalizado do século XXI, todos os países tornam-se insoluvelmente interligados, mas os países em desenvolvimento ficam mais dependentes dos países industrializados como mercados de exportação[2] e origens de transferência tecnológica e de capital[3].

Em segundo lugar, os países em desenvolvimento tornam-se mais sensíveis e vulneráveis, quanto aos choques vindos do exterior. Na perspectiva do sociólogo alemão U. Beck, a sociedade contemporânea é uma "sociedade de risco". Neste sentido, os seres humanos ainda não reagiram suficientemente contra os riscos e ficaram desprevenidos perante as mudanças radicais provocadas pela globalização. O nível de exposição de um país aos riscos económicos e aos riscos

---

[2] GALEANO, Eduardo, (2005), *Human Development Report 2005 Chapter 4*, http://hdr.undp.org/statistics/data/.

[3] OCAMPO, José Antonio and MARTIN, Juan, (2003), *Globalization and Development: a Latin American and Caribbean Perspective*, a copublication of Stanford Social Sciences, an Imprint of Stanford University Press and the World Bank, p. 113.

de segurança é proporcional à medida da sua interacção com o mundo exterior. Hoje em dia, com a maior abertura económica e a constante liberalização financeira, as economias dos países em desenvolvimento são demasiado vulneráveis aos movimentos cíclicos da economia mundial, uma vez que as moedas internacionais em uso são aquelas dos países desenvolvidos, e os capitais de curto prazo provocam variações cambiais, afectam contas públicas e comprometem políticas de juros dos países em desenvolvimento, em graus diferenciados relativamente aos países desenvolvidos.

Em terceiro lugar, a interdependência dos mercados não tem sido combinada com a oportuna actualização e a revisão das medidas reguladoras internacionais. A distribuição dos custos e benefícios entre participantes ricos e pobres no campo de jogo do sistema global é claramente desigual[4], e algumas regras multilaterais vigentes poderão contribuir para as assimetrias existentes, devido aos graus distintos da capacidade institucional da execução destas regras e aos seus efeitos variáveis sobre as economias internas. São exemplos mais notáveis, a liberalização modesta dos produtos agrícolas, a protecção das propriedades intelectuais do sector farmacêutico e a falta de mecanismos eficazes de regulação dos fluxos internacionais de capital.

Se a globalização é para ser bem sucedida, é necessário ter condições justas para que o crescimento económico seja equilibrado, com medidas que asseguram a equidade e a sustentabilidade, é também indispensável ter em consideração as necessidades diferenciadas dos países mais pobres e os valores de primeira grandeza, como o desenvolvimento e a prosperidade que possibilitem erradicar a pobreza e a miséria.

2.3. *Papel dos países emergentes*

Quando comparamos a etapa actual da globalização com os anos oitenta do século passado, verificamos que a globalização tem se

---

[4] OCAMPO, José Antonio and MARTIN, Juan, (2003), p.119.

tornado um catalisador para a reestruturação das relações económicas internacionais, no sentido de que as economias emergentes[5] envolvem-se crescentemente nas trocas de bens e de capital e também beneficiam-se significativamente da transferência de conhecimento, informação e tecnologias. As economias emergentes tornam-se os principais parceiros comerciais a nível mundial, bem como receptores primários do investimento estrangeiro. Estas economias, com grandes potencialidades, estão a aproximar-se aos limiares dos países industrializados com taxas de crescimento superiores às dos países de rendimento alto, tornando-se actores com o maior peso na economia e na plataforma política mundial.

Tal como a competência tradicional do Estado, quanto à redistribuição do rendimento para garantir a igualdade de oportunidade, os esforços nacionais podem ter sucesso a nível global se eles forem complementados por regras equitativas e estáveis, junto com a cooperação internacional destinada a acabar com as assimetrias básicas da ordem global. Actualmente, o fenómeno estimulante é que as economias emergentes estão a converter o seu peso económico em maior influência geopolítica[6], levantando as suas vozes no que diz respeito à agenda de reforma institucional para a governação da economia global e exigindo que os guardiões da governação económica – a Organização Mundial do Comércio (OMC), o Banco Mundial e o Fundo Monetário Internacional (FMI) – sejam sujeitos a uma revisão institucional e constitucional.

---

[5] São geralmente considerados países em fase transitória entre o estatuto de desenvolvimento e o desenvolvido, que crescem rapidamente com pesos económicos e políticos. Ver *Economists*, 18 de Setembro de 2008, "Acronyms BRIC out all over" (http://www.economist.com/specialreports/displaystory.cfm?story_id=12080703).

[6] Times online, (http://business.timesonline.co.uk/tol/business/markets/russia/article3941462.ece).

2.4. China e Brasil: conceitualização pelas abordagens diferentes

2.4.1. Abordagem económica

Actualmente, há cerca de trinta mercados emergentes no mundo[7], que representam cerca de 50% do PIB mundial[8]. Entre eles, os quatro maiores países que crescem mais rápido são os BRICs: Brasil, Rússia, Índia e a China, cuja fatia de riqueza "agregada" representou, em 2007, 22,2% do PIB mundial, em paridade de poder de compra[9]. Dos BRICs, a China e o Brasil são o maior país emergente na Ásia e na América Latina, respectivamente.

Segundo Dominic Wilson, Roopa Purushothaman[10] e Goldman Sachs[11], daqui a quatro décadas, a China tornar-se-á num fornecedor global dos bens industrializados e o Brasil será um fornecedor dominante de matérias-primas. Apesar das distintas bases económicas, os indicadores económicos da China e do Brasil compartilham uma grande semelhança, em termos de classificações globais. Em 2007, a China apresentou-se como a quarta maior economia mundial e o Brasil ficou-se pelo décimo lugar do ranking[12].

As economias chinesa e brasileira revelam uma grande transformação, comparadas com as décadas de setenta e oitenta. Em Janeiro de 2009, na composição do PIB interno chinês, 40,2% correspondem ao sector de serviços, 49,2% referem-se à indústria e 10,6% dizem respeito à agricultura; do total do PIB interno brasileiro, 66% referem-

---

[7] Emerging Economy Report, (http://www.emergingeconomyreport.com) and Morgan Stanley Emerging Markets Index MSCI Emerging Markets (http://www.mscibarra.com/produtos/indices/licd/em.html#EM).

[8] FTSE Country Classification, September 2008, (http://www.ftse.com).

[9] Os dados estão disponíveis em (http://en.wikipedia.org/wiki/List_of_Countries_by_GDP_(PPP).)

[10] WILSON, Dominic and PURUSHOTHAMAN, Roopa, (2006), "Dreaming with BRICs: the path to 2050", Emerging Economies and the Transformation of International Business, Edited by Subhash C. Jain, Cheltenham, UK and Northampton, USA, Edward Elgar, pp. 3-45.

[11] Goldman Sachs Research Report, (http://www2.goldmansachs.com/hkchina/insight/research/pdf/BRICs_3_12-1-05.pdf).

[12] World Development Indicators Databases, Banco Mundial, 10 de Setembro de 2008.

Ranking Mundial (Edição 2008)

Itens	China	Brasil
Território Nacional	3	5
População	1	5
PIB (nominal)	3	10
PIB (ppp)	2	9
Exportação	2	21
Importação	3	27
Investimento directo estrangeiro	5	16
Reserva de divisas	1	7

Fonte: Pocket World in Figures, The Economist.

-se ao sector de serviços, 28,5% vêm da indústria e 5,5% da agropecuária[13], isto porque o Brasil completou mais cedo a transição duma economia primária para uma economia industrializada, já nos anos de oitenta. Estes mercados, de grande tamanho e dinamismo, oferecem um enorme potencial de negócios. A importância comercial da China no contexto mundial, pelo extraordinário ritmo do seu crescimento, tem sido evidenciada em diversos sectores da economia. O Brasil tem uma das maiores áreas agricultáveis do mundo, parte das quais ainda inexplorada. É um dos maiores produtores e exportadores mundiais de café, soja, laranja, cana-de-açúcar, ferro e outros recursos naturais. Para os investidores internacionais, a China e o Brasil, duas locomotivas da economia do século XXI, constituem as portas de ingresso aos mercados asiáticos e ocidentais, respectivamente.

---

[13] Os dados estão disponíveis em (http://www.exxun.com/afd_hy/China/ec_gdp_composition_sector.html) e (http://www.exxun.com/afd_hy/Brazil/ec_gdp_composition_sector.html). Ver ainda WTO Document *Trade Policy Review Report by China*, WT/TPR/G/199 e WTO Document *Trade Policy Review Report by the Secretariat*, WT/TPR/S/212.

2.4.1. *Abordagem realista e neo-realista*

A reestruturação das relações económicas internacionais não será efectuada pelos mercados em si, necessitando também da intervenção do domínio político. Garth Le Pere argumenta que a globalização económica é centrada em poder, no sentido que os poderes dos Estados soberanos administram o mercado mundial e estes poderes são importantes como questões técnicas da liberalização comercial[14]. Segundo a abordagem realista[15] ou neo-realista[16], a essência da Política Internacional é a arte dos poderes e um processo de ajustamento de poderes. Quer num país pequeno quer numa grande potência, a procura dos interesses nacionais assegura a própria sobrevivência e o desenvolvimento perante o exterior. A fim de atingir este objectivo, os Estados devem promover as suas capacidades económicas, manter poderosas as forças da defesa nacional e estabelecer um balanço de poderes com outros países. A ascensão dos países emergentes num mundo globalizado faz com que haja uma nova redistribuição de poderes entre os Estados soberanos e que o verdadeiro poder se desloque do "controlo físico dos territórios" para a capacidade de presença e influência no cenário internacional.

Mesmo que os Estados Unidos da América sejam, ainda, um protagonista no palco internacional, a sua influência tem vindo a diminuir gradualmente e a ascensão dos países em desenvolvimento, como a China e o Brasil, acelera a formação do multipolarismo. Ao mesmo tempo, a colisão Sul-Sul, cada vez mais estreita, está, de alguma forma, a pôr em causa os sistemas internacionais existentes, em que os países desenvolvidos desempenham o papel dirigente, constituindo assim, às vezes, situações do balanceamento equilibrado contra a hegemonia. Dito por outra forma, os emergentes constituem um "contra-poder" que desafia e desequilibra o poder institucionalizado no seio da ordem internacional tradicional.

---

[14] Pere, Garth Le, (2005), "Emerging Markets – Emerging Powers: Changing Parameters for Global Economic Governance", *Internatationale Politik und Geselleschaft*, 2/2005, p. 38.

[15] Representado por Carr, Morgenthau, George Kennan, Quincy Wright e Raymond Aron.

[16] Representado por Kenneth M. Waltz.

Tanto a China como o Brasil possuem alguns atributos clássicos de poder, tais como o território, a população e o perfil económico. No caso da China, ela dispõe de mão-de-obra abundante, a reserva suficiente de divisa e um ambiente interno bastante estável, representando uma percentagem considerável do cômputo mundial do Índice Composto de Capacidades Nacionais[17]. No entender de Amrita Narlikar, a política externa da época de Deng Xiaoping foi: "Observe os desenvolvimentos sensatamente, mantenha a nossa posição, enfrente calmamente os desafios, esconda as nossas capacidades e espere o nosso tempo"; mais tarde, na época de Jiang Zemin, a política externa chinesa foi engrenada para "aumentar a confidência, enquanto reduzindo dificuldades, aumentando a cooperação e evitando a confrontação"; como subiu o poder chinês, os "sorrisos omnidireccionais" da China cresceram[18], e actualmente já dispõe, efectiva ou potencialmente, das condições indispensáveis para exercer uma influência predominante no cenário internacional. O Brasil é visto como um poder regional da América Latina e reúne condições para ser potência ascendente. Possui a grande reserva de energia e minerais industriais estratégicos. A influência internacional do Brasil tem sido compreendida principalmente em termos do *soft power*", e o Brasil tem evitado constantemente o desenvolvimento do "*hard power*", sobretudo, o poder militar[19]. Desde os anos noventa, o Brasil tem buscado um novo tipo de cooperação, marcada "por acções mais isoladas de dimensão Norte--Sul ou pela volubilidade das alianças organizadoras na defesa de temas específicos"[20]. Quanto à actuação brasileira no reordenamento do Século XXI, segundo Celso Amorim,

---

[17] ARMIJO, Leslie Elliott, (2007), "The BRICs Countries as Analytical Category: Mirage or Insight?", *Asian Perspective*, Vol. 31, No. 4, p. 19. Em 2001, a percentagem da China foi de 13% do cômputo mundial, representado a segundo maior depois dos EUA (15%).

[18] NARLIKAR, Amrita, (2008), "Bargaining for a rise: how new powers test their mettle in the international system", *Multipolar World, IP*, Fall, p. 99.

[19] LIMA, Maria Regina Soares e HIRST, Mónica, (2006), "Brazil as an Intermediate State and Regional Power: action, choice and responsibilities", *International Affairs*, 82, I, p.21.

[20] SARAIVA, Miriam Gomes, (2007), "As estratégias de cooperação sul-sul nos marcos da política externa brasileira de 1993 a 2007", *Revista Brasileira da Política Internacional*, 50 (2), 2007, p.42.

304   *China e Brasil num Mundo Globalizado*

...Melhoramos nossas articulações com África, China e Índia – mas sem hostilizar os EUA e a União Europeia que tem sido connosco um diálogo muito privilegiado... Por outro lado, não preciso olhar para EUA e Europa para enxergar o Oriente Médio e a África[21].

Se seguimos ainda a perspectiva realista ou neo-realista, verificamos, no entanto, que a ascensão dos países emergentes como a China e o Brasil é bem diferente daquela dos impérios e das grandes potências no passado. Sendo, respectivamente, o maior país na Ásia e na América Latina, a China e o Brasil, estão juntos para explorar as forças da globalização e conquistar "maior espaço no cenário político-económico internacional, um espaço à altura de suas economias, de seu tamanho e de seus povos"[22], sem exigir uma nova divisão das esferas de poderes para serem protagonistas hegemónicos, nem tomando medidas confrontacionistas, mas sim procurando a cooperação, o consenso, os interesses comuns e benefícios mútuos.

2.4.3. *Abordagem neo-institucionalista liberal*

De acordo com a abordagem neo-institucionalista liberal, que se forma nos desafios ao neo-realismo, todos os actores do sistema internacional cooperam e chegam a uma situação de soma positiva e a sociedade internacional conta com regimes internacionais, que são geralmente compreendidos como arranjos ou conjuntos de princípios, normas, regras e procedimentos decisórios, implícitos ou explícitos, para os quais convergem as expectativas dos diversos actores[23].

---

[21] PECEQUILO, Cristina Soreanu, (2008), "A Política Externa do Brasil no Século XXI: os eixos combinados de cooperação horizontal e vertical", *Revista Brasileira da Política Internacional,* 51 (2), 2008, p.151.

[22] FERNANDO, Luiz Fernado, "Relações Brasil-China: uma nova dimensão", *Parceria Brasil-China,* Ano II, Número Especial, Maio 2004, p. 21.

[23] A abordagem institucionalista liberal representa a corrente dominante do estudo de regimes. Esta corrente aceita, em grande parte, os pressupostos do realismo, mas procura encontrar garantias para que a cooperação estabelecida não seja aproveitada por um país terceiro para lançar a anarquia. As figuras mais prestigiosas são KRASNER, Stephan D., HASENCLEVER, Andreas, PETER, Mayer, entre outros. A teoria dos regimes internacionais revela características do liberalismo e é uma corrente dominante da Ciência Política Internacional desde os anos sessenta.

Os regimes internacionais só existem quando se encontram compreensões, expectativas ou convicções dos actores no sistema internacional sobre a legitimidade e a moralidade de condutas, ou seja, a existência dos regimes internacionais exige a cognição e consentimento comuns. Os regimes internacionais não são considerados molduras que limitam as condutas dos actores, mas sim agentes sociais, no sentido de promover a sua identidade e interesse como organizações internacionais ou "o ambiente social", no sentido de os representantes dos Estados disporem de novas compreensões sobre interesses próprios. Com efeito, os regimes internacionais podem influenciar independentemente as condutas dos Estados.

A ascensão da China e do Brasil não só promove directamente o restabelecimento da ordem internacional, como também traz novas forças ao quadro de instituições nela presentes.

No plano cognitivo e volitivo, a China e o Brasil, ao lado dos demais países em desenvolvimento, salvaguardam a moral fundamental da comunidade internacional e se preocupam com a equidade global e a justiça distributiva que interessam a maioria da população mundial. Segundo a observação dos construtivistas[24], a China, o Brasil e outros países emergentes contribuíram com abordagens "conceituais próprias aos estudos das relações internacionais"[25], nomeadamente, o não-confrontacionismo, o universalismo, a convivência, o pacifismo, o zelo pela soberania em razão do papel indutor do Estado, entre outros.

Orientadas por esses valores, no plano de conduta, a China e o Brasil mostram mais interesses em reformular os regimes internacionais, reforçam a governação global mais democrática e unem os esforços dos países em desenvolvimento nas negociações internacionais, actuando como "mediadores entre os países fortes e os países

---

[24] Os argumentos construtivistas defendem que as relações internacionais são um tipo de construção social dinâmica, na sequência do credo e do comportamento. No processo desta construção, os princípios da moral desempenham um papel primordial, outros elementos, tais como culturas, identidades e normas, exercem também influência sobre a regulação de relações internacionais.

[25] SARAIVA, José Flávio Sombra, "Inserção Internacional: formação dos conceitos brasileiros", *Revista Brasileira da Política Internacional*, 50 (2), 2007, p.163.

fracos" e defendendo os direitos dos países em desenvolvimento[26]. São exemplos, a criação do G20[27], na rodada Doha da OMC, as Cimeiras dos BRICs, em 2008 e em 2009 na cidade Ecaterimburgo, Rússia e a cooperação sino-brasileira, na Cúpula Financeira do G20 em Londres, 2009.

Ao longo da arquitectação das instituições internacionais pelas grandes potências em ascensão, como o Brasil e a China, verificamos um novo paradigma Sul-Sul que se difere da estratégia Sul-Sul dos anos sessenta, um paradigma orientado para construir uma posição mais forte para os países em desenvolvimento, dentro do sistema global, com acesso aos investimentos directos estrangeiros, capitais internacionais, tecnologias avançadas, cadeia de produção global e maior relevância política.

3. Experiências distintas da inserção no comércio internacional

3.1. China

3.1.1. Percurso do desenvolvimento chinês

Até 1800, a China era um grande país comercial e, também, o país mais rico do mundo. Os principais produtos exportados pela China eram porcelana, seda, produtos têxteis de algodão, chá, objectos de cobre, zinco, entre outros. A China mantinha um balanço favorável e obtinha grande quantidade de prata estrangeira para compensar as exportações[28].

O início do Século XIX marca um ponto de viragem que delimita os traços do declínio da China. A sua participação no cômputo da produção mundial de manufacturados diminuiu de 33%, em 1798,

---

[26] LIMA, Maria Regina Soares e HIRST, Mónica, (2006), p. 28; LAFER, Celso, (2001), *A Identidade Internacional do Brasil e a Política Brasileira,* São Paulo, Editora Perspectiva.

[27] (http://www.g-20.mre.gov.br/index_port.asp).

[28] FRANK, Andre Gunder, (1998), *ReORIENT: Global Economy in the Asian Age,* Berkeley and Los Angeles, University of California Press, pp. 112-27.

[29] NOLAN, Peter, (2004), *China at the Crossroads,* Polity Press, p.122.

para 4% em 1913[29]. As razões para explicar a decadência chinesa estavam em grande medida ligadas ao seu despotismo estagnado, políticas proteccionistas e atitude de rejeição de tecnologia estrangeira. Num contraste nítido em relação ao período anterior a 1800, as exportações da China diminuíram significativamente e, por conseguinte, a China não conseguiu acumular riqueza através da divisão internacional de trabalho e da especialização de produção.

Após uma série de guerras, a implantação da República Popular da China, em 1949, marcou o início do relançamento económico. As estratégias de desenvolvimento da China passaram pelas seguintes etapas.

Na década de cinquenta, verificou-se a estratégia da recuperação do atraso, isto é, o volume dos principais produtos industrializados deveria alcançar e ultrapassar o nível dos países desenvolvidos num curto espaço do tempo. Esta estratégia caracterizava-se pela: (1) preferência do desenvolvimento do sector secundário, especialmente, a indústria pesada de capital intensivo e de energia intensiva; (2) concretização da nacionalização, o estabelecimento da economia estatal, especialmente, a economia pública de grande escala com mais capital e menos trabalho; (3) realização da orientação do tipo "elevada acumulação e baixo consumo"; e, (4) adopção da política de substituição de importação no sentido de diminuir a diferença tecnológica relativamente aos países desenvolvidos. Aquelas indústrias protegidas cresceram com base na distorção de preços e nas políticas de favorecimento, mas faltava-lhes a competitividade, enquanto outras indústrias, por causa de falta de capitais, não eram competitivas. A maioria das pessoas encontrava-se em situação de pobreza.

Nos anos sessenta, surgiu a estratégia das "quadro modernizações", ou seja, até 2000, a China deveria concretizar a modernização da indústria, da agricultura, da ciência e tecnologia e da defesa nacional. Até 1978, a população das zonas rurais representava mais de 80% da população total, os trabalhadores agrícolas representavam 70% da mão-de-obra total do país. O PIB *per capita* encontrava-se num nível muito baixo, relativamente ao nível mundial. O desvio do caminho de desenvolvimento de integração fez com que a China passasse por ciclos de grandes esforços, mas efeitos muito fracos.

A partir de 1978, a China começou a adoptar gradualmente a política de abertura e de reforma. Como Deng Xiaoping ressaltava, "o princípio de se socorrer dos próprios esforços não significa estabelecer a autarcia". A função do comércio externo já não era apenas o fornecimento de produtos escassos, mas também a ponte para ligar a China ao mundo.

Com o estabelecimento da economia socialista de mercado em 1992, através da revisão constitucional, a China esforçou-se para ultrapassar os limites externos e internos do desenvolvimento, essencialmente em quatro aspectos: em direcção ao livre-cambismo, no sentido de reduzir os impostos alfandegários e de eliminar os obstáculos não tarifários; em direcção ao tratamento nacional nas matérias do comércio e de investimento; em direcção à economia de mercado, através da reforma cambial; e em direcção à legalização e à construção do sistema jurídico moderno.

As reformas de trinta anos trazem vitalidade para a economia chinesa. O aprofundamento da abertura não se limita à economia externa (incluindo o comércio externo e os investimentos estrangeiros), envolve ainda o sistema interno e as políticas internas. Segundo a estatística feita pelo Banco Mundial, a estimada taxa média da contribuição da China para o crescimento económico mundial, calculada em paridade de poder de compra, foi de 13%, após a sua adesão à OMC em 2001[30]. Hoje em dia, a China já se tornou num dos destinos mais procurados de investimento estrangeiro e numa locomotiva para as demais economias regionais asiáticas.

3.1.2. *Integração na economia global e o regionalismo como uma escolha prioritária*

Em 1986, a China solicitou o regresso à sua qualidade de membro do GATT e começou a sua longa marcha de negociações de acessão à OMC. A entrada na OMC e a participação no sistema de comércio multilateral foram uma decisão estratégica da autoridade chinesa.

---

[30] No período entre 1980 e 2000, a taxa média da contribuição da China para o crescimento económico mundial foi de 14%, sendo menor que a taxa dos Estados Unidos da América (20,7%) mas maior do que a taxa do Japão (7%). Do mesmo período, a taxa média da contribuição da China para o crescimento do comércio global foi de 4,7%, seguindo a taxa dos Estados Unidos (14,4%) e a do Japão (6,9%). Informações acessíveis em (http://houston.china-consulate.org/eng/nv/t52487.htm).

Dadas a dimensão e as perspectivas de crescimento do seu mercado, a adesão à OMC substancia a integridade desta organização e promove o multilateralismo. Ao contrário do passado, a China pode beneficiar de tratamento não discriminatório e um mecanismo de solução de controvérsias no sistema multilateral. Além disso, o governo chinês usou conscientemente regras internacionais e seus compromissos internacionais para moldar políticas internas, apressando a reforma económica e jurídica do país.

Os compromissos assumidos pela China, no que dizem respeito aos acordos da OMC, são os mais severos que os de qualquer país em desenvolvimento. A tarifa média simples desceu de 42% em 1992, para 9,7% depois da acessão da OMC, e as clássicas barreiras não pautais foram reduzidas para menos de 5%. O nível de protecção de comércio é bastante baixo, comparado com padrões de países em desenvolvimento. Quanto aos serviços, como ressalta o *Trade Policy Review Body*, *"commitments undertaken by China were more extensive than those of other developing countries"*[31]. Nas negociações da rodada Doha, a China e o Brasil estão juntos com a Índia e os demais países em desenvolvimento no G20, lutando por um sistema multilateral baseado na plena consideração de divergências e particularidades de todos os participantes.

Depois da adesão à OMC, entrar em acordos preferenciais de comércio livre tornou-se uma nova forma da integração chinesa no mundo. Além da participação no *Asia-Pacific Economic Forum* (APEC), a China assinou o seu primeiro acordo preferencial de Bankok (rebaptizado de *Asia-Pacific Trade Agreement*) em 2001, negociou a criação da área de comércio livre com a *Association of Southeast Asian Nations* (ASEAN) em 2003. No mesmo ano, a China continental celebrou o Acordo de Estreitamento das Relações Económicas e Comerciais (CEPA) com a Região Administrativa Especial de Hong Kong e a Região Administrativa Especial de Macau. Actualmente, a China é parte em acordos bilaterais de comércio livre com Chile, o Paquistão, a Nova Zelândia, Singapura, o Peru e iniciou

---

[31] Trade Policy Review: China, "Concluding remarks by the Chairperson", 2006, (http://www.wto.int/english/tratop_e/tpr_e/tp262_crc_e.htm).

negociações de comércio livre com mais de 29 países ou territórios de cinco continentes[32].

3.2. *Brasil*

3.2.1. *Breve retrospectiva do desenvolvimento brasileiro*

A economia brasileira começou a recuperar-se a partir da segunda metade do século XIX, depois da declaração da independência, em 1822, e prosperou durante todo o resto do século, devido ao comércio externo de negócios tradicionais de *commodities* tais como o café e a borracha. Até 1930, o Brasil cresceu de acordo com "o modelo primário-exportador"[33] e beneficiou-se, principalmente, do desenvolvimento do comércio internacional e da divisão internacional do trabalho.

Durante o período entre os anos trinta e os anos sessenta, em consequência da crise do sistema capitalista internacional e do *deficit* na balança comercial, o Brasil adoptou a política da desvalorização cambial e a estratégia de substituição de importações, com estímulos vindos da política comercial proteccionista. Apesar das elevadas taxas de crescimento económico e da industrialização alcançada, a substituição de importações deu origem a uma série de distorções. Na fase inicial da implementação, o crescimento industrial foi motivado principalmente pela produção de bens de consumo não duráveis e, em certa medida, pela constante produção de bens intermediários e de capital. Entretanto, a percentagem da indústria de bens duráveis foi reduzida significativamente ao longo deste período e a economia brasileira estagnou no princípio dos anos sessenta, com a constante acumulação de *deficits* comerciais, da dívida externa e da inflação.

A partir dos anos cinquenta, do segundo governo de Vargas até ao regime militar, a corrente económica brasileira foi influenciada pela escola do desenvolvimentismo[34]. Durante a gestão de Juscelino

---

[32] Para informações detalhadas, ver o site do Ministério do Comércio (MOFCOM), (http://fta.mofcom.gov.vn/index.shtml).

[33] PEREIRA, Luiz Carlos Bresser, (1973), "O Novo Modelo Brasileiro de Desenvolvimento", *Revista Dados*, 11, p. 122.

[34] Por exemplo, Raul Prébisch, Samir Amim, Celso Furatado, entre outros.

Kubitschek, a literatura económica descreveu o mesmo período como um modelo "associado e dependente" do processo produtivo em relação a insumos importados[35]. O modelo substitutivo, ainda que corrigido pela ênfase dada ao sector de exportação, foi mantido ao longo do regime militar. No início dos anos sessenta, a estratégia da substituição de importações começou a esgotar as suas virtualidades.

As medidas de reforma, com o objectivo de reduzir a inflação, afastar a distorção industrial e modernizar o mercado de capital a partir de 1964, contribuíram para o "milagre económico" entre 1969 e 1973, o período de maior crescimento da história da economia brasileira. Era um modelo de desenvolvimento voltado para fora. O comércio externo expandiu-se substancialmente mais rápido que a economia no seu conjunto. As exportações aumentaram de uma forma dramática e diversificaram-se rapidamente com uma elevada taxa de crescimento da exportação de manufacturados de trabalho intensivo ou de recurso intensivo[36].

Para enfrentar os dois choques de petróleo e a recessão mundial na década de setenta, o Brasil optou por continuar com a política do crescimento rápido e adoptou estratégias renovadas da substituição de importações e da diversificação económica. O plano nacional de desenvolvimento, implantado em meados dos anos setenta, visou reduzir a dependência de energia e outros insumos básicos, criar novas vantagens comparativas em sectores como a petroquímica e metalurgia, investir nas infra-estruturas e promover as exportações. Com a redução do valor das exportações e o aumento do preço do petróleo, de outras matérias-primas e dos juros internacionais, agravou-se o *deficit* da balança de pagamentos e a inflação. Simultaneamente, o governo brasileiro promoveu uma política comercial fortemente proteccionista.

---

[35] ALMEIDA, Paulo Roberto de, (2007), "As Relações Económicas Internacionais do Brasil dos anos 1950 aos 80", *Revista Brasileira de Política Internacional*, 50, (2), p.67.

[36] A exportação industrial brasileira cresceu de US$ 1,4 bilião em 1963 para US $6,2 biliões em 1973, graças à política cambial favorável e vários instrumentos fiscais e de crédito. Para mais exposições, ver BAER, Werner, (2001), *The Brazilian Economy: Growth and Development*, Westport, CT, Praeger Publishers, e *Brazil Country Brief*, Banco Mundial, (http://web.worldbank.org).

Ao contrário da década anterior, os anos oitenta foram considerados "a década perdida". O Brasil viu-se num período de instabilidade monetária e de recessão, com altos índices de inflação[37]. Por meio da implantação de um modelo inspirado no neoliberalismo, a economia brasileira começou a recuperar-se a partir dos anos noventa, devido à maior abertura e ao crescimento da produtividade impulsionado pela concorrência da importação. Entretanto, as políticas fiscais e monetárias inadequadas levaram a uma perda substancial do crescimento e dos benefícios da abertura. A iniciativa do Plano Real de Fernando Henrique Cardoso, então Ministro da Fazenda do governo de Itamar Franco, obteve o grande sucesso em relação ao controlo da inflação. Não há dúvidas quanto ao papel marcante do Plano Real da economia brasileira, pois, o plano interrompeu um ciclo inflacionário de décadas sem soluções satisfatórias e criou a base para o crescimento económico e a modernização de longo prazo, tendo trazido a credibilidade externa para a economia brasileira[38]. Além disso, o Brasil tem promovido, depois dos anos noventa, uma forte abertura comercial, baseada na redução das barreiras tarifárias e não tarifárias. Em poucos anos, o Mercado Comum do Sul (Mercosul), que integra Brasil, Argentina, Paraguai e Uruguai, tornou-se uma realidade. Desde o início do Século XXI, a economia brasileira começou a crescer mais rápido, acompanhando a economia mundial, a dívida externa foi controlada e o país esteve mais distante da ameaça da inflação. A partir de 2005, o Brasil passa a formar novas reservas internacionais. Tendo sofrido os efeitos da globalização financeira, a desvalorização e novas metas de inflação na década anterior, parece que a economia brasileira tem, finalmente, a "almejada estabilidade"[39].

---

[37] Na perspectiva de Stephen Kanitz, "Na realidade não foi o super-endividamento da nossa parte nem a desorganização da economia brasileira que interromperam esse crescimento, mas, sim, um erro na regulamentação bancária do governo americano". KANITZ, Stephen Charles, (1994), *Brasil que dá certo: um novo ciclo crescimento,* Makron Books, (http://brasil.melhores.com.br/o-brasil-que-d-certo.html).

[38] FILGUEIRAS, Luiz, (2000), *História do Plano Real,* São Paulo, Boitempo Editorial.

[39] ALMEIDA, Paulo Roberto de, (2007), pp.78-9.

3.2.2. *Estratégia de inserção: o multilateralismo e o regionalismo*

No plano do comércio externo, o Brasil tem sido sempre um dos protagonistas do sistema global multilateral. Era um membro fundador do Acordo Geral de Tarifas Aduaneiras e Comércio (GATT) de 1947 e renegociou a sua adesão ao GATT nos anos cinquenta, na sequência dos novos princípios de política comercial e cambial adoptados. Foi um dos "articuladores mais activos das propostas desenvolvimentistas que resultaram na criação da Conferência das Nações Unidas sobre Comércio e Desenvolvimento" em 1964[40].

Amado Luiz Cervo, em seu ensaio *A Política Exterior: de Cardoso a Lula*, fez o seguinte comentário[41]:

> O governo de Cardoso alimentou a fé de muitos analistas de relações internacionais na construção de uma ordem global feita de *regras transparentes, justas e respeitadas por todos*...Cardoso sonhou com um comércio internacional sem entraves, regulado pelo GATT-OMC de tal sorte que tudo se tornasse previsível e as trocas benéficas para todos...A visão de mundo do governo de Lula projeta como ideal a reorganização planetária em um mundo multipolar. Sua diplomacia trabalha no sentido de promover a evolução do sistema unilateral centrado nos Estados Unidos para o sistema composto de pólos de equilíbrio em que potências chaves desempenhem o papel de catalisador.

Apesar de terem diferentes prioridades de negociação, para os dois governos, devido aos principais parceiros económicos do Brasil, que têm variado ao longo da década, e diferentes orientações da expansão comercial, o multilateralismo tem sido sempre privilegiado para a inserção brasileira na economia global[42]. O governo de Cardoso alterou a política externa do "eixo vertical" Norte-Sul para a América do Sul, unindo países emergentes na formulação das regras multilaterais, e a administração Lula intensificou ainda mais esta posição e deu uma nova prioridade às negociações Sul-Sul.

---

[40] ALMEIDA, Paulo Roberto de, (2007), p.73.
[41] CERVO, Amado Luiz, (2003), "A Política Exterior: de Cardoso a Lula", *Revista Brasileira de Política Internacional*, 46, (1).
[42] Documento da OMC: WT/TPR/M/140.

Por um lado, como porta-voz dos países em desenvolvimento nas negociações de *Doha Development Agenda* (DDA), o Brasil apresentou um número relativamente grande de propostas nas áreas abrangidas pelo DDA, inclusive propostas de liberalizar o comércio de serviços, de agricultura, as negociações de acesso ao mercado dos produtos não agrícola (NAMA), o Grupo Negociando em regras e direitos de propriedade intelectual[43].

Por outro lado, utiliza activamente o mecanismo de resolução de controvérsias da OMC, classificando-se em quarto lugar em termos da participação neste mecanismo, juntamente com a Índia, seguindo os Estados Unidos da América, a União Europeia e o Canadá. O Brasil, com menos de 1% do comércio internacional, participa em cerca de 10% no total de disputas da OMC. Após 1995, o Brasil foi reclamante em 24 casos, reclamado em 14 e terceiro interessado em 49 disputas. A sua participação frequente no sistema de resolução de controvérsias reflecte a confiança no mecanismo com o objectivo de garantir a implementação das obrigações assumidas pelos membros nos vários acordos[44]. A participação activa brasileira dos contenciosos tem uma grande relevância para os interesses económicos e comerciais dos países em desenvolvimento. O Brasil conquistou várias vitórias em diversos processos contenciosos por si iniciados[45], especialmente em matérias como subsídios a produtos agrícolas (o algodão) e outras distorções ao comércio internacional, o que contribui para o seu papel de liderança no meio dos países em desenvolvimento nas negociações multilaterais[46].

---

[43] Documentos da OMC: WT/TPR/S/212, S/CSS/W/139, WT/MIN(03)/W/6 (Agricultural Framework Proposal, by Brazil, China and some other developing countries, Cancún), WT/MIN(05)/ST/8 (Statement by HE Mr. Celso Amorim, Hong Kong), TN/MA/W/87 (NAMA-11 Group of Developing Countries, Genveva), WT/GC/W/564/Rev.1, TN/C/W/41/Rev.1 (Doha Work Programme – The Outstanding Implementation Issue on the Relationship Between the TRIPS and the Convention on Biological Diversity, Communication from Brazil, China and some other developing countries).

[44] Documentos da OMC WT/TPR/G/212 e WT/TPR/S/212.

[45] Por exemplo, as disputas da Organização Mundial do Comércio, DS4, DS71, DS267 e DS269 (http://www.wto.org/english/tratop_e/find_dispu_cases_e.htm#results).

[46] BARRAL, Welber, organizador, (2007), *Solução de Controvérsias na Organização Mundial do Comercio*, Brasília, Ministério das Relações Exteriores: Fundação Alexandre de Cusmão, p.9.

Na perspectiva brasileira, o regionalismo não exclui os acordos comerciais multilaterais[47]. Já no século passado, a visão cepalina (Comissão Económica para a América Latina), representada por Raúl Prebisch, propôs uma concertação política a favor da integração dos mercados nacionais. O esquema de integração foi implementado pela criação da Associação Latino-Americana de Livre Comércio (ALALC) em 1960. O processo de integração regional evidenciou-se na era Cardoso e foi reforçado pelo governo de Lula. O Brasil é um membro fundador do Mercosul e, por sua participação no Mercosul, tem acordos preferenciais de comércio em vigor com Chile, Bolívia, México, Peru, Colômbia, Equador, Venezuela e Cuba; no enquadramento da Associação Latino-Americana de Integração (ALADI), tem acordos de Alcance Parcial de Complementação Económica em vigor com a Guiana e o Suriname. Os acordos de comércio livre assinados por Mercosul com a Índia e o Israel ainda não têm vigência no Brasil.

O Mercosul, que contabiliza mais de metade do produto industrial e das exportações da América Latina, é o acordo regional mais importante do Brasil em termos do valor de comércio, embora somente uns 10% do comércio de bens ocorram com os outros três membros[48].

3.3. Apreciação comparativa entre a experiência chinesa e a experiência brasileira

3.3.1. O modelo de desenvolvimento

A globalização obriga a um esforço de reconceptualização do papel tradicional do Estado enquanto instituição reguladora e promotora do bem-estar social e económico. Nos assuntos económicos, as decisões governamentais estão sujeitas à vigilância pelos mercados. Mesmo que as competências governamentais na implementação das suas vontades tenham sido enfraquecidas, devido à influência crescente da sociedade civil, o governo é ainda a locomotiva para estimu-

---

[47] FURLAN, Luiz Fernando, seminário internacional do Banco Muncial "Multilateral and Preferential Trade Agreements and the New Role of Latin America in International Trade", 1 de Outubro de 2004.

[48] Documento da OMC: WT/TPR/S/212.

lar o desenvolvimento social sustentável, realizar a boa governação e assumir a maior responsabilidade de fazer um bom "trabalho de casa" perante os desafios da globalização.

Tanto a China como o Brasil são participantes relativamente tardios da globalização e da reforma de políticas comerciais. No entanto, as suas experiências demonstram que os países em desenvolvimento, mesmo com grande dimensão do mercado interno, para diminuir a divergência com os países adiantados, têm de participar activamente na integração económica mundial e aproveitar plenamente as vantagens comparativas da divisão internacional do trabalho.

No caso do Brasil, a partir da década de cinquenta, adoptou a estratégia de fechamento e da industrialização mediante a substituição de importações, a importação maciça de bens de capital e de tecnologia para corresponder à necessidade das indústrias protegidas. Somente a partir de 1964, o governo brasileiro começou a tomar uma posição mais aberta e promover a exportação. Entretanto, esta estratégia foi abandonada nos anos setenta. Depois da "década perdida", como consequência das políticas recomendadas pelo Consenso de Washington, a situação económica e social, em toda a América do Sul, tornara-se ainda mais "difícil e sombria"[49]. Há evidências de que no século XXI o Brasil vem perseguindo e afirmando uma nova inserção no comércio mundial: uma nova posição primária exportadora baseada na divisão internacional do trabalho, acompanhada por alguns macro-objectivos, tais como aumentar a competitividade da base exportadora brasileira, agregar valor às exportações, aumentar a base exportadora, ampliar o acesso a mercados e incrementar as exportações de serviços[50].

Quanto à China, no período de trinta anos que mediou a implantação da República Popular, o bloqueio do mercado interno, as estra-

---

[49] BANDEIRA, Luiz Alberto Moniz, (2007), "Aspectos da Crise nos Países na América do Sul", na obra *O Brasil no mundo que vem aí, I Conferência Nacional de Política Externa e Política Internacional*, Brasília, Ministério das Relações Exteriores, p. 99.

[50] Ministério de Desenvolvimento e Comércio Exterior do Brasil: Estratégia Brasileira de Exportação. Em 2007, O governo brasileiro lançou o Programa de Aceleração do Crescimento que investirá em obras de logística, energia, infraestrutura e melhorias urbanas e sociais.

tégias contra vantagens comparativas e de substituição de importações, não conseguiram realizar o objectivo de relançamento, pelo contrário, agravaram o atraso económico. A partir de 1978, abriu as suas portas por iniciativa própria. A abertura e a reforma fazem com que ela seja integrada completamente no desenvolvimento da globalização e também desfrute plenamente das mudanças significativas trazidas pela globalização.

No círculo teórico, não faltam especialistas e estudiosos que comparam o percurso do desenvolvimento brasileiro com o chinês, na linha do "consenso de Washington" e do "consenso de Pequim", respectivamente. A nosso ver, se realmente existir um "consenso de Pequim", tal consenso quer dizer que cada Estado tem o direito de elaborar o próprio modelo de desenvolvimento no contexto internacional, tendo em conta a sua própria situação nacional. As experiências dos países emergentes nos últimos anos ilustram bem este argumento, pois, não existe um modelo social para o desenvolvimento pré-determinado, nem um universalmente aplicável.

O crescimento económico incrementado pelo comércio externo não é o objectivo final agora, o desenvolvimento refere-se ao crescimento cumulativo do rendimento *per capita*, acompanhado de mudanças estruturais e institucionais. À medida que a China e o Brasil crescem e exportam, as indústrias nacionais carregam endogenamente uma matriz de relações de trabalho, práticas ambientais e a disparidade de renda. Na China, o principal lema, actualmente em voga, é "resolver problemas do campo, dos agricultores e da agricultura", visto que os agricultores constituem o maior número dos grupos sociais, mas infelizmente, não conseguem desfrutar muito da prosperidade económica e são os mais fracos e discriminados, no sentido de não terem iguais oportunidades, tratamentos e posição social; enquanto no Brasil, o governo lançou recentemente o programa "Fome-Zero" e o Programa "Bolsa Família", que mobilizam as massas em favor dos pobres em estado de extrema miséria. Apesar de apresentarem percursos de desenvolvimento diferentes, a China e o Brasil compartilham desafios futuros semelhantes: a equidade e a justiça social. Em relação às experiências da institucionalização e da democratização, é de ressaltar que o Brasil obteve grande progresso nos

318   *China e Brasil num Mundo Globalizado*

últimos vinte anos, cuja experiência talvez seja útil para a China[51], que se encontra neste momento na etapa primária do socialismo, porque as forças produtivas são subdesenvolvidas e os sistemas sociais são ainda insuficientes e imperfeitos[52].

3.3.2 No cenário do multilateralismo

Com o aumento da participação do Brasil e da China verificamos, desde logo, o reforço do multilateralismo e a intensificação dos processos de liberalização comercial e da interdependência mundial.

Em tempos diferenciados, os dois países tiveram uma progressiva liberalização comercial. Quando comparamos a liberalização unilateral feita ao abrigo dos acordos da OMC pela China e pelo Brasil verificamos que, em geral, o nível de protecção comercial é mais alto no Brasil que na China. No que diz respeito aos impostos aduaneiros, na China, em 2007, a tarifa média encadernada era de 9,9%; 15,3% para produtos agrícolas (definição da OMC) e 9,0% para produtos não-agrícolas[53], enquanto no Brasil, a tarifa média encadernada era de 30,2%, em 2008, e a taxa simples mais alta de 35% aplicava-se a 4% de todas as linhas tarifárias, inclusive pneus, tecidos, roupa e automóveis[54]. O Brasil recorre, com maior frequência, ao uso de medidas de defesa comercial que a China, e até Outubro de 2008, o Brasil já havia adoptado 63 medidas anti-dumping, ainda em vigor, duas medidas compensatórias, também em vigor, e uma medida de salvaguarda[55].

Desde o estabelecimento da OMC em 1995, tanto a China como o Brasil têm sofrido o proteccionismo dos países desenvolvidos. A adesão chinesa e brasileira ao multilateralismo é entendida como contraposição à "lei da selva" no seio da OMC. Actualmente, o abrandamento da economia global coloca novos desafios para as economias

---

[51] ARMIJO, Leslie Elliott, (2007), p.2.

[52] WEN, Jiabao, (2007), *"Acerca de las tarefas históricas de la etapa primaria del socialismo y algunos problemas de la política exterior de nuestro país"*, People Daily em 1 de Março de 2007, disponível em http://spanish.peopledaily.com.cn/31619/5428873.html.

[53] Documento da OMC: WT/TPR/S/199.

[54] Documento da OMC: WT/TPR/S/212.

[55] Documento da OMC: WT/TPR/S/212.

chinesa e brasileira que dependem, em larga medida, do mercado mundial de exportação. Muitos estudos realçam a necessidade dos países em desenvolvimento tomarem mais iniciativas e fazerem mais concessões. Se os países em desenvolvimento darem ênfase apenas aos mercados desenvolvidos e estiverem inclinados para manter o *status quo* do acesso aos seus próprios mercados, vão perder muitos benefícios do comércio Sul-Sul. De acordo com um estudo recente, a abertura dos mercados dos países desenvolvidos providenciaria ganhos anuais de bem-estar para os países em desenvolvimento de US$22 biliões e a eliminação de barreiras Sul-Sul tem o potencial para render ganhos de mais de 60%[56]. Neste sentido, para enfrentar novos desafios, além da prioridade da colisão Sul-Sul do G20 na agenda multilateral, o Brasil precisa de continuar com seus esforços para dar impulso adicional ao comércio e fazer mais concessões nas negociações da Rodada de Doha, especialmente, no que diz respeito ao acesso ao marcado de produtos não-agrícolas, convergindo mais à "Swiss Formula"[57].

A China, por sua vez, deve aprender, através da experiência brasileira, o uso das regras da OMC, a reformulação de instituições e a resolução de controvérsias.

3.3.3. *No cenário do regionalismo*

Na Ásia e na América Latina, a China e o Brasil, respectivamente, são actores cruciais no processo de integração económica regional, caracterizado pela flexibilidade e gradualismo. As experiências dos regionalismos da China e do Brasil revelam-se muito semelhantes.

Em primeiro lugar, como outros países em desenvolvimento, a China e o Brasil não limitaram suas políticas comerciais à OMC.

---

[56] FUGAZZA, Marco and VANZETTI, David, (2006), *A South-South Survival Strategy: The Potential for Trade among Developing Countries*, Policies Issues in International Trade and Commodities Study Series, No.33, New York and Geneva, United Nations, p.3.

[57] MOREIRA, Mauricio Mesquita, "Brazil's Trade Policy: Old and New Issues", na obra de Lael Brainard and Leobardo Martinez-Dias, (eds.), *Brazil as an Economic Superpower? Understanding Brazil's Changing Role in the Global Economy*, Washtington, D.C.: Brookings Institutions Press, forthcoming.

320   *China e Brasil num Mundo Globalizado*

Exploram e abraçam a tendência global de arranjos de regionalismos para aprofundar a integração na economia global. Para bloquear as consequências adversas da globalização económica para os países em desenvolvimento, os acordos regionais constituem um instrumento efectivo para remover os desequilíbrios e a discriminação. Para as grandes potências como a China e o Brasil, os resultados das negociações da rodada de Doha são muito modestos e o regionalismo é entendido como uma resposta à morosidade dos processos multilaterais de liberalização via OMC. Na perspectiva dos dois países, existe uma relação de complementaridade entre os processos de regionalismo e multilateralismo.

Em segundo lugar, as experiências demonstram que a China e o Brasil apoiam o regionalismo aberto, pois os acordos actualemente em vigor não pretendem isolar os seus países membros do resto da economia global. O Mercosul congrega uma população de mais de 250 milhões de habitantes e é actualmente o terceiro maior bloco regional no mundo e um dos mercados emergentes com maior renda *per capita*. A integração brasileira no Mercosul não se deu por redução do comércio com países ou blocos terceiros, ao contrário, observa-se a predominância de um fenômeno de criação de comércio, segundo a análise desagregada do comércio[58]. Semelhante conclusão aplica-se à eventual Área de Comércio Livre China-ASEAN, que criará uma região económica com 1,7 bilião de consumidores e o GDP regional de cerca de US$2 triliões, e será a maior área de comércio livre no mundo formada por países em desenvolvimento em termos de população, GDP e comércio[59]. Segundo o Primeiro-Ministro Chinês Wen Jiabao, a China deve promover o regionalismo aberto para alcançar progresso para todos os países e desenvolvimento em todas as regiões[60].

---

[58] (http://www.desenvolvimento.gov.br).

[59] ASEAN-China Expert Group on Economic Cooperation, (2001), *Forging Closer ASEAN-China Economic Relations in the 21st Century*, ASEAN Secretariat.

[60] "East Asia cooperation should be transparent, open: Chinese Premier", *People's Daily Online*, (14 de Dezembro de 2005), (http://english.people.com.cn/200512/14/eng20051214_227892.html).

Em terceiro lugar, os acordos regionais chineses e brasileiros correspondem a uma percentagem pequena do volume de comércio externo total dos dois países[61]. Neste sentido, os regionalismos chinês e brasileiro têm um impacto razoável sobre os comércios externos em geral. Para a China e o Brasil, os acordos de integração regional podem não formar um grande mercado ampliado, mas permitem uma importante experiência para as empresas nacionais no contacto com o mercado externo. Actualmente, a ASEAN e a Argentina correspondem os maiores parceiros comerciais da China e do Brasil, respectivamente.

Em quarto lugar, como outros grandes países em desenvolvimento, a China e o Brasil exportam mais para países distantes que para países vizinhos[62]. De acordo com a teoria de dominó de Richard Baldwin[63], a proliferação dos acordos regionais prejudica os países não participantes. A China e o Brasil, além da busca dos acordos intra-regionais, estão crescentemente interessados por acordos inter-regionais com outros parceiros comerciais. Até agora, os dois países ainda não chegaram formalmente a qualquer acordo preferencial com os EUA e a União Europeia. O Brasil (através do Mercosul) e os seus parceiros do Mercosul assinaram um acordo de base com a União Europeia em 1995 e ambas partes estão a negociar um possível acordo de comércio livre. A China promove uma maior abertura da economia, muitas vezes através de acordos bilaterais, como forma de agilizar o acesso a mercados internacionais. O país já assinou o acordo completo de comércio livre com a Nova Zelândia, o primeiro acordo concluído com um país desenvolvido, e está a negociar com a Austrália, a

---

[61] A participação relativa do Mercosul na balança comercial tem aumentado constantemente. As exportações brasileiras para o Mercosul, representam actualmente na ordem de 10% do total e as importações brasileiras do Mercosul situam-se também 10% do total das importações brasileiras. Informações disponíveis em (http://www.desenvolvimento.gov.br).

[62] MORIN, Jean Frédéric, (2008), "Dancing with Brazil, South Africa, India and China: Large Developing Countries and Bilateralism", Idées pour le Débat, *Global Governance*, No. 2. O valor de exportação brasileira para os EUA é quase dupla que o exporta para a Argentina, WTO, (2008), *Trade Profiles 2008.*

[63] BALDWIN, Richard, (1993), *A Domino Theory of Regionalism*, Working Paper No. 4465, Cambridge, Massachusetts: National Bureau of Economic Research.

Islândia, a Suíça, entre outros[64]. Segundo a observação da Forbes, nos Jogos Olímpicos de livre-cambismo, seguindo os EUA, a China obteve a sua primeira medalha de ouro individual, no sentido de chegar a primeiro acordo com um país desenvolvido e formar o próprio clube de parceiros bilaterais. Entretanto, com a constante expansão dos acordos regionais e das emaranhadas negociações internacionais, problemas sistemáticos, como "*spaghetti bowl*"[65], não devem ser negligenciados.

Em quinto lugar, a grande maioria dos parceiros signatários são economias pequenas e há uma grande disparidade nos graus de desenvolvimento e de envolvimento com os compromissos entre os membros. O espírito de assimetria pode ser observado em alguns acordos, como o caso do Mercosul[66], China-ASEAN e os acordos bilaterais da China, especialmente, o acordo bilateral entre a China e a Nova Zelândia, que estabelece que as partes concordam em usar abordagens assimétricas quando se apropriam. Porém, por outro lado, os regionalismos chineses e brasileiros necessitam de mais iniciativas para aprofundar a integração e evitar conflitos distributivos.

Em sexto lugar, a formação de acordos regionais é motivada por uma série de factores que incluem os económicos (procura de mercados ampliados, integração mais profunda das economias, ter acesso aos mercados desenvolvidos, etc.), políticos (aumentar o poder de negociação nas negociações multilaterais) e considerações de segurança (aumentar a segurança transfronteiriça e regional). A China e o Brasil não são excepções. Às vezes, a consideração política e a razão de segurança regional são os pontos de partida para negociações. Em

---

[64] (http://fta.mofcom.gov.vn/index.shtml).

[65] BHAGWATI, J.N., (1995), "US Trade Policy: The Infatuation with Free Trade Areas", na obra J. Bhagwati e A.O. Krueger, eds., *The Dangerous Drift to Preferential Trade Agreements,* Washington D.C.: American Enterprise for Public Policy Research. O fenómeno de "spaghetti bowl" refere-se diferentes cronogramas e estruturas de desagravação tarifária para os países, regras de origem que possam discriminar os parceiros comerciais de um mesmo acordo, existência de listas de excepção, entre outras. O seu efeito pode aumentar os custos de transacções e facilitar o proteccionismo.

[66] SENHORAS, Elói Martins, (2006), "O Desenvolvimento Brasileiro e Canadense no Sistema Internacional segundo Estratégias Convergentes entre o Regionalismo e o Multilateralismo", *Interfaces Brasil/Canadá,* Rio Grande, No. 6, p.312.

outras ocasiões, o interesse económico é a prioridade, embora misturada com outros objectivos. Em termos gerais, os actuais regionalismos chineses e brasileiros reforçaram a cooperação Sul-Sul e salientaram a importância do desenvolvimento conjunto. Segundo um dito chinês, "A paisagem da primavera não é uma árvore que é particularmente exuberante e excede a beleza dos outros, mas um grande jardim cheio de maravilhas".

No que respeita às principais diferenças, não obstante a reconhecida importância regional da China e do Brasil, parece que a estrutura *hub-and-spoke*[67] na América Latina é menos distinta que na Ásia[68]. A China é colocada na posição de *hub* no regionalismo asiático.

O regionalismo brasileiro é mais institucionalizado que o chinês. O Mercosul é o mercado comum que, para além da livre circulação de bens, serviços, trabalhadores e capital, adopta uma política comercial uniforme com uma tarifa externa comum e a coordenação das políticas macroeconómicas e harmonização das políticas económicas. Os acordos regionais chineses revestem a única forma de área do comércio livre.

Além disso, comparado com alguns dos primeiros acordos regionais celebrados pela China, nomeadamente, *Asia-Pacific Trade Agreement*[69], CEPAs[70], China-Chile[71], as disposições do mecanismo de resolução de conflitos do Mercosul, consagrado pelo Protocolo de

---

[67] WONNACOTT, R.J., (1996), "Trade and Investment in a Hub-and-Spoke System *versus* a Free Trade Area", *The World Economy,* vol.19, n.º 3, pp.237-52.

[68] The Ditchley Foundaion, (2008), *"Can Latin America's potential be realized?"*, (http://www.ditchley.co.uk/page/332/latin-america.htm).

[69] O texto integrante do acordo encontra-se em (http://fta.mofcom.gov.cn/yatai/xieyijiangjie.shtml). O artigo 21º é o único artigo sobre a solução de disputas pelos membros.

[70] Os textos integrantes dos CEPAs encontram-se em (http://tid.gov.hk) e (http://www.economia.gov.mo). O artigo 19º dos dois textos não garante porém a aplicabilidade do mecanismo.

[71] O texto integrante do Acordo China-Chile encontra-se em (http://fta.mofcom.gov.vn/index.shtml). O artigo 81º do Acordo China-Chile prevê que a conciliação e a mediação são procedimentos formais e necessários antes do pedido das partes para um tribunal arbitral. Segundo o artigo 92º do mesmo acordo, o relatório final do tribunal arbitral não é final e as partes devem concordar na resolução da disputa.

324 *China e Brasil num Mundo Globalizado*

Olivos, parecem mais orgânicas, completas e sistematizadas, assegurando assim maior agilidade ao mecanismo. O novo mecanismo "possibilita uma uniformização de interpretação da normativa MERCOSUL, pela maior estabilidade dos árbitros, estabelece critérios para a designação dos árbitros e disciplina o cumprimento dos laudos arbitrais e o alcance das medidas compensatórias, adotou uma instância de revisão no sistema arbitral ad hoc (o TPR). A nova instância pode vir a ser o embrião de um sistema permanente de solução de controvérsias"[72].

4. Comércio bilateral

O comércio bilateral começa a ter papel cada vez mais relevante nas relações bilaterais. De 2000 a 2008, a corrente de comércio entre os dois países aumentou quinze vezes, passado de US$2,31 biliões para US$ 36,44 biliões[73]. Actualmente, o Brasil é o maior parceiro comercial da China na América Latina e a China é o maior parceiro comercial do Brasil na Ásia. Em 2008, a China foi o principal mercado de exportação brasileira na Ásia e o terceiro país fornecedor de importações, atrás dos EUA e da Argentina[74]. Em 2009, a China ultrapassou os EUA como o maior parceiro comercial brasileiro[75].

A expansão do comércio bilateral foi impulsionada tanto pelo crescimento das exportações quanto das importações. Desde 2003, as aquisições de bens chineses pelo Brasil aumentaram mais rápido que as exportações brasileiras para China e, consequentemente, após seis anos consecutivos de saldos comerciais positivos, o Brasil registou

---

[72] (http://www.desenvolvimento.gov.br).

[73] Fonte: MDIC/SECEX.

[74] República Federal do Brasil, (2008), *Agenda China Ações Positivas para as Relações Econômicos-Comerciais Sino-Brasileiras,* Prefácio do Miguel Jorge, Ministro do Desenvolvimento, Indústria e Comércio Exterior.

[75] Fonte: MDIC (A balança comercial de Abril de 2009) e o Discurso do Presidente da República Federativa do Brasil, Luiz Inácio Lula da Silva, durante cerimónia de encerramento do Seminário Brasil – China: Novas Oportunidades para a Parceira Estratégica, Pequim, China, 19 de Maio de 2009.

um *deficit* em 2007 e 2008. A participação da China nas exportações brasileiras cresceu de 1,9% em 2000 para 8,3% em 2008 e a participação da China nas importações brasileiras aumentou de 2,2% em 2000 para 11,6% em 2008[76]. No comércio externo da China, a participação brasileira na pauta chinesa cresceu de 0,5% para 1% entre 2000 e 2008[77].

Quanto à estrutura do comércio bilateral, o Brasil exportou para a China principalmente *commodities* agrícolas e minerais, com a percentagem de 70% das exportações brasileiras para a China[78]. O minério de ferro e soja em grão representaram cerca de 65% do volume total das exportações brasileiras[79]. Em 2007, os produtos básicos representaram 73,8% da pauta, seguidos dos semi-manufacturados com 18% e dos manufacturados com 8,2%[80]. Por sua vez, a China exportou bens manufacturados com maior valor agregado, sendo os principais produtos importados pelo Brasil os materiais eléctricos e electro-eletrónicos, máquinas e motores, petróleo e seus derivados, entre outros. De acordo com a estatística feita pelo Ministério do Desenvolvimento, Indústria e Comércio Exterior do Brasil (MDIC), aproximadamente 76% das compras brasileiras, em 2007, corresponderam a bens de capital, matérias-primas e intermediários.

À medida que o volume do comércio bilateral cresce, surgem, naturalmente, mais disputas ou fricções bilaterais. A China é actualmente o país mais afectado pelos processos de defesa comercial do Brasil. Em termos de medidas usadas, não foi ainda iniciada uma investigação de subsídios. Entre 1995 e 2007, foram abertas cinco investigações de salvaguardas, entre as quais uma de brinquedos, mais duas revisões de brinquedos. Apesar das salvaguardas afectarem

---

[76] Fonte: MDIC/SECEX.

[77] Fonte: MDIC/SECEX.

[78] República Federal do Brasil, (2008), *Agenda China Ações Positivas para as Relações Econômicos-Comerciais Sino-Brasileiras*, p. 17.

[79] Fonte: MDIC/SECEX.

[80] República Federal do Brasil, (2008), *Agenda China Ações Positivas para as Relações Econômicos-Comerciais Sino-Brasileiras*, p. 18. Ver ainda NEVES, Luiz Augusto de Castro, (2007), "Relações Brasil-China: os Desafios Necessários", na obra *O Brasil no mundo que vem aí, I Conferência Nacional de Política Externa e Política Internacional*, Brasília, Ministério das Relações Exteriores, p. 350.

todos os países, a China, sendo um dos maiores fornecedores mundiais, foi atingida pela medida adoptada. Quanto às medidas *anti-dumping*, segundo os dados do Departamento de Defesa Comercial do MDIC, no período entre 1988 e 2007 houve, no total, 49 aberturas de investigações *anti-dumping* dos produtos oriundos da China e 37 medidas definitivas aplicadas contra a China[81]. Ainda nos termos do Protocolo de Acessão da China à OMC, existe a possibilidade de Brasil recorrer à aplicação de salvaguardas especiais, para produtos chineses específicos, através dos Decretos N.º 5556, de 5/10/2005 e N.º5558, de 5/10/2005. Este mecanismo de salvaguarda especial mantém-se em vigor até 2013. Em 2006, os dois países chegaram a um acordo de auto-limitação têxtil[82]. Naturalmente, as negociações bilaterais sobre a possível aplicação de salvaguardas especiais e processos "*anti-dumping*" têm gerado um certo desconforto do lado chinês, alegando que o proteccionismo no Brasil cresce num momento em que a China começa a registar *deficit* comercial[83]. Na constatação dos sectores brasileiros ressaltou "o dever de casa" para que possam competir com as exportações chinesas no próprio mercado interno e nos mercados terceiros.

A nosso ver, as divergências do comércio e o impacto negativo da concorrência entre os dois países podem ser compensados e sobrepostos pela influência positiva das complementaridades. A fim de consolidar os laços de comércio entre os dois países, propomos o seguinte:

---

[81] MDIC/SECEX/DECOM, (2008), *Relatório DECOM, N.º11*, pp.30-44. Na realidade, geralmente, as empresas chinesas afectadas tinham uma altitude bastante passiva e não responderam aos questionários enviados pelo DECOM, Brasil. Ver ainda CARDOSO, Renado Silva, (2005), "A Defesa Comercial no Âmbito das Relações Brasil-China", no livro organizado por Fernando de Magalhães Furlan e Thomas Benes Felsberg, *Brasil China Comércio, Direito e Economia*, São Paulo, Edições Aduaneiras e LEX Editora, pp.104-5.

[82] Neves, Luiz Augusto de Castro, (2007), p.351. Ver ainda WEI, Dan, (2005), "Should Using Specific Safeguards be a Goal? – A Case Study of Trade Trlations between Brazil and China", *Temas de Integração*, 2º Semestre, N.º 20, Coimbra, e WEI, Dan, (2007), "The Resolution of Sino-Brazilian Trade Disputes", *Cadernos de Ciência Jurídica*, Faculdade de Direito da Universidade de Macau, Nº.4, pp.153-73.

[83] CARDOSO, Renado Silva, (2005), p. 111.

Em primeiro lugar, os dois países devem promover ainda mais a aproximação e a liberalização comercial, eliminando progressivamente barreiras proteccionistas de todas as formas (aduaneiras, não-aduaneiras, técnicas, etc.). A expansão comercial corresponde aos interesses comuns dos dois países.

Em segundo lugar, há uma grande necessidade de os exportadores chineses e brasileiros intensificarem seus esforços para conhecer melhor as peculiaridades do mercado do outro lado do mundo, visto que o maior conhecimento sino-brasileiro representa um importante elo entre os dois maiores países emergentes no mundo. Actualmente, ainda existe grande desconhecimento mútuo.

Em terceiro lugar, a China e o Brasil devem explorar, em conjunto, uma série de iniciativas, com a finalidade de "atenuar o surgimento de desequilíbrios quantitativos e qualitativos nas transacções bilaterais"[84], especialmente, os dois governos devem promover o ajustamento das estruturas industriais, modificando o padrão de crescimento comercial, do crescimento quantitativo para o qualitativo. O grupo de trabalho do MDIC, denominado Agenda China, é um bom exemplo. Outras iniciativas podem incluir ainda a cooperação entre as alfândegas e a coordenação de metodologias estatísticas, entre outras.

5. Considerações finais

O Brasil foi o primeiro país em desenvolvimento a estabelecer uma parceria estratégica com a China[85]. O excelente entendimento político e a real vontade de cooperação política entre as duas nações favorecem o desenvolvimento das relações bilaterais económicas e comerciais.

---

[84] República Federal do Brasil, (2008), *Agenda China Ações Positivas para as Relações Econômicos-Comerciais Sino-Brasileiras*, prefácio de Welber Barral, Secretário de Comércio Exterior.

[85] Sobre uma análise profunda da relação sino-brasileira, ver BECARD, Danielly Silva Ramos, (2008), *O Brasil e a República Popular da China: Política Externa Comparada e Relações Bilaterais (1974-2004)*, Fundação Alexandre de Gusmão, Brasília.

A partir da década de 1990, com a abertura económica brasileira e com a maior inserção chinesa, processa-se uma maior aproximação comercial entre os dois países. As duas economias, altamente complementares quanto às vantagens comparativas e com a proporção de factores bem diferente, têm base sólida e enorme potencial que permitem desenvolver a cooperação económica bilateral.

Verificam-se também, de vez em quando, algumas dificuldades e controvérsias nas relações comerciais bilaterais, designadamente, a exportação brasileira de menor valor agregado, a concorrência chinesa dos bens manufacturados e as medidas de defesa comercial no Brasil. À parte as fricções, as perspectivas do futuro entre a China e o Brasil são muito promissoras. Segundo o recente comunicado conjunto dos dois Ministros das relações exteriores[86]:

> As duas Partes manifestaram a intenção de promover o desenvolvimento equilibrado e dinâmico em suas relações económico-comerciais, para expandir e diversificar o comércio bilateral, para estimular e promover os investimentos recíprocos, para ampliar substancialmente a cooperação e para revigorar, de forma constante, o relacionamento bilateral. As duas Partes acordaram iniciar a discussão de um Programa de Trabalho de Longo Prazo Brasil-China, com vista a fortalecer a cooperação em todos os sectores do relacionamento, em benefício mútuo.

O maior país em desenvolvimento do Oriente e o maior país em desenvolvimento do Ocidente devem procurar o comum e deixar existir o diferente, alcançando conjuntamente objectivos comuns de longo prazo. No decurso de desenvolvimento nacional e institucionalização, os dois países podem usar mutuamente como referências as experiências valiosas.

Quanto às parcerias bilaterais, o desenvolvimento do Brasil abre uma janela de oportunidade para a China e a ascensão chinesa redunda em benefícios concretos para o desenvolvimento brasileiro[87].

No contexto internacional, a cooperação entre a China e o Brasil constitui uma parte importante da parceria Sul-Sul. A comunicação e

---

[86] Comunicado Conjunto – Visita ao Brasil do Ministro dos Negócios Estrangeiros da República Popular da China, Yang Jiechi – Brasília, 19 de Janeiro de 2009, (http://br.chineseembassy.org/por/zbgx/t540354.htm).

[87] NEVES, Luiz Augusto de Castro, (2007), p. 347 e p. 352.

a coordenação sino-brasileira no marco das nações dos BRICs, do G20 no seio da OMC e do G20 no âmbito da cúpula financeira, promovem a realização dos Objectivos de Desenvolvimento do Milénio, a pronta recuperação da economia mundial e a construção de uma ordem global mais justa e equilibrada.

No mundo de hoje, cada país vê o seu desenvolvimento nacional em termos de inserção na globalização. Para os países em desenvolvimento, o antigo modelo de inserção dependente, geradora de vulnerabilidades e sacrifícios estruturais, passa a ser o paradigma presente da inserção independente, produtora de remédios de equilíbrio e de ganhos compartilhados[88]. A abertura progressiva, com iniciativas próprias, da China e do Brasil, faz com que as duas nações conquistem um maior espaço no palco político-económico mundial, podendo oferecer contribuições para restabelecer o crescimento económico mundial e realizar o desenvolvimento comum.

Concluímos o presente ensaio sobre as experiências chinesas e brasileiras da integração na economia mundial com as palavras do Fernando Henrique Cardoso[89]:

> O interesse nacional deixou de confundir-se com o proteccionismo comercial e com a mera substituição de importação. Ele reapareceu, mais forte, na busca de uma inserção adequada na economia globalizada. A táctica pode levar-nos à defesa de trilhas diferenciadas, mas a estratégia é a mesma e tem como foco aumentar nossa participação na produção e na exportação dos bens necessários a uma economia em expansão, em uma sociedade que deseja reduzir a pobreza e lutar por uma globalização menos assimétrica.

---

[88] CERVO, Amado Luiz, (2003).

[89] CARDOSO, Fernando Henrique, (2003), *Interesse Nacional e Globalização*, O Estado de S. Paulo – Coluna Espaço Aberto, Setembro de 2003.

ANEXO

Notas Biográficas dos Autores

WAN YONG XIANG

Wan Yong Xiang, nascido em Janeiro de 1944, naturalidade da Província de Henan da China, licenciado.

1968 – 1974	Funcionário do Departamento da Informação do Ministério dos Negócios Estrangeiros (MNE)
1974 – 1978	Subdirector do Departamento da Informação do MNE
1978 – 1982	Segundo-secretário da Embaixada da República Popular da China na República do Mali
1982 – 1983	Subdirector do Departamento dos Assuntos Africanos do MNE
1983 – 1984	Director do Departamento de Pessoal do MNE
1984 – 1986	Director-Geral Adjunto do Departamento de Pessoal do MNE
1986 – 1989	Director-Geral do Departamento de Pessoal do MNE
1989 – 1990	Ministro Assistente e Director-Geral do Departamento de Pessoal do MNE
1990 – 1992	Ministro Assistente do MNE
1992 – 1993	Embaixador da República Popular da China na República da Checoslováquia
1993 – 1997	Membro da Direcção do MNE a nível de Vice-Ministro
1997 – 2000	Embaixador da República Popular da China na República Popular Democrática da Coreia
2000 – 2002	Embaixador da República Popular da China na República Federativa do Brasil
2002 – 2008	Comissário do MNE na Região Administrativa Especial de Macau
2008 –	Vice-Presidente do Instituto de Negócios Estrangeiros do Povo Chinês

Membro do 10.º Comité Nacional da Conferência Consultiva Política do Povo Chinês e Vice-Presidente do Sub-Comité de Negócios Estrangeiros do 10.º Comité Nacional da Conferência Consultiva Política do Povo Chinês.

JORGE SAMPAIO

Jorge Sampaio iniciou a sua carreira política na altura em que era estudante na Faculdade de Direito da Universidade de Lisboa. Em 1978 aderiu ao Partido Socialista, onde permanece até hoje. Entre 1979 e 1984, foi membro da Comissão Europeia para os Direitos Humanos.

Entre 1986 e 1987, foi presidente do Grupo Parlamentar do Partido Socialista. Em 1989 foi eleito presidente do partido, um posto que deteve até 1991. Também em 1989, Jorge Sampaio foi eleito presidente da Câmara Municipal de Lisboa, tendo sido reeleito em 1993.

Entre 1996 e 2006, foi o Presidente da República Portuguesa. No domínio económico, impulsionou a criação da COTEC Portugal. Na cena política internacional, Sampaio foi um importante contribuidor para a tomada de consciência da causa pela Independência de Timor-Leste.

Em Maio de 2006 foi designado Enviado Especial do Secretário-Geral das Nações Unidas para a Luta contra a Tuberculose e, em Abril de 2007, foi nomeado, pelo Secretário-Geral das Nações Unidas, Alto Representante para a Aliança das Civilizações. É também Presidente do Conselho Consultivo da Universidade de Lisboa (Fev. 2007).

É Grande-Colar das Ordens da Torre e Espada, do Valor, Lealdade e Mérito e da Liberdade e Grande-Oficial da Ordem do Infante D. Henrique. Entre as condecorações estrangeiras destacam-se: Grande Colar Ordem Nacional do Cruzeiro do Sul, do Brasil; Colares das Ordens de Carlos III e de Isabel a Católica, de Espanha; Grã-Cruz da Legião de Honra, de França; 1.º Grau da Ordem Suprema do Crisântemo, do Japão; Grã-Cruz daOrdem do Leão de Ouro da Casa de Nassau, Luxemburgo; Grande-Colar da Ordem de Wissam Al-Mohammadi e Grã-Cruz Ordem de Wissam Alaouite (Wissam Alaouit Cherifien), Marrocos; 1.º Grau da Ordem Amizade e Paz, de Moçambique; Grã-Cruz da Real Ordem de St. Olavo, da Noruega; Grã-Cruz da Ordem de Orange Nassau, dos Países Baixos; Grã-Cruz da Ordem de São Miguel & S. Jorge e da Real Ordem Victoriana, do Reino Unido.

CELSO LAFER

Celso Lafer (São Paulo, 1941) é professor-titular do Departamento de Filosofia e Teoria Geral do Direito da USP, na qual estudou (1960-1964) e leciona desde 1971. Obteve o seu PhD em Ciência Política na Universidade de Cornell, EUA, em 1970; a livre-docência em Direito Internacional Público na Faculdade de Direito da USP em 1977 e a titularidade em Filosofia do Direito em 1988. Foi Chefe do Departamento de Filosofia e Teoria Geral do Direito da Faculdade de Direito da USP (1992-1995 e 2003-2005).

Foi Ministro de Estado das Relações Exteriores em 1992 e, nesta condição, Vice-Presidente *ex-officio* da Conferência da ONU sobre Meio-Ambiente e Desenvolvimento, a Rio-92. Na sua segunda gestão no Itamaraty (2001-2002) chefiou a delegação brasileira à Conferência Ministerial da OMC em Doha, que deu início à Rodada de Doha. Em 1999 foi Ministro de Estado do Desenvolvimento, Indústria e Comércio. De 1995 a 1998 foi Embaixador, Chefe da Missão Permanente do Brasil junto às Nações Unidas e à Organização Mundial do Comércio em Genebra. Em 1996 foi o Presidente do Órgão de Solução de Controvérsias da Organização Mundial do Comércio e, em 1997, foi Presidente do Conselho Geral da Organização Mundial do Comércio. Presidiu na OMC, em 1998, o *Panel*: "India – Quantitative Restrictions on Imports of Agricultural, Textiles and Industrial Products".

É, atualmente, Presidente do Conselho Deliberativo do Museu Lasar Segall, co-editor, com Gilberto Dupas, da Revista *Política Externa* e Coordenador, desde junho de 2006, da Área de Concentração em Direitos Humanos da Faculdade de Direito da USP. Integra, desde 2003, o Conselho Superior da Fundação de Amparo à Pesquisa do Estado de São Paulo – FAPESP. É, desde 2002, membro da Corte Permanente de Arbitragem Internacional de Haia. É membro titular da Academia Brasileira de Ciências e da Academia Brasileira de Letras. Doutor *honoris causa* da Universidade de Buenos Aires (2001) e da Universidade Nacional de Cordoba, Argentina (2002), recebeu, em 2001, o Prêmio Moinho Santista na área de Relações Internacionais.

LEE PENG HONG

Dr. Lee Peng Hong was born in Macao in 1969 and finished his basic education in Macao. Dr. Lee obtained his Doctorate in the Science of Law at the Institute of Economics, School of Humanities and Social Sciences of Tsinghua University, Beijing, his Master's Degree in Public Administration co-organised by the National Administration Institute of Portugal and the University of Macao, his Bachelor's Degree in business administration (BBA) at Huaqiao University and was a Visiting Fellow at the Kennedy School of Government, Harvard University. He also pursued advanced studies in language and culture in Coimbra University, Portugal, where he also studied economics.

Dr. Lee is currently the President of Macao Trade and Investment Promotion Institute, Macao Convener of the Working Group for Trade and Investment Facilitation of the Mainland and Macao Closer Economic Partnership Arrangement (CEPA) Joint Steering Committee, a member of the Fujian-Macao Economic Co-operation Promotion Committee, the Chongqing-Macao Economic Promotion Association and the Consultative Committee of Macao Productivity and Technological Transfer Centre to name a few. He was a member of the Macao Human Resources Development Committee, the President of the Organising Committee for the 3rd Eureka (Meets) Asia and a member of the Preparatory Committee of the "Forum for Economic and Trade Co-operation between China and Portuguese-Speaking Countries (Macao)".

Dr. Lee also held leading posts in the Macao Public Administration Association and other academic associations, having published research papers in various academic periodicals at home and abroad. Moreover, he was involved in the compilation and publishing of "Macao Civil Service Reform – problems and solutions" and other books and periodicals, as well as being the author of a book entitled "Strategy for developing the Macao Platform – Research on Macao's role as a platform for economic co-operation between China and Portuguese-Speaking Countries".

ZENG LINGLIANG

Zeng Lingliang, Mestre em Direito da Universidade de Michigan (E.U.A.) e da Universidade de Wuhan (China) e Doutor em Direito desta, serve actualmente como Director e Catedrático da Faculdade de Direito da Universidade de Macau. Foi-lhe concedida em 2001 uma Cátedra Jean Monnet em Direito da União Europeia e nomeado em 2006 Professor Distinto sob os auspícios do Projecto de Premiação de Estudiosos "Yangtze" do Ministério da Educação da China. Em 2003 foi-lhe outorgado o título do "Famoso Jurisconsulto da China Contemporânea" e no ano seguinte foi incluído no júri indicado pelo Órgão de Resolução de Disputas (DSB) da Organização Mundial do Comércio (OMC). Sendo um académico dedicado, o Professor Zeng já publicou aproximadamente dez monografias ou manuais didácticos e numerosos artigos académicos (maiotariamente escritos em Chinês). Desempenha concorrentemente várias outras funções dirigentes designadamente o Director do Instituto de Estudos Jurídicos da Associação Chinesa de Estudos Europeios, Vice Director do Comité Orientador do Ensino Jurídico do Ministério da Educação da China e Vice Director da Sociedade Chinesa de Estudos sobre Direito Internacional Económico.

ALDO REBELO

Aldo Rebelo é jornalista e deputado federal eleito por São Paulo pelo Partido Comunista do Brasil (PCdoB). Desde 1994, o deputado figura entre os 10 parlamentares mais influentes do Congresso Nacional, segundo levantamento anual do DIAP - Departamento Intersindical de Assessoria Parlamentar.

Com 30 anos de trajetória política, Aldo Rebelo foi presidente da Câmara dos Deputados (2005-2007), ministro da Coordenação Política e Relações Institucionais do Governo Lula (2004-2005) e líder do Governo na Câmara. Atualmente, Aldo é membro da Comissão de Relações Exteriores e de Defesa Nacional da Câmara dos Deputados e presidente do Grupo Parlamentar Brasil-China, que reúne 130 parlamentares. O grupo, sob a presidência de Aldo, busca ampliar a cooperação entre os parlamentos brasileiro e chinês e fortalecer as relações dos países nas áreas comercial, científica, tecnológica, diplomática e cultural. Na juventude, Aldo Rebelo foi líder do movimento estudantil. Chegou à presidência da UNE – União Nacional dos Estudantes e criou a UJS – União da Juventude Socialista. Seu primeiro mandato parlamentar foi como vereador de São Paulo. Aldo Rebelo é alagoano, tem 53 anos de idade e está em seu quinto mandato consecutivo de deputado federal.

Luís Antonio Paulino

É professor da UNIVERSIDADE ESTADUAL PAULISTA – UNESP, na FACULDADE DE FILOSOFIA E CIÊNCIAS – MARÍLIA, no curso de Relações Internacionais, onde leciona disciplinas nas áreas de economia e comércio internacional. Possui mestrado em Economia e Finanças Públicas pela FUNDAÇÃO GETÚLIO VARGAS – SP (1992) e doutorado em Ciência Econômica pela UNIVERSIDADE ESTADUAL DE CAMPINAS – UNICAMP (1998). É palestrante da UNIVERSIDADE DE SÃO PAULO, onde coordenou o Núcleo de Políticas de Comunicação/Cultura do curso de especialização lato sensu Gestão da Comunicação na Escola de Comunicações e Artes. É *"short term consultant"* do BANCO MUNDIAL, tendo desenvolvimento trabalhos na área de desenvolvimento regional. É membro do CONSELHO SUPERIOR DE COMÉRCIO EXTERIOR - COSCEX, da FIESP. Foi assessor especial do MINISTÉRIO DA FAZENDA (2003), na área de assessoria parlamentar, e secretário-adjunto da SECRETARIA DE COORDENAÇÃO POLÍTICA E ASSUNTOS INSTITUCIONAIS DA PRESIDÊNCIA DA REPÚBLICA (2005).

Manuel Porto

Licenciatura em Direito, Faculdade de Direito da Universidade de Coimbra, M.Phil em Economia, Universidade de Oxford, Doutoramento em Ciências Jurídico Económicas, Faculdade de Direito da Universidade de Coimbra.

É actualmente Professor Catedrático da Faculdade de Direito da Universidade de Coimbra, da Universidade Lusíada (Director da Faculdade de Direito do Porto), do Instituto Superior Bissaya Barreto; Membro do Conselho Universitário Jean Monnet (ex-Presidente da ECSA); Presidente da Assembleia Municipal de Coimbra e da Assembleia Geral da Caixa Geral de Depósitos.

Foi Presidente da Comissão de Coordenação da Região Centro (1976-89), Presidente do Conselho Nacional do Plano (1986-89), Deputado ao Parlamento Europeu (1989-99), Presidente do Conselho Nacional de Educação (2002-05), Presidente do Conselho Directivo da Faculdade de Direito da Universidade de Coimbra (2000-05).

Participou em projectos de organizações internacionais, nomeadamente, Banco Mundial, OCDE, Conselho da Europa e Comissão Europeia.

É autor de mais de uma centena e meia de trabalhos em diferentes domínios, em especial nos domínios de comércio internacional, da integração europeia, do desenvolvimento regional, do ordenamento, dos transportes e da política fiscal.

PAULO SPELLER

Possui graduação em Psicologia – Universidad Veracruzana (1972), mestrado em Psicologia pela Universidade Nacional Autônoma de México (1976) e doutorado em Government (Ciência Política) – University of Essex (1988). Atualmente é docente dedicação exclusiva do Departamento de Teoria e Fundamentos da Educação / IE da Universidade Federal de Mato Grosso e conselheiro (advisor) da United Nations Educational, Scientific and Cultural Organization (Unesco) do comitê assessor para a realização da Conferência Mundial de Educação Superior (WCHE) – edição 2009. Membro do Conselho de Desenvolvimento Econômico e Social – CDES / Presidência da República, representante da sociedade civil (mandato 2007-2008). Membro da Câmara de Educação Superior do Conselho Nacional de Educação, com mandato de quatro anos (2008-2012). Presidente da Comissão de Implantação da Universidade Federal da Integração Luso-afro-brasileira – UNILAB – Secretaria de Educação Superior (SESu/MEC) (2008-2009). Tem experiência na área de Ciência Política, com ênfase em Estado e Governo, atuando principalmente nos seguintes temas: educação, políticas públicas, política educacional, currículo e fundamentos da educação.

VITALINO CANAS

Deputado e Presidente do Grupo Parlamentar de Amizade Portugal-China. Mestre em Direito, Docente universitário, advogado.

Na X Legislatura, Vice-Presidente do Grupo Parlamentar do P.S.; Presidente da Comissão Parlamentar de Assuntos Europeus; Membro da Comissão Permanente da Assembleia da República; Membro de outras Comissões Parlamentares, Grupos Parlamentares de Amizade e Assembleias Parlamentares internacionais; Porta-Voz do Grupo Parlamentar do P.S., desde 2006;

Em Macau, exerceu distintos cargos de assessoria, de 1986 a 1991; em Portugal, exerceu funções de Assessor, no Gabinete de Juízes do Tribunal Constitucional, entre 1983 e 1984, funções que retomou no final de 1993 e até Outubro de 1995; Secretário de Estado da Presidência do Conselho de Ministros do XIII Governo Constitucional (Outubro de 1995 a Outubro de 1999), o mesmo cargo no XIV Governo Constitucional (Outubro de 1999 a Abril de 2002).

Autor de diversos livros individuais, artigos de revista e colaborações em obras colectivas; publica regularmente artigos de opinião em jornais e revistas, tendo leccionado e regido disciplinas em diversas Faculdades e Universidades, tanto em Portugal, como no exterior. Foi consultor do Banco Mundial (em Moçambique) e do Programa SGMA da OCDE (na Polónia).

José Correia

Licenciado e Mestrando em Relações Internacionais.
Técnico Superior Parlamentar da Divisão de Relações Internacionais da Assembleia da República, desde Junho de 2006. Coordenador de missões de ajuda ao desenvolvimento e de ajuda humanitária no Departamento Internacional da Fundação de Assistência Médica Internacional, de Setembro de 2005 a Maio de 2006. Técnico Superior estagiário na Direcção-Geral dos Assuntos Comunitários do Ministério dos Negócios Estrangeiros, de Novembro de 2002 a Julho de 2005. Realiza prelecções sobre assuntos internacionais e humanitários em diversas Universidades portuguesas, tendo efectuado diversas investigações académicas na área dos assuntos europeus.

FERNANDO LEÇA

Fernando Leça, presidente da Fundação Memorial da América Latina, com sede em São Paulo, é Bacharel em Direito, tendo exercido, entre outros, os cargos de Secretário de Educação e Cultura do Município de São Bernardo do Campo (SP), Deputado Estadual em dois mandatos, Vice-Presidente do Banco Nossa Caixa, Secretário-Chefe da Casa Civil e Secretário de Estado do Emprego e Relações do Trabalho, no Governo de São Paulo.

FÁBIO SIMÃO ALVES

Fábio Simão Alves, natural de Guarulhos, São Paulo, Brasil, é Diplomata. Nascido em 1983, formou-se em Relações Internacionais pela Universidade de São Paulo em 2006 e ingressou no Serviço Exterior Brasileiro em 2007.

PAULO A. PEREIRA PINTO

Diplomata brasileiro. Serviu por mais de vinte anos na Ásia-Oriental, sucessivamente, em Pequim, Kuala Lumpur, Cingapura, Manila e Taipé. Atualmente é Cônsul-Geral do Brasil em Mumbai, Índia.

PAULO BORBA CASELLA

Paulo Borba CASELLA, é professor titular da cadeira de direito internacional público e chefe do Departamento de direito internacional e comparado da Faculdade de Direito da Universidade de São Paulo, onde leciona direito internacional desde 1984. Nesse meio tempo doutorou-se em direito internacional na USP (1986), fez pós-doutorado em direito internacional na Univ. de Paris X Nanterre (1986-87), a livre-docência em direito internacional na USP (1993), onde conquistou a cátedra de direito internacional (2007), bem como lecionou em diversas Universidades, no Brasil e no exterior : Amsterdam (1997, 2000), Assunção, Buenos Aires, Coimbra (1996, 1999), Córdoba, Düsseldorf, Heidelberg, Helsinki, Lisboa, Lodz, Macau (2007, 2008, 2009), Milão-Bocconi, Nice (1994, 1996), Ottawa, Paris I-Sorbonne (2007), Paris II-Panthéon-Assas (2005--2006), Rennes, Saarbrücken (1993, 1995), Estrasburgo III-Robert Schuman (2005), Tóquio, Tübingen etc. Orienta teses de doutorado, mestrado, láurea e projetos de iniciação em direito internacional junto à Universidade de São Paulo e Universidade Robert Schumann em Estrasburgo–III.

Trabalhou como advogado (1983-2007) com prática internacional, em matéria de arbitragem (cf. regras CCI, CNUDCI, OMPI e normas brasileiras), e teve atuação como árbitro (procedimentos da OMPI, Institut d'arbitrage international, Eurocâmaras, Interamerican Council for Commercial Arbitration, Organisation pour l'harmonisation en Afrique du droit des affaires, Câmara Argentina de Comércio e UNICTRAL). Consultor científico da FAPESP e diversas instituições. Integrou a delegação brasileira na negociação do Regulamento para instituições arbitrais do MERCOSUL (1998-1999). É também membro da *International Law Association* (ILA), do Conselho do CEBRI, Conselho da Revista *Temas de integração* (Coimbra e Rio), Sociedade brasileira de direito internacional, diretor do Instituto de Direito internacional e relações internacionais (IDI-RI) e da European Community Studies Association.

O Prof. CASELLA, em direito internacional, conta diversos livros, numerosos artigos e outras contribuições, publicados em 15 países, bem como seis livros não jurídicos.

Armando Marques Guedes

Professor Associado e Agregado da Faculdade de Direito, Universidade Nova de Lisboa (FDUNL). Em Maio de 2005, Agregação em Direito, Faculdade de Direito, Universidade Nova de Lisboa; Julho de 1996, Doutoramento em Antropologia Cultural e Social, Faculdade de Ciências Sociais e Humanas (FCSH), Universidade Nova de Lisboa; Julho de 1980, M.Phil. em Social Anthropology, The London School of Economics and Political Science (LSE); Junho de 1978, Diplôme em Anthropologie Sociale, École des Hautes Études en Sciences Sociales (EHESS), Paris; Agosto de 1976, BSc (Honours) em Social Anthropology, The London School of Economics and Political Science (LSE); Outubro de 1975, Curso de Administração Política, Instituto Superior de Ciências Sociais e Políticas (ISCSP), Universidade Técnica de Lisboa. Foi Presidente do Instituto Diplomático (2005–2008), do Ministério dos Negócios Estrangeiros e Director de Policy Planning (2006–2008) do mesmo; Professor no Ministério dos Negócios Estrangeiros e Director do Curso de Política Externa Nacional (2006-2008); Conselheiro Cultural (1985-1989) da Embaixada Portuguesa em Luanda, Angola. Professor (1090-1999), na Faculdade de Ciências Sociais e Humanas da Universidade Nova de Lisboa (FCSH-UNL), onde foi Presidente do Instituto Oriental (1994-1997 Fez trabalho de campo nas Filipinas (1979-1982), em Cabo Verde (2000), S. Tomé e Príncipe (2001), e Angola (2002 e 2003). Proferiu Conferências e palestras e/ou organizou Cursos em trinta e nove países: Tem obra publicada em dez destes países. É autor de mais de setenta artigos e catorze livros sobre Ciência Política, Segurança e Defesa, Segurança Interna, Relações Internacionais, História da Diplomacia e da Política Internacional, Direito e Sociedade, Sistemas Jurídicos Africanos, e Antropologia Jurídica.

MARCELO FIGUEIREDO

Marcelo Figueiredo é advogado, consultor jurídico e Professor dos cursos de graduação e pós-graduação da Pontifícia Universidade Católica de São Paulo, onde também é diretor da Faculdade de Direito. É ainda Presidente da Associação Brasileira de Constitucionalistas Democratas - ABCD, seção brasileira do "Instituto Ibero-Americano de Derecho Constitucional".

MARCOS CORDEIRO PIRES

Graduado em História pela Universidade de São Paulo (1990), mestrado em História Econômica pela Universidade de São Paulo (1996) e doutorado em História Econômica pela Universidade de São Paulo (2002). Atualmente é professor da UNESP – FACULDADE DE FILOSOFIA E CIÊNCIAS – MARíLIA. Tem experiência na área de História Econômica e Economia Política. São áreas de interesse a inserção da economia brasileira na economia mundial, globalização e desenvolvimento econômico. Atualmente pesquisa as transformações econômicas e políticas recentes da República Popular da China. É membro do Núcleo de Economia Política e História Econômica da USP, do Grupo de Pesquisa "Estudos da Globalização" e do Grupo de Estudo dos BRICs, na Unesp--FFC-Marília. Além disso, é professor dos cursos de Ciências Sociais, Relações Internacionais e pós-graduação em Ciências Sociais, também na UNESP de Marília.

WEI DAN

Licenciada em Direito da Universidade de Pequim em 1997, Mestre em Direito pela Universidade de Coimbra em 2001 e Doutora em Direito pela Universidade de Coimbra em 2006. É a primeira chinesa que obteve o grau de Doutor pela Faculdade de Direito da Universidade de Coimbra e também a primeira pessoa na China, no momento actual, que obteve o grau de Doutor em Direito, utilizando a Língua Portuguesa.

Professora Auxiliar da Faculdade de Direito da Universidade de Macau, encarregada pelas várias cadeiras jurídicas do Curso de Licenciatura e do Curso de Mestrado, usando o Chinês, o Português e o Inglês. Co-orientadora de Doutoramento.

É autora dos livros *A China e a Organização Mundial do Comércio* (Almedina, 2001) e *Globalização e Interesses Nacionais: a Perspectiva da China* (Almedina, 2006) e dos vários artigos académicos publicados em Portugal e no Brasil. Tem participado em numerosas actividades académicas nos países lusófonos.

Tem participado igualmente nas negociações e cooperações económicas e comerciais de alto nível governamental entre a República Popular da China e o Brasil. Por exemplo, em 2004, foi convidada pelo governo brasileiro para estar presente na Cerimónia de Boas-Vindas presidida pelo Presidente Chinês Senhor Hu Jintao para o Presidente Brasileiro Luiz Inácio da Silva na sua Visita de Estado à China. Em 2004, foi convidada pelo Ministério da Agricultura, Pecuária e Abastecimento do Brasil e pelo Ministério de Desenvolvimento, Indústria e Comércio Exterior do Brasil para participar nas negociações bilaterais com os ministérios congéneres da China. Em 2005, na qualidade de consultora do Ministério de Desenvolvimento, Indústria e Comércio Exterior do Brasil, participou nas reuniões ministeriais de Roda Doha da Organização Mundial do Comércio em Hong Kong. Participou na 1.ª e na 2.ª Conferência Ministerial do Fórum para a Cooperação Económica e Comercial entre a China e os Países de Língua Portuguesa em Macau, em 2003 e 2006.

ÍNDICE

Mensagem da Coordenadora
  Por *Wei Dan* 13

Prefácio I
  Por *Rui Martins* 17

Prefácio II
  Por *Manuel Carvalho* 25

Relações entre a China e os Países de Língua Portuguesa no Contexto da Globalização Económica
  Por *Wan Yong Xiang* 29

Reflexões em Torno da Questão: Que Modelo Social para o Desenvolvimento?
  Por *Jorge Sampaio* 37

A CPLP, Macau e a China: Notas sobre o Fórum para a Cooperação Económica e Comercial entre a China e os Países de Língua Portuguesa
  Por *Celso Lafer* 45

Relações Económicas entre a China e os Países de Língua Portuguesa Papel de Macau como uma Plataforma de Serviço
  Por *Lee Peng Hong* 57

À Qualidade do Sujeito de Direito Internacional da Região Administrativa Especial de Macau – Fundamentos, Características e Práticas
  Por *Zeng Lingliang* 73

Como o Brasil vê a China
  Por *Aldo Rebelo* e *Luís Antonio Paulino* 95

O Espaço Lusófono no Contexto da Globalização
  Por *Manuel Porto* 119

372 *Os Países de Língua Portuguesa e a China num Mundo Globalizado*

A China no Espaço Lusófono – Uma Perspectiva Brasileira
Por *Paulo Speller* 137

As Relações entre os Parlamentos Nacionais de Portugal e da China, no Quadro do Aprofundamento das Relações entre os Dois Estados
Por *Vitalino Canas* e *José Correia* 157

A Presença da China no Brasil
Por *Fernando Leça* e *Fábio Simão Alves* 169

O Diálogo entre o "Jeito Asiático" e a Maneira Brasileira de Ser: O Caso do Menino Brasileiro Iruan Retido em Taiwan
Por *Paulo A. Pereira Pinto* 187

Brasil, China e os Países da CPLP: Uma Proposta de Cooperação no Mundo Pós-moderno
Por *Paulo Borba Casella* 203

A "Linha da Frente"? Do Sudoeste dos Balcãs à Ásia Central e o Futuro do Relacionamento da China com o mundo lusófono
Por *Armando Marques Guedes* 221

Corrupção/Improbidade: Reflexão Ponto de Inflexão
Por *Marcelo Figueiredo* 243

Brasil: Crise, Ajuste e Reforma: da Crise da Dívida ao Governo Lula
Por *Marcos Cordeiro Pires* 261

China e Brasil num Mundo Globalizado
Por *Wei Dan* 295

ANEXO: Notas Biográficas dos Autores 331

全球化世界中的葡語國家與中國

目錄

編者的話 (附中文譯文)

澳門大學　魏丹.. 13

序一（附中文譯文）

澳門大學副校長（研究）　馬許願.. 17

序二

葡萄牙駐澳門香港總領事　柯馬諾... 25

經濟全球化背景下的中國與葡語國家關係

中國人民外交學會副會長、原中國駐巴西大使、原外交部駐澳門特區特派員　萬永祥

.... 29

關於社會發展模式這一問題的思考

葡萄牙前總統　若澤·桑帕約.. 37

葡語國家共同體、澳門和中國：論中國與葡語國家經貿合作論壇

巴西前外交部長　塞爾索·拉費爾... 45

374 *Os Países de Língua Portuguesa e a China num Mundo Globalizado*

中國與葡語國家經濟關係：澳門的服務平臺作用

澳門貿易投資促進局主席 李炳康.. 57

論澳門特別行政區的國際法主體資格 —— 基礎、特性和實踐

澳門大學法學院院長 曾令良.. 73

巴西如何看中國

巴西眾議院巴中友好小組主席、原眾議院議長 阿爾多·雷貝羅

巴西聖保羅州立大學 路易士·保利諾.. 95

全球化背景下的葡語國家

葡萄牙科英布拉市議會主席、原歐洲議會議員 馬努埃爾·波爾圖............................ 119

中國與葡語國家的合作 —— 巴西的視角

巴西葡語國家一體化聯邦大學校長 保羅·斯柏樂.. 137

葡萄牙國家議會與中國全國人大的關係：在深化葡萄牙和中國雙邊關係的框架內

葡萄牙議會葡中友好小組主席 維達利諾·卡納斯

葡萄牙議會 若澤·柯雷亞.. 157

中國在巴西的影響

巴西紀念拉美基金會主席 費爾南多·萊薩

巴西外交部 法比奧·奧維斯.. 169

Índice

"亞洲方式"與巴西風俗的對話：巴西男孩滯留在臺灣的故事

巴西駐印度孟買總領事 保羅·賓托... 187

巴西、中國和葡語國家：後現代世界的合作倡議

巴西聖保羅大學 保羅·卡塞拉.. 203

前線？從巴爾幹西南到中亞 —— 中國與葡語國家關係的展望

原葡萄牙外交學院院長 阿曼多·蓋蒂士.. 221

腐敗與邪惡：對拐點的思考

巴西聖保羅天主教大學法學院院長 馬賽羅·費格萊多.. 243

巴西：危機、調整和改革：從債務危機到盧拉政府

巴西聖保羅州立大學 馬爾庫斯·皮利斯... 261

全球化世界中的中國和巴西

澳門大學 魏丹... 295

附錄：本書作者簡歷... 331